David Freemantle

80 Tips für tolle Chefs …

David Freemantle

80 Tips für tolle Chefs ...

... und solche, die es werden wollen

verlag
moderne industrie

Die Deutsche Bibliothek – CIP-Einheitsaufnahme

Freemantle, David:
80 Tips für tolle Chefs … und solche, die es werden wollen / David Freemantle. –
Landsberg/Lech : mi, Verl. Moderne Industrie, 1996
Einheitssacht.: 80 things you must do to be a great boss <dt.>
ISBN 3-478-35610-5
NE: Freemantle, David: Achtzig Tips für tolle Chefs … und solche, die es werden wollen

Übersetzt aus dem Englischen von Beate Korn

Umschlaggestaltung: Daniela Lang, 86932 Stoffen
Satz: abc satz bild grafik, 86807 Buchloe
Druck: Druckerei Himmer, 86167 Augsburg
Bindearbeiten: Buchbinderei Thomas, 86165 Augsburg
Printed in Germany 350 610/099601
ISBN 3-478-35610-5

Inhalt

Einleitung

Eine Bemerkung vorab: So wie der Begriff „Management" in diesem Buch verwendet wird, bezieht er sich ausschließlich auf den Bereich des Personalmanagements, d.h. auf die Führung von Mitarbeitern.

In vielen Unternehmen herrscht eine illusorische Vorstellung vom Fortschritt. Sie betrifft die Anwendung moderner Führungsmethoden und zeigt (oder besser: verrät) sich durch regelmäßiges Ersetzen der jeweils im letzten Jahr zentral verordneten Philosophie durch einen neuen Kreuzzug zur Reformierung des Unternehmens. Wie immer kommentieren die Zyniker: „Haben wir alles schon einmal gehabt; auch diese Mode wird den gleichen Tod wie alle anderen vor ihr sterben". Die Kreuzritter dieses neuen Anlaufs versuchen, die schwierigsten Unternehmensprobleme zu lösen, indem sie die Wunderkur anwenden, die ein moderner Prediger gerade verkündet. Er hat sie staunenden Managern verschrieben, die nun ihrerseits bald zu hausinternen, modernen Predigern werden.

Die Kur basiert – selbstverständlich – auf irgendeiner verführerischen modernen Management-Theorie. Die Führungskräfte im oberen Management werden sie mögen, weil sie ihnen ermöglicht, ihre Führungsaufgaben auch künftig unverändert auf die alte und schlechte Weise wahrzunehmen. Gleichzeitig wird irgendeinem inkonsequenten Mitarbeiter die Aufgabe übertragen, durch die praktische Anwendung der neuesten Heilmethode die Probleme des Unternehmens zu lösen. Dieser Lockvogel ist zwangsläufig ein „Bekehrter" und wird an die Aufgabe herangehen, indem er mit Glaubenseifer Arbeitsgruppen und Ausbildungskurse ins Leben ruft, um „Total Quality Management" zu implementieren, Leistungsbewertungssysteme einzuführen, Mitarbeiter zu ermächtigen, mittels Zielvorgaben zu führen oder was auch immer zu tun – entsprechend dieses neuerlichen Kreuzzugs. Zumindest in der Öffentlichkeit werden nur wenige zugeben, daß diese Probleme jedoch von den Chefs hervorgerufen werden. In deren Augen allerdings tragen immer andere die Schuld. So werden Probleme mit der Qualität, mit der Leistung, mit der Arbeitsmoral oder mit der Kommunikation stets von „denen" verursacht.

Für die Lösung von Personalproblemen gibt es kein Wundermittel, denn, ehrlich gesagt, für modernes Personalmanagement gibt es keine Theorie. Es hat nie eine gegeben, und es wird nie eine geben. Wenn man über moderne Managementmethoden redet, dann ist das so, als spräche man über die moderne Ehe: Trotz aller verlockenden Videos zur Sexualerziehung, neuer Beratungstechniken und anderer Versuche, die Ehe zu therapieren, gibt es immer mehr Scheidungen.

Erfolgreiches Personalmanagement beruht genau wie eine erfolgreiche Ehe ausschließlich darauf, daß einige wichtige Grundprinzipien richtig verstanden werden. Und genau diese Grundprinzipien werden durch die zahlreichen neuen Methoden verschleiert, mit denen „Experten" aus „Nächstenliebe" oder finanziellem Gewinnstreben hausieren gehen. Von diesen Grundprinzipien für ein erfolgreiches Personalmanagement und den Dingen, die jeder gute Chef beherzigen sollte, um zu ihnen zurückzufinden, handelt dieses Buch.

Ehrlich gesagt, die meisten Manager haben mehr als genug von den immer wieder neuen Ansätzen der Unternehmenszentrale, ihnen vorzuschreiben, wie sie ihre Arbeit zu tun haben. Diese Ansätze stammen oft von selbstgerechten, unerfahrenen und machtbewußten Zentralisten, die sich selbst darin täuschen, sie wüßten alles am besten. Mit Hilfe von gerade in aller Munde befindlichen Schlagworten bemühen sie sich um eine Reformierung des Denkens, eine Veränderung der Ansichten oder um eine Verbesserung des Verhaltens. Man fühlt sich an das Edikt des Vorsitzenden Mao erinnert: „Ihr müßt ‚Qualität' denken." Als ob wir vorher nie „Qualität" gedacht hätten, und als ob wir niemals je zuvor in unserem Leben etwas für die Qualität getan hätten. Als ob der Gedanke an die Einführung von Total Quality eine erstaunliche Eingebung unseres hochverehrten Vorsitzenden wäre, der einen heldenhaften Kampf gegen die Feinde führt, die danach trachten, das Unternehmen durch minderwertige Qualität zu vernichten. Es wird getrommelt, es werden „Denke Qualität"-Poster aufgehängt, und mittels teurer Erziehungsprogramme zur geistigen Reform mit dem Ziel „Ihr müßt denken wie der Vorsitzende, Qualität ist von entscheidender Bedeutung" werden Heerscharen von roten Qualitätshütern mobilisiert. Abtrünnige werden als Spötter geächtet, als Unruhestifter und als „negative Elemente". Sie werden im Unternehmen zu Stellen versetzt, von wo aus sie nicht befördert werden, niemals eine Gehaltserhöhung aufgrund besonderer Leistungen erhalten oder dieselben Privilegien genießen, wie die huldigenden und treuen Massen, die der Vorsitzende so liebt.

Frustriert darüber, daß es ihm nicht gelingt, seine eigentlichen Aufgaben wahrzunehmen, bezeichnete ein Manager das Krankheitsbild als „Initiative-Müdigkeit“. Mit Arbeitstreffen, Führungszirkeln und anderen Ausschüssen stahlen ihm seine Führungskräfte die Zeit, um eine oder mehrere der letzten Managementmethoden ihres Arbeitgebers umzusetzen. Diese Initiativen haben ausnahmslos zu nichts und noch mal nichts geführt. Ein Umdenken hat nie stattgefunden, ebensowenig wie sich die Qualität je verbessert hätte.

Sie brauchen sich erfolgreichere Geschäftsführer nur flüchtig anzusehen, um festzustellen, daß die meisten von ihnen nicht das tun, was sie Management-Theoretikern zufolge tun sollten. Obgleich sie sich über die Prediger oftmals amüsieren, fühlen sie sich zu den verkündeten Theorien tatsächlich nur selten wirklich hingezogen, und noch seltener wenden sie diese in der Praxis an. Offenbar gibt es eine riesige, klaffende Lücke zwischen dem, was die Prediger (und danach die akademischen Lehrbuchautoren) zum Thema „Personalmanagement“ lehren, und den tatsächlich angewendeten Methoden vieler erfolgreicher Manager.

Diese Lücke nennt sich „gesunder Menschenverstand“. Er eignet sich weder für Theorien noch für Verkündigungen oder langatmige Seminare. Dennoch ist er für erfolgreiche Manager der Kern ihres Denkens und Handelns. Im Bestreben um Umsetzung der neuesten Theorie lassen viel zu viele Manager ihren Verstand zurück und entfernen sich von genau den Menschen, zu denen sie eine viel engere Beziehung haben sollten.

Um Mitarbeiter richtig zu führen, sollten Sie sich nicht auf die komplizierten und bürokratischen, von akademischen und predigenden Beratern ausgeheckten Methoden verlassen – oder sie gar anwenden. Alles, was Sie brauchen, ist eine vernünftige Dosis an gesundem Menschenverstand – und, falls er Sie fehlleitet, die Fähigkeit, sich selbst zu fragen, was „gesunder Menschenverstand“ bedeutet. Ohne die Fähigkeit der Hinterfragung wird aus einem gesunden oft ein verwirrter Verstand.

Die schwierigere Aufgabe besteht darin, einen gesunden Menschenverstand in der Praxis umzusetzen. Es ist vernünftig, nicht zu rauchen, nicht übermäßig zu essen und nicht zuviel Alkohol zu konsumieren.

Soviel ist bekannt. Das Problem besteht aber darin, mit dem Rauchen aufzuhören, abzunehmen und die Alkoholmenge zu reduzieren. Gesunden Menschenverstand anwenden bedeutet Lösungen suchen, indem man den Geist über die Materie regieren läßt. Das läßt sich durch keine Augenwischtechnik ersetzen. Es wurde zuverlässig bewiesen, daß die Anwendung der jeweils gerade neuesten Diät nicht zu einem dauerhaften Gewichtsverlust führt, wenn andere, grundlegende Prinzipien mißachtet werden.

Das gleiche gilt für Personalführung. Das A und O sind die Meinung des Chefs und die Frage, was für ihn oder sie wichtig ist. Die Bedeutung von „wichtig" können Sie mit Hilfe Ihres gesunden Menschenverstands und einer einfachen Interpretation Ihrer eigenen Lebenserfahrungen definieren. Hierfür braucht man keine Business School – es sei denn, die Lehrer dort regen Sie zu einer Hinterfragung Ihrer persönlichen Erfahrungen, Wahrnehmungen und Vorgehensweisen an.

Von all diesen Dingen handelt das vorliegende Buch. Es basiert auf einer umfassenden, informellen Studie Tausender verschiedener Manager in Hunderten von Unternehmen, die während der letzten 30 Jahre durchgeführt wurde. Es beruht außerdem auf der sorgfältigen Beobachtung von solchen Führungspersönlichkeiten, die mit Menschen auf besondere Weise umgingen und, weil sie es so machten, hervorragende Ergebnisse erzielten.

Auf jeweils drei oder vier Seiten werden nachfolgend alle jene Dinge, die Sie tun müssen, um ein guter Chef zu sein, erläutert. Die Abfolge der Themen ist willkürlich, so daß Sie an jeder beliebigen Stelle in den Text eintauchen können. Bei einigen Kapiteln kommt es naturgemäß zu Überschneidungen. Jede dritte oder vierte Seite enthält ein Prinzip, das Sie in bezug auf sich selbst kritisch hinterfragen sollten – auch dann, wenn das Gesagte Ihnen möglicherweise offensichtlich scheint. In diesem Fall sollten Sie sich sagen: „Das ist so selbstverständlich, daß ich es tun sollte." Tun Sie es nicht, sollten Sie sich fragen: „Warum nicht?"

Ein weit verbreitetes Modewort ist „Qualifikation". Immer mehr Unternehmen bieten Aus- und Weiterbildungsprogramme, in denen es um die Förderung von „Schlüsselqualifikationen" geht. Es gibt sogar „Qualifikationsprofile": MCI in England hat eine lange Liste von Anforderungen und Definitionen zur Beschreibung der Führungsqualitäten aufgestellt, über die die Manager der unterschiedlichen Führungsebenen verfügen müssen. Ich persönlich kann mit den meisten dieser Anforderungen nicht viel anfangen. Irgendwie sind sie nicht lebendig; sie sind langweilig und scheinen reiner Lehrbuchkram zu sein. Daher weiß ich nicht, ob die Inhalte in diesem Buch etwas mit solchen Schlüsselqualifikationen zu tun haben oder nicht. Stellungnahmen von Lesern zu dieser Frage würde ich begrüßen!

Das Buch soll Ihre Aufmerksamkeit auf das lenken, was Ihnen im Zusammenhang mit Personalmanagement wichtig ist. Es ist eine Herausforderung an den Geist, die Materie zu überwinden. Wenn Ihnen die Führung Ihrer Mitarbeiter am Herzen liegt und Sie hierbei erfolgreich sein wollen, dann werden Sie auch Erfolg haben. Nehmen Sie dieses Buch als eine besondere Gelegenheit, Ihre Handlungsweisen und Motive in der Personalführung kritisch zu hinterfragen.

Für mich persönlich sind Menschen wichtig. Ich bin davon überzeugt, daß geschäftliche Erfolge davon abhängen, daß zuerst der zwischenmenschliche Bereich in Ordnung gebracht wird. Das ist eine Lektion, die ich ganz am Anfang meiner Karriere als Produktmanager bei Mars Ltd. gelernt habe. Mars investierte überaus viel Zeit, Mühe und Aufwand in die Betreuung der Mitarbeiter und war infolgedessen dauerhaft erfolgreich.

Dieses Buch reflektiert im Grunde meine eigenen Überzeugungen. Meiner Meinung nach hängt ein erfolgreiches Personalmanagement einzig und allein davon ab, daß einige Grundprinzipien des gesunden Menschenverstands in der Praxis angewendet werden. Es geht also darum, daß Sie – bevor Sie diese Grundprinzipien aus den Augen verlieren – sich selbst in bezug auf deren Anwendung hinterfragen. Die Prinzipien sind trivial, die mit ihrer praktischen Anwendung verbundenen Herausforderungen dagegen groß.

1. Verzichten Sie auf Modewörter!

Jargon ist die Sprache der Ungebildeten.

Lehnen Sie es ab, Fachjargon zu benutzen!

Wie ein Pilz aus dem Boden schießt eine riesige Industrie, die versucht, Fortschritt vorzugaukeln, indem sie neue Wörter für alte Praktiken erfindet. Das Ergebnis: Energien werden verschenkt, Menschen entfremden sich, und Bemühungen werden vereitelt, weil Führungskräfte sich damit herumschlagen, Definitionen und Interpretationen für die neuen Begriffe zu finden, im vergeblichen Versuch, sie mit dem modernen Alltagsgeschäft in Verbindung zu bringen.

Sehen Sie zu, daß Sie diese neuen Begriffe loswerden! Wenn Sie als Chef solche Modewörter bei Ihrer täglichen Arbeit benutzen, schrekken Sie damit Ihre Mitarbeiter nur ab. Denn in ihren Augen schweben Sie damit einfach nur in irgendwelchen „Lehrbuchwolken".

Das Problem beim Gebrauch von Modewörtern wie „Ermächtigung" besteht darin, daß unglaublich viel Energie notwendig ist, um die Bedeutung des Wortes zu erfassen. Jeder interpretiert es auf seine Weise, und das führt in der Auseinandersetzung über die jeweilige Interpretation zu immensen Unstimmigkeiten und Konflikten.

Wenn Sie einen guten Kontakt zu anderen Menschen haben wollen (und gutes Personalmanagement beruht nur darauf), dann müssen Sie sich der klaren und einfachen Sprache bedienen, die die meisten Menschen verstehen. Wenn Sie künstlichen Managementjargon benutzen, wirken Sie unnatürlich.

Es ist weitaus besser zu sagen „Ich möchte mich am kommenden Dienstag mit Ihnen zusammensetzen und mich mit Ihnen über den aktuellen Stand der Dinge unterhalten" als „Ich beabsichtige, in der kommenden Woche Ihre jährliche Leistungsbewertung vorzunehmen". Es ist bei weitem besser, wenn Sie sagen „Ich möchte, daß Sie an meiner Stelle nach New York fliegen" als „Ich ermächtige Sie, nach New York zu fliegen". Auch ist es besser zu sagen „Ich dachte, ich sollte Sie das wissen lassen..." als „Ich beabsichtige, diese Information mit Ihnen zu teilen".

Modewörter

- Arbeitsgruppen
- Briefing
- Coaching, Coach
- Customerizing
- Downsizing
- Delegieren
- Ermächtigen
- Globalisieren
- Humankapital
- Job-sharing
- Kommunikation
- Leistungsbewertung
- Leistungsindikatoren
- Leistungskennzahlen
- Networking
- Outcome
- Partnerschaftliches Arbeiten
- Performance Management
- Projektplanung
- Qualifikation
- Qualitätszirkel
- Reorganisation (Reengineering)
- Saubere Lösung
- Schlüsselqualifikation
- Strategische Leitung
- Task Force
- Teamarbeit
- Total Quality Management
- Transaktionsanalyse
- Vision

Bitte beachten Sie: Diese Liste ist bei weitem nicht vollständig.

Das Problem mit Begriffen wie „Leistungsbewertung" besteht darin, daß durch sie Leute in ihrem Glauben bestärkt werden, die Leistung jedes Menschen könne objektiv gemessen werden. Sie basieren zudem auf der Annahme, daß subjektive Urteile über Menschen schlecht und potentiell unfair seien. Viele Führungskräfte akzeptieren, daß es gut ist, „Leistungen zu bewerten", („zu ermächtigen" oder „im Team zu arbeiten" usw.), und verschwenden daher eine Menge Zeit darauf, diese Konzepte in die Praxis umzusetzen, ohne daß sie die zugrundeliegenden Annahmen und Prämissen hinterfragt hätten. Und genau diese zugrunde gelegten Annahmen und Voraussetzungen sind häufig nicht gültig. So beruhen beispielsweise die Modebegriffe „leistungsabhängiges Gehalt" oder „Bonuszahlung" auf der strittigen

Annahme, daß die Motivationstheorie „Zuckerbrot und Peitsche" funktioniere.

Ähnlich verhält es sich mit dem Begriff „Teamarbeit". Vereinfachend nimmt man an, daß jeder Mitarbeiter durch einen passenden Schlitz in ein von anderen Gruppen unterscheidbares Team von Kollegen eingepaßt werden kann. Da solche Teams die Basis einer exzellenten Führung und Zusammenarbeit darstellen können, ist es somit ziemlich logisch, viel Geld in die Förderung von Fähigkeiten wie „Arbeiten im Team" und „Teamführung" zu investieren. Dennoch ist die zugrunde gelegte Annahme nicht gültig. In den meisten Unternehmen arbeiten die Mitarbeiter *nicht* in Teamgemeinschaften. Sie stehen vielmehr im Zentrum eines komplexen Beziehungsgeflechts, das ihre unmittelbaren Vorgesetzten und die Kollegen, mit denen sie zusammenarbeiten, einschließt. Wenn Führungskräfte auf Modewörter wie „Teamarbeit" verzichten, können sie sich auf wichtigere Dinge konzentrieren. Hierzu gehört etwa die Frage, wie gut ein bestimmter Mitarbeiter mit seinen Kollegen zusammenarbeitet.

Mit Hilfe von Fachjargon versuchen Manager, ihre täglichen Führungsaufgaben in einzelne, wohlschmeckende Happen zu zerlegen. Diese Methode führt jedoch zu unnötiger Verwirrung und zu einem potentiell eingeschränkten Gebrauch des gesunden Menschenverstands. Wenn Sie das einzig Richtige tun wollen, dann sehen Sie zu, daß Sie Ihren Jargon loswerden.

Grundprinzip:

Gegenseitiges Verstehen

Praxis:

Benutzen Sie eine klare, allgemeinverständliche Alltagssprache. Verwenden Sie niemals Fachjargon.

2. Schaffen Sie „moderne Führungsmethoden“ ab!

Sogenannte moderne Führungsmethoden sind im Grunde nur Krücken und Zwangsjacken für inkompetente Manager.

In unserer Arbeitswelt besteht ganz sicher ein Bedarf an Methodik. Wir müssen uns praktikable Methoden ausdenken, die uns bei der Verwaltung unserer Finanzen oder einer vernünftigen Preisgestaltung helfen. Wir brauchen Verfahren, um Markttrends zu analysieren und Verkaufsmengen vorherzubestimmen. Wir brauchen Techniken zur Kontrolle unserer Maschinenauslastung und zur Überwachung der Produktqualität. Wir benötigen Übersichten über unsere Geschäftsvorhaben und greifbare Zahlen über die Produktionsmengen. Für eine schnelle und pünktliche Auslieferung brauchen wir Systeme zur Überprüfung der Antwortzeiten und zur Optimierung der Logistik.

Was wir wirklich *nicht* brauchen, sind Techniken zur Führung unserer Mitarbeiter. In den vergangenen 30 Jahren haben viele Manager versucht, Beziehungen und Leistungen mit Hilfe der Alchemie zu verbessern. Es war, als ob es irgendeine geheime Methode gäbe, mit deren Hilfe gewöhnliche Mitarbeiter in hochmotivierte „Leistungsträger“ verwandelt werden könnten.

Sicher: Fast alle normalen Menschen sind zu Hochleistungen fähig. Es ist nur sehr unwahrscheinlich, daß sie diese mit Hilfe solcher pseudowissenschaftlichen Methoden erzielen. Die meisten davon wurden von Leuten entwickelt, die sich als Experten ausgeben, um modernes Management vorzugaukeln. Keinerlei Anzeichen deuten darauf hin, daß Unternehmen, die solche Konzepte aus der Alchemie anwenden, auch nur ein bißchen erfolgreicher sind als jene, die das nicht tun.
Menschen am Arbeitsplatz zu führen ist eine sehr komplizierte Aufgabe, die nicht ausschließlich auf die Anwendung bestimmter Methoden reduziert werden kann und sollte. Das zentrale Thema dieses

Die Alchemie modernen Managements

- Leistungsmanagement-Methoden (Beurteilungen, leistungsgerechte Bezahlung usw.)
- Management mittels Zielvorgaben
- Qualitätszirkel
- Qualitätsmanagement
- Briefing-Gruppen
- Fokussierung
- Global Sourcing
- Globalisierung
- Humankapital
- Sensibilisierung
- Überlebenstraining
- Teambildung
- Leistungsbeurteilung
- Psychometrische Tests
- Assessment-Center
- Ermächtigung
- Entwicklung von Schlüsselqualifikationen
- Unternehmensentwicklung

u.v.m.

Buches lautet: Personalmanagement beruht auf einer Reihe von Grundprinzipien, die der gesunde Menschenverstand vorschreibt und deren Umsetzung in die Praxis überaus schwierig ist.

Sie können sich nicht Methoden ausdenken, mit deren Hilfe sich Verhaltensweisen und Ansichten hervorrufen lassen, die zu erfolgreichen zwischenmenschlichen Beziehungen führen. Sie lassen sich außerdem nicht mittels irgendeines Systems verändern. Der Schlüssel – wie im Verlaufe dieses Buchs immer wieder betont wird – liegt darin, Ihre eigenen Verhaltensweisen, Ansichten, Prinzipien und Praktiken sowie die Ihrer Mitarbeiter immer wieder kritisch zu hinterfragen.

Was die sogenannten Experten während der letzten 30 Jahre versucht haben, ist eine Reihe von vorsintflutlichen, auf Status und Privilegien basierenden Ritualen in bürokratische Managementtechniken umzuwandeln.

Wenn beide Seiten das Ritual als hilfreich empfinden (z.B. das Ritual der Leistungsbeurteilung), dann mögen sie es weiterhin anwenden. Wenn Sie sich von einer speziellen Methodik zur Hinterfragung Ihrer eigenen Prinzipien und Praktiken angezogen fühlen, dann wenden Sie sie ruhig an. Mit anderen Worten: Obgleich es keine echte Notwendigkeit für solche Konzepte gibt und einige von ihnen von falschen Voraussetzungen ausgehen, mag der eine oder andere sie vielleicht als hilfreich empfinden. Ich möchte sie daher nicht uneingeschränkt verwerfen.

Der Fehler besteht darin, sie anderen aufzuzwingen. Für jeden Chef ist es selbstverständlich, mit seinen oder ihren Mitarbeitern zu sprechen. Wenn Sie es als hilfreich empfinden, das in Form einer Briefing-Gruppe zu tun, und diesen Prozeß systematisieren wollen, bitte sehr! Aber zwingen Sie Begriff und System nicht allen anderen auf, Sie werden dadurch kein besserer Chef. Doch täuschen Sie sich nicht durch die Annahme, daß es Begriff und System sind, durch das Ihre Mitarbeiter effizienter werden; das ist der Trugschluß der Alchemisten. Keines dieser Systeme wirkt wie ein Zauberstab. Eine Verbesserung der Effizienz können Sie nur aus sich selbst heraus und durch Anwendung des gesunden Menschenverstands erzielen. Sie müssen sich daher fragen, warum Sie solche Begriffe und Systeme brauchen, wenn die Lösung doch auf der Hand und weitgehend im Bereich Ihrer eigenen Fähigkeiten liegt. Es besteht die Gefahr, daß das System entweder zu einer den Manager abhängig machenden Krücke wird oder aber zu einer Zwangsjacke, die ihn einengt. Ich würde lieber alle diese pseudowissenschaftlichen Methoden abschaffen und statt dessen Managern erlauben, ohne solche von der Zentrale vorgegebenen Hindernisse und Einschränkungen zurechtzukommen und ihre Mitarbeiter zu führen. Unternehmen sollten sich auf die Frage konzentrieren, *was* Mitarbeiter erreichen, und sich nicht darin einmischen, *wie* sie es erreichen.

Grundprinzip:

Es gibt keine einfachen und effizienten Methoden der Personalführung. Keine Methode sollte jemals aufgezwungen werden.

Praxis:

Unterziehen Sie die von Ihnen derzeit angewendeten Methoden zur Personalführung einer genauen Überprüfung. Behalten Sie die bei, die Sie als hilfreich empfinden; schaffen Sie alle übrigen ab.

3. Benutzen Sie Ihren gesunden Menschenverstand!

Um ein guter Chef zu sein, brauchen Sie vor allem gesunden Menschenverstand – und das ist bereits seit Jahrhunderten bekannt.

Viele Unternehmen trauen ihren Mitarbeitern nicht zu, ihren Kopf, d.h. ihren gesunden Menschenverstand, zu benutzen. Daher entwickeln sie für viele grundlegende Dinge bürokratische Vorschriften. Wie bereits im vorangehenden Abschnitt erwähnt, sollten diese sogenannten modernen Führungstechniken abgeschafft werden. Statt dessen sollten sich die Unternehmen auf den Verstand ihrer Manager und Mitarbeiter verlassen. Das Problem bei einer betont präskriptiven Personalführung liegt darin, daß die Menschen verlernen, ihren gesunden Menschenverstand zu benutzen. Sie werden geführt, als liefen sie auf Schienen. Sie werden gezwungen, Dinge auf eine bestimmte, vorgeschriebene Weise und nicht auf eine andere, vielleicht vernünftigere Art zu tun. Sie drängen sie in Briefing-Gruppen und versäumen dafür die Kommunikation zu anderen Zeitpunkten, zu denen sie mit ihren Mitarbeitern wirklich sprechen sollten. Sie pressen sie in Systeme zur Leistungsbeurteilung und verpassen es ein anderes Mal, auf besonders gute oder schlechte Leistungen zu reagieren. Es scheint fast, als fürchteten sich Manager heutzutage davor, ihre Mitarbeiter vernunftbasiert zu führen – es sei denn, es wurde eine entsprechende Vorschrift erlassen und das Ganze vom Unternehmen als „System" bezeichnet.

Daß man „Danke" sagt, wenn eine Aufgabe gut gemacht wurde, ergibt sich für mich aus dem gesunden Menschenverstand; dafür bedarf es keines Systems. Bedauerlicherweise vergessen viel zu viele Chefs, sich zum richtigen Zeitpunkt zu bedanken. Sie verlassen sich ausschließlich auf ein bürokratisches Verfahren zur Überprüfung der Leistung und bringen dann – auf ziemlich förmliche Weise – ihre Anerkennung zum Ausdruck.

Was mit „Gesunder Menschenverstand“ gemeint ist, lernen wir schon als Kind. Man bringt uns bei, wie man eine Straße überquert. Wir lernen, nicht mit Fremden zu sprechen. Wir lernen, höflich und zuvorkommend zu sein und uns bei der netten Tante, von der wir ein Geschenk erhalten haben, zu bedanken. Wir lernen, im Haus zu helfen und keine heißen Herdplatten oder Töpfe anzufassen. Wir lernen, unsere Süßigkeiten mit anderen zu teilen und nicht im Garten des Nachbarn zu spielen. Man bringt uns Respekt bei und erwartet, daß wir nicht stehlen und daß man sich auf uns verlassen kann.

Nur wenige Familien, falls es überhaupt welche gibt, würden sich die Mühe machen, diese Dinge in ein „Handbuch der Familienregeln“ zu schreiben. Tatsächlich würde den meisten von uns diese Idee ziemlich lächerlich vorkommen. In Wahrheit ist es lächerlich, daß viele Unternehmen solche, sich aus dem gesunden Menschenverstand ergebenden Selbstverständlichkeiten in Form von Regelwerken und Verfahrensvorschriften festhalten.

Die Manager der oberen Führungsebene scheinen von der Angst besessen zu sein, daß ihre Führungskräfte und Mitarbeiter ohne solche Regeln nicht das Richtige tun werden, nicht „Danke“ sagen, sich nicht gegenseitig helfen, nicht miteinander sprechen und allgemein in ihrem Verhalten unsicher sind.

Obgleich gutes Personalmanagement auf der Anwendung des gesunden Menschenverstands beruht, ist es mehr als offenkundig – und das ist das Absurde –, daß viele Manager ihren gesunden Menschenverstand *nicht* benutzen. Der Grund: Gesunder Menschenverstand allein reicht nicht aus – Sie müssen ihn immer neu hinterfragen. Tun Sie das nicht, kann aus einem gesunden Verstand ein verwirrter Verstand werden. Wie wir gesehen haben, entspricht es dem gesunden Menschenverstand, nicht zu rauchen, nicht zuviel zu essen, nicht zuviel Alkohol zu trinken und regelmäßig Sport zu treiben. Dennoch fordern nur wenige von uns ihren Verstand ausreichend genug, um diese einfachen Regeln zu befolgen.

Unser gesunder Menschenverstand sagt uns, was man tun darf und was nicht. Bedeutend schwieriger ist es, die Dinge in die Praxis umzusetzen. Auch die Grundprinzipien des Personalmanagements basieren auf nichts anderem als auf der Anwendung des gesunden Menschenverstands. Es sind im Grunde einfache und leicht nachzuvollziehende Ideen. Das Problem besteht in ihrer praktischen Anwendung, und genau darin liegt die Herausforderung. Tägliche Praxis darf nicht in

Verfahren umgewandelt werden, denn das könnte das Prinzip verdunkeln. Wir müssen vielmehr diese Management-Grundprinzipien *verinnerlichen* und und fest von ihnen *überzeugt* sein. Sie sind für uns und unsere Arbeitsweise von grundlegender Bedeutung. Wir müssen uns immer wieder der Herausforderung stellen, diese Prinzipien in die Praxis umzusetzen, immer wieder aus unseren Fehlern lernen, stets nach Verbesserungsmöglichkeiten suchen und den Begriff „gesunder Menschenverstand" regelmäßig für uns selbst neu definieren. Verfahren und Regeln können uns diese Aufgabe nicht abnehmen.

Wissen wir das nicht schon längst?
Das ist gesunder Menschenverstand!

„Es fiel mir kürzlich während einer Reise in die USA auf. Wir besuchten dort einen der größeren Vergnügungsparks, wo man in englischen Doppeldeckerbussen herumfährt, die an den einzelnen Attraktionen anhalten. Ich hatte meine Studentenzeit in London verbracht und war daran gewöhnt, auf die Plattform eines fahrenden Busses Nr. 19 zu springen und die Stufen hinaufzuschwanken, während sich der Bus mit zunehmender Geschwindigkeit weiterbewegte. In diesem amerikanischen Vergnügungspark war das anders. Bevor der Bus wieder anfuhr, ging erst jemand herum, um sich zu vergewissern, daß alle saßen. Danach spannte er ein Seil von einer Seite der Plattform zur anderen, um zu verhindern, daß jemand herausfiel. Es folgte eine Durchsage, in der die Fahrgäste dazu ermahnt wurden, zur Wahrung ihrer eigenen Sicherheit nicht aufzustehen, bevor der Bus nicht anhielte. Dann fuhr der Bus mit nicht mehr als acht Stundenkilometern durch den gesamten Vergnügungspark. Nachdem wir aus dem Bus ausgestiegen waren, besuchte ich zusammen mit meiner Familie eine der Attraktionen, einen sich bewegenden Laufsteg. Als wir ihn betraten, hörten wir eine weitere Durchsage, die uns aufforderte, uns am Geländer festzuhalten und nicht zu rennen. Später informierte sie uns darüber, daß wir uns dem Ende des Laufstegs näherten und beim Verlassen vorsichtig sein sollten. Während der ganzen Zeit fragte ich mich: ‚Warum erzählen mir diese Leute das alles? Das sagt einem doch der gesunde Menschenverstand.' "

Dieses Buch basiert auf dem gesunden Menschenverstand. Daher sollte Sie keines der hier angesprochenen Prinzipien, die ein guter Chef kennen sollte, überraschen. Doch es besteht die Gefahr, daß Sie sie aus den Augen verlieren, wenn Sie sich so verhalten, wie Ihr Unternehmen wünschenswertes Verhalten definiert. Es ist weitaus besser, eine eigene Definition von wünschenswertem Verhalten zu entwickeln und diese dann in die Praxis umzusetzen. Mit anderen Worten: Sie müssen Sie selbst sein und nicht Ihren Arbeitgeber definieren lassen, was und wie Sie sein sollten. Denn das ist der Grund dafür, daß sich immer mehr Unternehmen heute als immer weniger erfolgreich erweisen. Solche Unternehmen versuchen, Ihre Mitarbeiter in ein geistiges Korsett zu zwängen, das sie davon abhält, sie selbst zu sein. Wenn man ihnen nur gestattet, sie selbst zu sein, werden die meisten Menschen ihrem gesunden Menschenverstand folgen, die Herausforderung annehmen und sich selbst zu großen Erfolgen antreiben. Erfolgreich zu werden hat nichts mit Magie zu tun, und es gibt keine Methoden und Verfahren dafür.

Grundprinzip:

Personalmanagement basiert auf gesundem Menschenverstand.

Praxis:

Sie müssen sich selbst regelmäßig fragen, ob Sie Ihren gesunden Menschenverstand benutzen.

4. Behandeln Sie andere als Menschen!

Chancengleichheit bedeutet, sich gegenseitig als Mensch zu akzeptieren.

Es wird leicht vergessen, daß Mitarbeiter auch Menschen sind. Alles, was wir sehen, sind Etiketten, die schädliche Vorurteile in uns wachrufen. Daher verhalten wir uns diesem Etikett entsprechend und reagieren nicht mehr auf den Menschen. Das führt zu unbedachter Diskriminierung und verursacht immense Probleme.

Wenn Sie die äußeren Schichten – Status, Position, besondere Umstände – entfernen, werden Sie viele grundlegende Ähnlichkeiten zwischen den Menschen entdecken: Wir alle haben Gefühle und Überzeugungen; wir alle sind ein bißchen intelligenter, als andere es uns zugestehen.

Wir unterscheiden uns voneinander durch unsere Kleidung, unsere Sprache, unseren Akzent, durch den gesellschaftlichen Hintergrund und die verschiedenen Ansichten, die wir vertreten. Keines dieser Unterscheidungsmerkmale sollte jedoch irgendeinen Grund bieten, uns anders als andere zu behandeln.

Um ein guter Chef zu sein, müssen Sie vergessen, *wer* Ihre Mitarbeiter sind. Sie dürfen sie nur danach behandeln, *was* sie sind. Egal, ob es sich um einen Minister, einen Geschäftsführer, einen Popstar, einen Gewerkschaftsvertreter, einen Personalmanager, eine Putzfrau im Büro oder einen Sicherheitsbeamten handelt: Alle verdienen die gleiche Behandlung.

Ich kenne viele Geschichten von Führungskräften, die sich aufgrund ihrer hohen Position weigern, mit kleinen Angestellten zu sprechen. Ich kenne Manager, die Untergebene behandeln, als wären sie dumm. Gönnerhaftes Verhalten, Herabsehen auf andere, Arroganz und das Berufen auf die eigene Position: dies alles sind Eigenschaften von schlechten Chefs.

Mitarbeiter wie Menschen zu behandeln hat mit Respekt zu tun. Wir alle haben innere Werte, die gewürdigt und respektiert werden müssen. Die demotivierendste Erfahrung am Arbeitsplatz ist es, wenn Sie – sei es aufgrund Ihrer Hautfarbe, Ihrer äußeren Erscheinung, Ihrer Sprechweise oder Ihrer Position im Unternehmen – herabgewürdigt werden. Dennoch machen sich viele Chefs – wenn auch unabsichtlich – immer wieder der Herabsetzung schuldig. Sie übersehen andere, die sich dann zurückgewiesen und fallengelassen fühlen, und hören Mitarbeitern, die in der Hierarchie unter ihnen stehen, nicht zu – wie wertvoll die Gedanken des anderen auch immer sein mögen. Zwangsläufig werden sich die so Zurückgewiesenen minderwertig und nicht ebenbürtig fühlen.

Mitarbeiter als Menschen zu behandeln bedeutet, aufrichtiges Interesse an ihnen zu haben. Es bedeutet nicht, aufgrund irgendeines, ihnen anhaftenden Etiketts Vermutungen über sie anzustellen. Es bedeutet, keine Vorurteile zu haben.

Ein großer Teil unseres Verhaltens geschieht unbewußt. Häufig ist uns gar nicht klar, welchen Eindruck wir auf andere machen. Wir signalisieren unsere Vorurteile, ohne es zu bemerken. Wir wollen den Abteilungsleiter sprechen und versäumen es, den kleinen Angestellten zu grüßen, der neben ihm steht. Wir gehen am Botenjungen vorbei, ohne seine Anwesenheit zu bemerken. Wir öffnen dem Direktor die Tür, nicht aber dem jungen Lehrling aus dem Werk. Wir neigen automatisch zu der Annahme, daß andere sich so verhalten, wie es unserem Vorurteil von diesem Personentyp entspricht. Benehmen sie sich wie erwartet, sehen wir uns in unserem Vorurteil bestätigt. Dabei vergessen wir bequemerweise all jene Gelegenheiten, bei denen das nicht der Fall ist.

Es gibt ein Sprichwort: „Was Du nicht willst, das man Dir tu', das füg' auch keinem anderen zu." Denken Sie darüber nach, wie Sie behandelt werden möchten – die Höflichkeit, der Respekt, das Lob, die Offenheit und Ehrlichkeit, die Freundlichkeit, Warmherzigkeit, das Vertrauen, das man Ihnen entgegenbringen soll –, genauso sollten Sie sich dann gegenüber jedem anderen verhalten, wer immer es auch sein mag.

Daß Sie Chef sind, spielt dabei keine Rolle. Jeder Ihrer Mitarbeiter ist genau wie Sie ein Mensch. Deshalb hat er den gleichen Anspruch auf einen freundlichen Ton und eine entgegenkommende Behandlung wie Sie. Höflichkeit sollte sich nicht nach dem Status richten.

Behandeln Sie alle Menschen gleich!

Ohne Rücksicht auf:

- Status
- Art seiner oder ihrer Tätigkeit
- Religion
- Nationalität
- Hautfarbe
- Geschlecht
- Kleidungsstil und äußere Erscheinung
- Ruf
- Stellung (über oder unter Ihnen)
- Figur
- Fähigkeiten
- Akzent
- Einstellung Ihnen gegenüber
- Alter

Andere als Menschen zu behandeln bedeutet, der Versuchung zu widerstehen, Werturteile abzugeben. Bewerten Sie andere, ja. Aber fällen Sie kein Werturteil, bloß weil andere nicht die gleiche Vorstellung vom Leben haben wie Sie. Ihr Weg kann der richtige für Sie sein; keinesfalls aber können Sie beurteilen, ob es auch der richtige für andere ist. Wir können nur wissen, was für uns am besten ist, und sollten anderen ein eigenes Urteil über das Beste für sie zugestehen. Dieses Urteil müssen wir dann respektieren.

Ein guter Chef wird seine Mitarbeiter als Menschen behandeln, die ihm gleichgestellt sind – nicht als Untergebene, die es erst noch zu etwas bringen müssen.

Grundprinzip:

Chancengleichheit und Gleichbehandlung

Praxis:

Vergessen Sie, *wer* der andere ist (Status, Position usw.).
Machen Sie keine Unterschiede zwischen den Menschen aufgrund der ihnen anhaftenden Etiketten (Abstammung, Clubzugehörigkeit, Religion usw.).
Behandeln Sie alle gleich (sprechen Sie mit jedem).

5. Sagen Sie deutlich, was Sie erwarten!

Erwarten Sie nichts, wenn Sie Ihre Erwartungen nicht deutlich gemacht haben.

Die Menschen in Ihrer Umgebung müssen wissen, was in Ihnen vorgeht und was Sie von ihnen erwarten.

Die schlechtesten Chefs sind solche, deren Verhalten absolut unvorhersagbar ist, die in einer Minute das eine wollen und in der nächsten Minute genau das Entgegengesetzte. Es sind die Chefs, denen man stets vorwerfen wird, sie versetzten ihre Torpfosten, sie sendeten widersprüchliche Signale aus und drehten ihre Fahne nach dem Wind.

Der Schlüssel liegt darin, daß Sie sich zuerst sehr genau darüber im klaren sein sollten, was Sie von anderen erwarten, und ihnen dann diese Erwartungen mitteilen. Sie müssen sich entscheiden, welche Standards sie erreichen sollen, welchen Freiraum Sie ihnen bei der eigenen Entscheidungsfindung zubilligen, und welches Verhalten Sie gegenüber Ihnen persönlich und anderen erwarten.

Erwartungen haben nicht nur etwas mit den Zielen zu tun, die es zu erreichen gilt; sie haben auch viel mit der täglichen Routine am Arbeitsplatz zu tun. Die besten Chefs erwarten, daß ihre Mitarbeiter pünktlich zum vereinbarten Zeitpunkt am Arbeitsplatz sind, daß sie zu Besprechungen rechtzeitig auftauchen und andere nicht warten lassen. Die besten Chefs erwarten von ihren Mitarbeitern, daß sie Telefonate und Briefe beantworten, Zusagen einhalten sowie andere mit Höflichkeit und Respekt behandeln. Sie erwarten von ihren Mitarbeitern, daß sie offen sprechen und genau zuhören. Sie erwarten Geradlinigkeit und Aufrichtigkeit.

Diese Erwartungen entsprechen dem gesunden Menschenverstand. Sie brauchen daher nicht niedergeschrieben und in bürokratische Verfahren umgewandelt werden. Doch sie müssen jedem deutlich bewußt sein. Ohne diese Deutlichkeit senken sich Standards, und es kommt zu Verwirrung.

Daher müssen Sie Ihre Erwartungen in der täglichen Praxis auch durch Ihr Verhalten deutlich machen. Ein guter Chef wird Verspätungen, sofern kein außergewöhnlicher Grund vorliegt, nicht tolerieren. Auch Unhöflichkeit und Respektlosigkeit sind für ihn intolerabel. Das heißt nicht, daß solche Regelmißachtungen direkt bestraft werden müssen. Auf jeden Fall aber ist ein ernstes Wort unter vier Augen angebracht.

Die beste Gelegenheit, Ihre Erwartungen zu formulieren, ist bei Antritt Ihrer Stelle. Dabei sollten Sie Ihre Erwartungen den anderen nicht aufzwingen, sondern sie mit Ihrem neuen Team abstimmen. Der Abstimmungsprozeß selbst wird zur Verdeutlichung beitragen.

Einige Leute halten sich gerne an bestimmte „Führungsrichtlinien". Das ist nicht schlimm, solange sie als hilfreich empfunden werden.

Erwartungen erstrecken sich auch auf Ziele und Gründe. Jeder Mensch muß wissen, was von ihm am Arbeitsplatz erwartet wird und warum. Leider sind Arbeitsplatzbeschreibungen in diesem Zusammenhang nur selten hilfreich. Wie auch an anderer Stelle in diesem Buch betont wird, sollte sich die Schlüsselerwartung darauf konzentrieren, *was* ein Mitarbeiter erreichen soll. Ein guter Chef wird erwarten, daß seine Mitarbeiter selbst wissen, *wie* sie es erreichen. Er wird weiterhin erwarten, daß sie sich an ihn wenden, wenn sie Hilfe oder Unterstützung benötigen. Er wird erwarten, daß sie ihn (bevor es zu spät ist) informieren, wenn Ziele nicht erreicht werden und Korrekturen notwendig sind.

Erwartungen werden immer von beiden Seiten gestellt. Als guter Chef werden Sie daher mit Ihren Mitarbeitern klären, was diese umgekehrt von Ihnen erwarten. Wenn Sie erst vor kurzem ihr Chef geworden sind, lohnt sich ein Gespräch über die gegenseitigen Erwartungen auf jeden Fall. Doch selbst wenn Sie bereits seit 20 Jahren Chef sind, ist es noch nicht zu spät, sich mit Ihren Mitarbeitern zusammenzusetzen und eine Bestandsaufnahme Ihrer gegenseitigen Erwartungen zu machen, sie zu hinterfragen und weiterzuentwickeln.

Wenn Sie es versäumen, Ihre Erwartungen zu klären und mit den anderen abzustimmen, dann wirft das auf Sie als Vorgesetzter ein schlechtes Licht. Man wird Sie für weich, unentschlossen, orientierungslos, durcheinander und verwirrt halten. Wie schon gesagt, es ist kein offizieller Abstimmungsprozeß notwendig; eine solche Auseinandersetzung mit den Erwartungen des anderen kann auch ganz informell erfolgen. Tatsächlich kann es sich auch um einen Entwicklungsprozeß handeln, der durch Ihr eigenes Verhalten in bestimmten Situationen in Gang kommt. Sie können mit hochgesteckten Erwartungen beginnen und dann konstruktiv reagieren, wenn sie nicht erfüllt werden. Ihre Mitarbeiter werden schnell lernen, was von ihnen verlangt wird.

Wie wichtig es ist, seine Erwartungen deutlich zu machen, sollte nicht unterschätzt werden. Ohne eindeutige Erwartungen gehen Menschen in verschiedene Richtungen. Irgendwann fühlen sie sich dann verletzbar und unsicher und werden schließlich sogar mißtrauisch. Wenngleich es weitgehend im Ermessen der Mitarbeiter liegen sollte, *wie* sie ihre Arbeit verrichten: Sie müssen sich innerhalb von Grenzen bewegen, die für Sie als Chef und für das Unternehmen als Ganzes akzeptabel sind. Ohne eine Definition dieser Grenzen und ohne Verständnis dafür verlaufen sich Mitarbeiter. Sie als Chef müssen daher die Grenzen definieren, innerhalb derer Ihre Mitarbeiter frei operieren können.

Grundprinzip:

Ihre Mitarbeiter müssen wissen, was Sie als Chef von ihnen erwarten. Umgekehrt müssen auch Sie wissen, was Ihre Mitarbeiter von Ihnen erwarten.

Praxis:

Setzen Sie sich mit Ihren Mitarbeitern zusammen, hinterfragen Sie Ihre gegenseitigen Erwartungen, und stimmen Sie sie miteinander ab. Bereiten Sie das Gespräch anhand einer einfachen Checkliste vor.

6. Hören Sie zu, und handeln Sie dann!

Anderen nicht zuzuhören ist nicht nur ein Zeichen für mangelnden Respekt, sondern auch unglaublich dumm.

Wer in dieser Welt zurechtkommen will, muß tendenziell positiv denken, viel Antrieb besitzen, an sich selbst glauben, um jeden Preis beharrlich sein und wissen, wie man Mißgeschicke überwindet – alles bewundernswerte Eigenschaften. Es besteht allerdings die Gefahr, daß diese Menschen – während sie diese Eigenschaften entwickeln – gleichzeitig auch eine darin immanente Schwäche entwickeln: Sie können nicht mehr zuhören und nehmen keinen Rat mehr von anderen an. Sie werden Opfer ihres eigenen Erfolgs und glauben, da sie in der Vergangenheit erfolgreich waren, daß sie auch heute mit allem, was sie sagen und tun, recht haben.

Es gibt genügend Beispiele, um diesen Fehler zu belegen. Ein ganz hervorragendes Beispiel dafür ist der Sturz von Margaret Thatcher. Andere habe ich in einem meiner früheren Bücher beschrieben. *Incredible Bosses* (McGraw-Hill, 1990) beschäftigt sich ausführlich mit dieser Art von Problem. Ein klassisches Buch zu diesem Thema stammt von Norman Dixon: *On the Psychology of Military Incompetence* (Jonathan Cape, 1976). Dieses Buch sollte für jeden Personalmanager zur Pflichtlektüre gehören. Ich will einen Auszug aus Kapitel 11 anführen.

Der Fall von Singapur

„Warum mißachtete General Percival den dringenden Rat seines Untergebenen, Brigadekommandeur Simson, und seines Vorgesetzten, General Waveli, Maßnahmen zur Verteidung zu ergreifen? [...]

Wie schon andere inkompetente Befehlshaber vor ihm war General Percival passiv, höflich, unnachgiebig, halsstarrig, freundlich und selbstherrlich. Außerdem war er ein Freund der Verzögerungstaktik."

Man muß unterscheiden zwischen *hören* und *zuhören*. Letzteres unterscheidet sich von ersterem in drei Punkten. Zuhören bedeutet verstehen, was der andere zu sagen versucht. Zweitens bedeutet es, das Gesagte nicht ablehnen, bloß weil es den eigenen Ansichten widerspricht. Und schließlich bedeutet es, dem Gesagten entsprechend handeln.

Um richtig zuzuhören, müssen Sie sich selbst vergessen. Sie müssen sich in den anderen hineinversetzen und versuchen, an den Kern dessen zu gelangen, was der andere Ihnen zu sagen versucht, was er wirklich meint. Das alles muß dann von einer gesunden Portion Vertrauen und Respekt begleitet werden. Menschen, denen Sie nicht vertrauen, können Sie nicht wirklich zuhören. Und Sie müssen respektieren, daß sie, wenn es um ein bestimmtes Thema geht, vielleicht mehr Erfahrung und eine größere Sachkenntnis besitzen als Sie. Indem Sie anderen erlauben zu sprechen und ihnen wirklich zuhören, können Sie ihnen oft helfen, selbst eine Lösung für ihr Problem zu finden. Ein symphatischer und verständnisvoller Zuhörer ermöglicht es Ihnen, Ihre Gedanken zu ordnen, und das Rätsel, vor dem Sie stehen, zu lösen.

Mangelndes Zuhören ist vor allem in großen, traditionell hierarchisch organisierten Unternehmen mit autoritären Chefs weit verbreitet. Dort wird implizit die Annahme vertreten, daß eine Person von höherem Rang immer recht haben muß. Das wiederum erzeugt Angst, diese Person zu hinterfragen – einer der Hauptgründe dafür, warum viele Unternehmen heute auf den Kopf gestellt werden.

Hören Sie Ihren Mitarbeitern genau zu. Denn sie wissen wahrscheinlich mehr, als Sie glauben und haben vermutlich bessere Lösungsvorschläge als Sie.

Machen Sie sich im Gespräch Notizen, und handeln Sie dann entsprechend!

Zuhören bedeutet nicht, mit allen einer Meinung zu sein. Das ist nicht möglich. Sie sollten über das, was Ihnen ein anderer sagt, ernsthaft

Typisch! Sie hören zwar zu, tun aber nichts!

„Seit neun Monaten ist bei uns im Labor das Fenster kaputt. Viele Male bin ich dem Hausmeister hinterhergelaufen, der immer gerade etwas viel Wichtigeres zu tun hatte. Immer heißt es nur ‚morgen'. Vor drei Monaten kam unser Direktor vorbei und fragte, wie die Dinge laufen. Ich zeigte ihm die zerbrochene Scheibe. Er nickte und sagte: ‚Ich sorge dafür, daß sie repariert wird. Machen Sie sich keine Sorgen.'

Das war vor drei Monaten. Sie ist bis heute nicht repariert."

nachdenken. Manchmal werden Sie dennoch am Ende zu einem anderen Schluß kommen. Dann sollten Sie folgendes tun: Gehen Sie zurück zu Ihrem Gesprächspartner, und erklären Sie ihm – höflich – warum Sie eine Entscheidung gegen ihn oder sie getroffen haben.

Die besten Chefs, die besten Manager und überhaupt die besten Menschen sind gute Zuhörer.

Grundprinzip:

Zuhören heißt Lernen. Lernen bedeutet Fortschritt.
Zuhören heißt, Respekt zu zeigen. Je mehr Menschen Sie respektieren, desto größer werden Ihre Fortschritte sein.

Praxis:

Lassen Sie andere immer ausreden.
Stellen Sie sicher, daß Sie den anderen wirklich ganz und gar verstanden haben.
Verhindern Sie, daß Ihre eigenen Vorurteile Ihnen die Sicht verstellen.
Machen Sie sich Notizen, damit Sie nichts vergessen.
Handeln Sie dann entsprechend.

7. Bestimmen Sie die Richtung!

Sie müssen wissen, wohin Sie Ihre Mitarbeiter führen.

Ihre Mitarbeiter wollen wissen, wohin sie gehen. Das ist etwas, was sie nicht selbst entscheiden können. Im Idealfall hat das Unternehmen langfristige Ziele gesteckt, welche dann in erreichbare Teilziele unterteilt werden müssen, auf die jeder einzelne, jedes Ressort und jede Abteilung hinarbeiten kann.

Eine der Aufgaben für Sie als Chef besteht nun darin, solche Teilziele, die Ihre Mitarbeiter erreichen müssen, aus den langfristigen Zielen abzuleiten. Doch das allein reicht noch nicht. Zusätzlich zu den übergeordneten Zielen des Unternehmens müssen Sie vor allem entscheiden, was Sie von Ihrem Ressort oder Ihrer Abteilung erwarten. Ein hervorragender Chef wird seine Vorgesetzten davon überzeugen müssen, daß sein Bereich (oder seine Abteilung) einen zusätzlichen Nutzen bietet, der zum Vorteil aller verwertet werden kann. Mit anderen Worten: Sie müssen Ihre Existenz rechtfertigen, d.h. Ihre eigenen Ziele dem Unternehmen verkaufen. Das obere Management wechselt, damit ändern sich die jeweiligen Anforderungen, und auch der Markt ist einem ständigen Änderungsprozeß unterworfen. Gute Chefs werden ihr Möglichstes tun, um zu verhindern, daß solche Veränderungen die Arbeitsplätze ihrer Mitarbeiter bedrohen. Sie werden ihre Zukunft nicht vom Schicksal bestimmen lassen, sondern es vorziehen, ihr Schicksal selbst in die Hand zu nehmen. Das können Sie nur, wenn Sie die beste Position am Markt ansteuern, Inland oder Ausland, so daß es eine kontinuierliche – wenn nicht steigende – Nachfrage nach den Dienstleistungen und Produkten Ihres Ressorts oder Ihrer Abteilung gibt.

Das alles hat etwas damit zu tun, die Richtung zu bestimmen. Gute Chefs sollten die Zielrichtung ihres Unternehmens übernehmen. Sie sollten jedoch darüber hinaus weitere Orientierunghilfen entsprechend ihrer persönlichen Zielsetzung am Arbeitsplatz bieten. Das kann nicht vom oberen Management vorgegeben werden, das schließlich nicht immer in der Lage ist, das Potential jeder einzelnen Geschäftseinheit einzuschätzen.

Es ist daher von entscheidender Bedeutung, daß Sie sich regelmäßig alle paar Monate mit Ihren Mitarbeitern zusammensetzen und ein Bild (im Fachjargon: „Vision") von der Zukunft zeichnen, so wie Sie sie sehen. Mit diesem Bild vor Ihrem geistigen Auge können Sie dann dem Weg, der vor Ihnen und Ihrer Abteilung liegt, eine eindeutige Richtung zuweisen. Am Anfang werden Sie vielleicht für einige Tage wegfahren müssen, um in Ruhe darüber nachzudenken, in welche Richtung Sie gehen wollen.

Sobald Sie es erkennen, müssen Sie dieses Bild immer im Gedächtnis behalten. Es sollte ein einfaches Bild von der Zukunft sein, wie etwa „eine Reise zum Mond", „der Gewinn des Pokalendspiels" oder „einen Bestseller schreiben" – ein Erfolgsbild, das Sie klar und deutlich vor sich sehen können. Zudem sollte es eine Herausforderung darstellen, deren Annahme Sie und Ihr Team mit immenser Befriedigung erfüllt. Es kann das Bild von einem außergewöhnlich guten Kundendienst sein, von der ständigen Weiterentwicklung Ihrer Produkte, von einem höchstmöglichen Qualitätsstandard, von einer steigenden Nachfrage nach den von Ihnen angebotenen Diensten oder davon, daß Sie derjenige sind, dessen Rat man nicht nur in Ihrem Unternehmen am häufigsten einholt.

Welche Richtung Sie auch immer einschlagen, Sie werden sie finanziell (in Form von Etat) quantifizieren müssen. Um Ihrer Richtung folgen zu können, werden Sie sich gegebenenfalls für Investitionen oder für größere Veränderungen einsetzen müssen, die sich auch auf das übrige Unternehmen auswirken.

Nach Festlegung Ihrer Richtung obliegt es Ihnen als Chef, dafür zu sorgen, daß jeder einzelne Mitarbeiter, für den Sie verantwortlich sind, seine Rolle im Gesamtplan kennt. Mit anderen Worten: Sie müssen jedem einzelnen des Teams ebenfalls eine Richtung weisen.

Mitarbeiter mögen entscheiden können, *wie* das Ziel am besten zu erreichen ist. Sie als Chef müssen jedoch entscheiden, *was* das Ziel ist. Falls es Probleme gibt, müssen Sie vielleicht sogar hin und wieder das Etappenziel ändern.

Eines der unglücklichen Modewörter der jüngsten Zeit ist „Ermächtigung". Viele Manager kennen weder seine Bedeutung noch wissen sie, wie „Ermächtigung" praktisch umgesetzt werden kann. Hier gilt es, eine wichtige Unterscheidung zu treffen: Sie können Mitarbeiter nicht ermächtigen, zu entscheiden, *was* sie erreichen wollen, sondern nur dazu, *wie* sie es erreichen wollen. Indem Sie entscheiden, *was* Ihre Mitarbeiter erreichen sollen, geben Sie ihnen eine Richtung vor. Ein Chef übernimmt die Verantwortung dafür, daß die eingeschlagene Richtung verfolgt wird. Er sorgt außerdem dafür, daß jeder Mitarbeiter das Endziel erreicht – egal, ob eine 99,9prozentige Zuverlässigkeit bei der Auslieferung, die höchste Produktivität der Branche, das höchste Qualifikationsniveau der Mitarbeiter in diesem Bereich, der denkbar freundlichste Kundendienst, die regelmäßige Entwicklung innovativer Produkte oder die größte technische Kompetenz erzielt werden soll.

Nehmen Sie sich einen Moment Zeit und denken Sie darüber nach, welche Aufgaben Sie als Chef haben. Sind Sie sich wirklich im klaren darüber, was Sie erreichen wollen? Ist es wirklich das, was das Unternehmen von Ihnen erwartet, und ein bißchen darüber hinaus? Bietet es Ihnen und Ihren Mitarbeitern die besten Aussichten für die Zukunft?

Widersprüchliche Signale

„Das Problem bei diesem Unternehmen besteht darin, daß wir ständig widersprüchliche Signale über das erhalten, was man von uns erwartet. In der einen Minute gibt es einen neuen Ansatz zur Verbesserung des Kundendiensts, in der nächsten Minute ist es TQM. Dann wieder scheint alles vergessen zu sein, und wir sollen nur noch Kosten sparen. Plötzlich gibt es eine neue Art der Leistungsbewertung, die sich die Leute in der Hauptverwaltung ausgedacht haben. So geht's immer weiter. Es gibt so viele neue Initiativen, daß sie uns zu den Ohren herauskommen. Wir wissen einfach nicht, was wir sollen. Wir verschwenden eine Menge Zeit mit diesen neuen Moden, und das hält uns von unserer eigentlichen Arbeit ab."

Sie sollten sich niemals der Selbsttäuschung hingeben, Ihre Hände seien durch Ihre allmächtigen Vorgesetzten gebunden. Es bleibt immer Spielraum genug, um der Geschäftseinheit, für die Sie verantwortlich sind, Ihre eigene Handschrift zu verleihen. Die Tage, in denen autokratische Direktoren allen Mitarbeitern sagten, was sie zu tun und wie sie zu denken hätten, sind vorbei. Um heute zu überleben, müssen Sie Ihren eigenen Weg in die Zukunft gehen, eigene Richtungen definieren. Das erwarten Ihre Mitarbeiter von Ihnen – das sehen sie als Ihre vordringlichste Aufgabe an.

Grundprinzip:

Es ist wichtig, daß Sie Ihre Richtung kennen.

Praxis:

Überprüfen Sie regelmäßig die Marschrichtung Ihrer Geschäftseinheit, und sorgen Sie dafür, daß jeder Mitarbeiter den gemeinsamen Weg kennt.

8. Seien Sie unkonventionell und ungewöhnlich!

Konventionen schränken ein, während unkonventionelle Methoden die Quelle allen Fortschritts sind.

Sie sollten Dinge niemals anders machen, nur damit sie anders sind. Dennoch können Sie Fortschritt nur erzielen, indem Sie etwas auf andere Weise als bisher tun.

Wer sich an Konventionen hält, läuft allem anderen hinterher und macht alles so, wie es auch die anderen tun. Abgesehen davon, daß es langweilig ist, kann man so im Wettbewerb nicht bestehen. Hier geht es darum, Dinge besser zu machen – und das bedeutet, sie anders zu machen.

Konventionen haben ihre Berechtigung, wenn es um die Normen zivilisierten Verhaltens geht. Sie haben ihre Berechtigung am Arbeitsplatz, wenn es um den Umgang mit Kollegen geht, z.B. zum Beispiel im Zusammenhang mit freundlichen, konventionellen Begrüßungsritualen oder im Ausdruck aufrichtiger Dankbarkeit. Konventionen sind immer dann zu befolgen, wenn wir allgemein akzeptierte, nützliche Gewohnheiten nicht aufgeben wollen.

Im Geschäftsleben geht es jedoch um Veränderungen; es geht darum, im Bewußtsein der Kunden ein Gefühl von Einzigartigkeit zu erzeugen. Deshalb haben Sie keine andere Wahl: Sie müssen einen unkonventionellen Ansatz finden, um Veränderungen herbeizuführen und diese Einzigartigkeit hervorzurufen. Konventionen können das nicht leisten. Seien Sie also unkonventionell. Übertreffen Sie Erwartungen. Überraschen Sie Ihre Kunden mit kreativen Schachzügen. Versetzen Sie Ihre Mitarbeiter mit neuen, einfallsreichen Ideen in Aufregung.

Schaffen Sie ein Klima, das Kreativität ermutigt und belohnt. Denken Sie über jede Idee, mit der Ihre Mitarbeiter zu Ihnen kommen, sorgfältig nach. Lehnen Sie niemals etwas kurzerhand ab. Probieren

Unkonventionelle Verhaltensweisen

- Lassen Sie Ihre Mitarbeiter die Höhe ihrer Gehälter selbst entscheiden.
- Bringen Sie Ihre Mitarbeiter dazu, Ihre Kunden zu schulen.
- Bringen Sie Ihre Kunden dazu, Ihre Mitarbeiter zu schulen.
- Führen Sie vollständig flexible Arbeitszeiten ein (kein Papier, keine Erfassung, uneingeschränktes Vertrauen).
- Seien Sie ganz offen und ehrlich zu Ihren Kunden.
- Seien Sie ganz offen und ehrlich zu Ihren Mitarbeitern.
- Schaffen Sie alle Privilegien ab (Autos, Parkplätze, Reisen, Titel etc.).
- Reduzieren Sie das Papieraufkommen um 90 Prozent.
- Schaffen Sie Leistungsbewertungen ab.
- Verbannen Sie Anzüge und Krawatten aus Ihrem Büro, und erklären Sie das Ihren Kunden.
- Belohnen Sie Fehler und Versäumnisse, wenn daraus gelernt wurde.
- Unternehmen Sie mit Ihren Mitarbeitern einmal etwas ganz Ausgefallenes (außerhalb des Büros).
- Unternehmen Sie mit Ihren Kunden etwas ganz Ausgefallenes (außerhalb des Büros).
- Bringen Sie Ihre Kunden dazu, neue Produkte/Dienstleistungen für Sie zu erfinden.
- Hängen Sie eine Pinnwand in Ihrem Büro auf, und ermutigen Sie Ihre Mitarbeiter, Zettel mit ihren Wünschen aufzuhängen. Vergeben Sie Preise für die originellsten Einfälle.
- Schreiben Sie ein Buch über die Leistungen Ihrer Mitarbeiter. Fügen Sie Photos ein.
- Sorgen Sie dafür, daß jeder Ihrer Mitarbeiter mindestens einmal pro Jahr einen neuen, kreativen Einfall hat, und setzen Sie ihn um.

Sie Dinge aus, experimentieren Sie, führen Sie Pilotprojekte oder Versuche durch.

Sie müssen auch in Ihrem eigenen Verhalten unkonventionell sein. Die Leute lieben „farbenfreudige“ Chefs, die sich von den anderen abheben, die ihre Füße auf den Tisch legen, die ihre Krawatten lockern, auffallende gelbe Socken tragen und einen ungewöhnlichen, unerwarteten Spruch auf den Lippen haben. Viel zu viele Chefs sind Langweiler, die sich ihrem grauen Anzug anpassen, graugesichtige Stereotypen.

Beispiel für unkonventionelles Verhalten

Etwa 3.000 Leute besuchten im April 1993 die Jahrestagung des *Institute of Directors* in der Royal Albert Hall in London. Schätzungsweise 2.000 von ihnen waren Männer – 1999 trugen Anzüge und Krawatten.

Es gab jedoch eine bemerkenswerte Ausnahme, und das war der Hauptredner Richard Brenson. Er trug während seines Vortrags keine Krawatte und zog mittendrin sein Jackett aus. Außerdem benutzte er die Sprache des gesunden Menschenverstands und streute bestimmte Redewendungen ein, die man sonst bei solchen Gelegenheiten nicht hört.

Verleihen Sie dem Arbeitsalltag Ihrer Mitarbeiter etwas Farbe, indem Sie Ihre täglichen Routinearbeiten in „nichtroutinierter Weise“ erledigen. Kochen Sie Kaffee, wischen Sie den Boden auf, leeren Sie die Papierkörbe, sprechen Sie Französisch, bringen Sie Schokoladenkuchen mit, lassen Sie sich Ihre Haare lang wachsen oder lassen Sie sie abschneiden. Erzählen Sie Geschichten. Zeigen Sie Schnappschüsse Ihrer Familie. Bringen Sie einen Blumenstrauß mit. Machen Sie Photos von Ihren Mitarbeitern, und lassen Sie Vergrößerungen davon anfertigen.

Tun Sie einfach mal etwas anderes, sonst ist es so langweilig. Ihre Kunden werden letzten Endes davon profitieren.

Grundprinzip:

Unkonventionelles Verhalten ist die Quelle allen Fortschritts.

Praxis:

Ermitteln und überprüfen Sie alle konventionellen Verfahrensweisen. Könnten Sie das anders und besser machen?

9. Ziehen Sie andere zur Verantwortung!

Verantwortung ist ein flüchtiges Gut.

In Unternehmen, die Fehler bestrafen und gute Ideen unterdrücken, vermeiden es Mitarbeiter, Verantwortung zu übernehmen. Statt dessen versuchen sie, Entscheidungen auf andere abzuwälzen. Häufig werden Entscheidungen dabei der nächsthöheren Ebene zugeschoben. Hierarchiebewußte Chefs begrüßen das. Es stärkt ihre Position, und sie fühlen sich mächtiger, weil die Leute zu ihnen kommen müssen. Bedauerlicherweise entstehen daraus häufig Fehler. Der Entscheidungsprozeß im Unternehmen läuft heiß, und wichtige Entscheidungen werden oftmals zu spät oder gar nicht getroffen. Oft sind die Entscheidungen auch schlecht, da die Empfehlungen auf ihrem Weg durch sämtliche Ebenen der Unternehmensbürokratie verarbeitet und verwässert wurden.

Aus dem gesunden Menschenverstand ergibt sich, daß Entscheidungen am besten von denen gefällt werden, die aufgrund ihres Wissens und ihrer Erfahrungen wirklich abschätzen können, wie sich eine Entscheidung auf das Geschäft auswirkt. Mit anderen Worten: Entscheidungen sollten am besten von denjenigen getroffen werden, die sie umsetzen müssen. Eine Entscheidung etwa, wie ein Kunde mit einer ungewöhnlichen Forderung am besten zufriedenzustellen ist, sollte am besten von demjenigen getroffen werden, der der Ausführung der Dienstleistung am nächsten ist. Das ist häufig ein Mitarbeiter der vordersten Front.

Soweit die Theorie. Sie läßt sich mittels jedes beliebigen Modeworts umschreiben – Delegation, Übertragung von Verantwortung, Ermächtigung, Befähigung, Dezentralisierung oder Partizipation.

In der Praxis sind die Verhältnisse häufig sehr viel komplizierter. Um Entscheidungsprozesse an die vorderste Front zu verlegen, bedarf es eines großen Glaubenssprungs. Es bedeutet, daß Sie ein enormes

Vertrauen zu Ihren Mitarbeitern haben müssen, Vertrauen darauf, daß sie Entscheidungen treffen können, welche traditionell von Ihnen als Chef getroffen wurden. Es bedeutet auch, daß Sie andere für ihre Entscheidungen zur Verantwortung ziehen müssen. Verantwortung bedeutet, für eine bestimmte Entscheidung und ihre Konsequenzen zur Rechenschaft gezogen zu werden. Es bedeutet, alle mit dieser Entscheidung verbundenen Risiken erwogen zu haben (Entscheidungen, die kein Risiko bergen, sind leicht zu treffen). Es bedeutet, daß vor der Entscheidung zuverlässiger Rat eingeholt und hinterher klare Worte gesprochen werden. Es bedeutet, sich zu Fehlern, sofern sie auftreten, offen zu bekennen. Davor scheuen viele Menschen zurück, weil sie die diktatorischen Entscheidungen von autokratischen Chefs gewöhnt sind, die darauf bestehen, jede auch noch so winzige Entscheidung selbst zu treffen.

Andererseits erlangen Ihre Mitarbeiter, wenn sie Verantwortung übernehmen, mehr Zufriedenheit am Arbeitsplatz. Sie erhalten mehr Kontrolle über die Aufgaben, für die sie bezahlt werden, und können die Früchte ihrer Arbeit zu ihren Entscheidungen direkt in Bezug setzen.

„Ich vertraue Ihnen bei einer 35.000-Dollar-Entscheidung; nicht aber, wenn es um 50 Pfund geht.“

„Als ich noch bei der Fluggesellschaft arbeitete, hatten wir dort einen Manager, der dafür verantwortlich war, die Übernachtungspreise für die Crews in den verschiedenen Hotels überall auf der Welt auszuhandeln. Eines Tages kam er aus Kalifornien zurück, wo er gerade einen Drei-Dollar-Preisnachlaß auf unsere Zimmerpreise in Los Angeles ausgehandelt hatte. Das war insgesamt eine Kosteneinsparung von mehr als 35.000 Dollar pro Jahr.

Bei seiner Rückkehr fand er auf seinem Schreibtisch eine Notiz vom Finanzchef vor, die besagte, daß keiner der leitenden Angestellten ohne Erlaubnis eines Geschäftsführers eine Sekretärin zur Aushilfe einstellen darf.

Er kam daraufhin aufgebracht zu mir. ‚Ich bin gerade aus den Staaten zurück‘, sagte er, ‚ich habe dem Unternehmen 35.000 Dollar eingespart. Meine Sekretärin ist krank. Aber über eine Ausgabe von 50 Pfund, zur vorübergehenden Einstellung einer Aushilfskraft, die den dringenden Bericht schreibt, den Sie als mein Chef verlangen, darf ich nicht entscheiden!'"

Mitarbeiter zur Verantwortung zu ziehen hat in jedem Unternehmen einen reinigenden Effekt. Es beseitigt viel von dem Durcheinander und der Bürokratie, die entstehen, wenn zu viele Entscheidungen nach oben abgewälzt werden. Es zwingt die Mitarbeiter dazu, selbst zu denken und die Konsequenzen ihrer Handlungen in Betracht zu ziehen.

Mitarbeiter zur Verantwortung zu ziehen bedeutet nicht, Arbeitsplatzbeschreibungen und unübersehbare Papiermengen zu produzieren, aus denen exakt hervorgeht, welche Entscheidungen sie treffen dürfen und welche nicht. In Wahrheit bedeutet es sogar die Abschaffung von Stellenbeschreibungen. Es bedeutet, daß Sie genau wissen, was erreicht werden muß, und daß Sie Ihren Mitarbeitern dann erlauben, voranzukommen und es zu erreichen. Es bedeutet schließlich, sie für die erzielten Ergebnisse zur Verantwortung zu ziehen.

Sie sollten Mitarbeiter nur für das verantwortlich machen, *was* sie erreichen, nicht dafür, *wie* sie es erreichen (innerhalb vernünftiger Grenzen). Viel zu viele Chefs mischen sich in das „Wie" ein, indem sie bestimmen, auf welche Weise etwas zu tun ist.

Kritisch wird es beim Geld. Um es in einfachen Worten zu sagen: Sie sollten sich mit Ihren Mitarbeitern auf einen Etat einigen, der dazu genutzt werden soll, bestimmte Ziele zu erreichen. Dann sollten Sie ihnen jedoch vollständig freie Hand darin lassen, wie sie nun im einzelnen diese Ziele erreichen wollen. Wenn sie dumm genug sind, das Geld unvernünftig auszugeben, und deshalb ihr Ziel nicht erreichen, dann sollten sie dafür natürlich zur Rechenschaft gezogen werden.

Es ist daher wichtig, daß Sie sich zurücklehnen und über die Art und Weise nachdenken, in der Sie Ihre Mitarbeiter zur Verantwortung ziehen wollen und für was sie Verantwortung tragen sollen. Es besteht kein Zweifel: Die Leistungen werden um so besser sein, je mehr Verantwortung Ihre Mitarbeiter selbst tragen dürfen.

Grundprinzip:

**Mitarbeitern Entscheidungen zutrauen.
Mitarbeiter dazu bewegen, für ihre Entscheidungen die Verantwortung zu übernehmen.**

Praxis:

**Sorgen Sie dafür, daß Ihre Mitarbeiter die zu erreichenden Ziele absolut klar sehen und sie verstehen.
Lassen Sie sie dann gewähren, aber sorgen Sie dafür, daß Sie zu den passenden Zeitpunkten über den Fortgang ihrer Bemühungen unterrichtet werden.**

10. Setzen Sie sich für Ihre Mitarbeiter ein!

Wenn Sie sich nicht für Ihre Mitarbeiter einsetzen, werden sie sich niemals in die von Ihnen gewünschte Richtung bewegen.

Sorgen Sie dafür, daß Ihre Mitarbeiter befördert werden. Besorgen Sie Ihnen die beste Ausbildung. Lassen Sie sie neue Erfahrungen machen. Verteidigen Sie ihre Gehaltserhöhungen. Streiten Sie für eine Verbesserung ihrer Arbeitsumgebung. Stellen Sie sich auf ihre Seite, wenn sie unter Beschuß geraten. Fördern Sie ihre Leistungen. Kämpfen Sie unter ihrer Flagge. Geben Sie Ihren Namen für sie her.

Und umgekehrt: Bekämpfen Sie niemals Ihre eigenen Mitarbeiter. Sie können streiten, Sie können Meinungsverschiedenheiten haben, Sie können sich gelegentlich gegenseitig nicht besonders wohlgesonnen sein – aber bekämpfen Sie niemals Ihr eigenes Team.

Die Geschichte der Unternehmensführung ist gespickt mit der Unterscheidung zwischen „wir" und „sie". Führungskräfte distanzieren sich von ihren Untergebenen, und auf beiden Seiten gehört der Versuch, die eigenen, stets wohlbegründeten Interessen zu wahren, zur Tagesordnung. Daß solche Abgrenzungen zu gegenseitigem Mißtrauen und betrieblicher Unruhe führen, ist die Lektion, die es hier zu lernen gilt.

Als Chef sind Sie ein wichtiger Bestandteil der Gruppe, für die Sie als Führungskraft verantwortlich sind. Sie sollten sich niemals als außerhalb dieser Gruppe stehend betrachten. Befürchten Sie nicht, daß man ihnen vielleicht vorwirft, Sie seien „einer der Jungs" (oder „Mädels"), gingen „dorthin zurück, von wo Sie kamen", oder stünden „auf *ihrer* Seite und nicht auf *unserer* Seite". In jedem Unternehmen sollten alle auf derselben Seite stehen.

Sie sollten sich daher nachdrücklich dafür einsetzen, daß Ihre Mitstreiter optimale Bedingungen haben, um beste Ergebnisse zu erzielen.

Ebenso sollten Sie sich nachdrücklich für die persönlichen Interessen Ihrer Mitarbeiter stark machen. Es motiviert sie, wenn sie feststellen, daß ihr Chef darauf drängt, ihre Karriere zu fördern, ihre Arbeitsbedingungen zu verbessern, und daran interessiert ist, ihnen weitere, aufregende Herausforderungen zu bieten.

Daß sich Mitarbeiter, wenn sie merken, daß Sie sich für sie einsetzen, umgekehrt auch für Sie einsetzen werden, dürfte nicht weiter überraschen. Sie werden die zusätzliche Leistung erbringen, wenn sie benötigt wird, sie werden sich für Sie aus dem Fenster lehnen, und sie werden sich ein bißchen mehr Mühe geben. Dafür werden sie keine Gegenleistung verlangen, denn sie wissen, daß Sie umgekehrt stets das Beste für sie wollen.

Denken Sie heute abend darüber nach, was Sie in der letzten Zeit für Ihre Mitarbeiter getan haben, in welcher Weise Sie sich für sie eingesetzt und sie unterstützt haben.

Grundprinzip:

Fairneß. Menschen, für die Sie sich einsetzen, werden sich umgekehrt auch für Sie einsetzen.

Praxis:

Ermitteln Sie die dringendsten Bedürfnisse Ihrer Mitarbeiter, und kümmern Sie sich in ihrem Namen um deren Erfüllung.

11. Gehen Sie nach Hause!

Sie sollten Ihr Privatleben nicht vernachlässigen, indem Sie übermäßig viele Überstunden machen.

Ich habe einmal für eine Firma gearbeitet, in der ich viele Mitarbeiter entlassen mußte, einschließlich einiger Kollegen im oberen Management. Es gab ältere Manager, die, als ich Ihnen die Kündigung überreichte, in meinem Büro saßen und weinten. Einige von ihnen hatten über 30 Jahre für die Firma gearbeitet und alles für die Firma gegeben; sie waren stets loyal gewesen. Dann machte sich die Rezession in unserer Branche bemerkbar, und ihre Arbeitsplätze wurden abgebaut. Was kostet Loyalität? Sie hatten ihre Familien vernachlässigt, um Überstunden zu machen – nur um 30 Jahre später gefeuert zu werden. Das Leben ist oft unbarmherzig.

Ich kann mich nicht daran erinnern, an der Erziehung meines Sohns und meiner Tochter aus erster Ehe mitgewirkt zu haben. Der Grund: Ich war einfach nie zu Hause. Ich war ein Workaholic. Morgens fuhr ich weg, bevor die Kinder aufstanden, und kam heim, wenn sie schon im Bett lagen. Ich sah sie an den Wochenenden, doch auch dann arbeitete ich meistens.

Die Frage ist, was einem persönlich wichtig ist. Die Familie ist wichtig, doch es ist häufig gerade die Familie, die vernachlässigt wird, wenn sich Menschen ihrer Arbeitsleidenschaft hingeben. Für einige Führungskräfte ist es eine leichte Flucht vor einer unglücklichen Ehe. Sie können jedoch andererseits keine Beziehung retten, wenn Sie nie mit Ihrem Partner zusammen sind.

Außerdem geben Sie durch übermäßige Überstunden ein schlechtes Beispiel. Die Mitarbeiter beobachten Sie. Je länger Sie arbeiten, desto schuldiger fühlen sie sich, wenn sie Ihnen nicht nacheifern. Damit fängt das Elend an. Die Leute beginnen, ungern vor ihrem Chef nach Hause zu gehen oder erst nach ihm ins Büro zu kommen. Eine Verlängerung der Arbeitszeit bedeutet jedoch nur selten eine Erhöhung der Produktivität und führt auch nur manchmal zu besseren Ergebnissen.

Häufig bedeutet sie Ineffizienz und eine unnötige Einmischung in die Arbeit anderer Leute.

Arbeit soll Spaß machen, und leicht lassen sich Überstunden damit rechtfertigen. Doch das Zusammensein mit Ihrer Familie sollte auch erfreulich sein und täglich einen angemessenen Teil Ihrer Zeit beanspruchen.

Auf dieser feindlichen Welt können nur die Besten überleben. Einige werden deshalb behaupten, daß Überstunden für das Überleben notwendig seien. Was überlebt aber? Die Familie? Die Ehe? Der Job?

In Ihrem Arbeitsleben werden manchmal Überstunden notwendig sein. Sehr viel häufiger sind sie jedoch nicht notwendig. Wir alle tendieren dazu, mit unnötiger Arbeit ein Gefühl der Leere zu kompensieren.

Ein anderer wichtiger Aspekt ist die Gesundheit. Damit ist nicht nur Ihre, sondern auch die Gesundheit des Unternehmens gemeint. Von seltenen Ausnahmen abgesehen, wird man müder, je länger man arbeitet. Je müder Sie werden, desto anfälliger werden Sie dafür, falsche Entscheidungen zu treffen.

Es gab Tage, an denen ich um 7.30 Uhr morgens ins Büro kam, eine Besprechung nach der anderen hatte, nur um dann am Ende des Tages einen riesigen Papierberg vor mir zu haben, der noch abgearbeitet werden mußte. Da ich geistig erschöpft war, konnte ich die Empfehlungen und Inhalte in diesen Unterlagen nicht mehr verstehen. Die einzelnen Berichte schienen keine Bedeutung zu haben. Ich konnte die Worte einfach nicht mehr aufnehmen, konnte mich nicht konzentrieren, mein Geist schweifte ab. Dennoch mußten Entscheidungen getroffen werden. Daher verschob ich in solchen Fällen die Bearbeitung der Unterlagen stets auf den nächsten Morgen, um sie dann als erstes zu erledigen. Mit neuer Energie und ausgeruhtem Geist wurde alles, was ich am Abend vorher nicht verstehen konnte, plötzlich klar, und die Entscheidungen fielen mir leicht.

Viele Führungskräfte haben eine tiefsitzende Angst davor, etwas anderes zu tun, als zu arbeiten. Neben dem Schuldgefühl, das sie plagt, weil sie nicht arbeiten, haben sie das Gefühl, sie verpassen wichtige Dinge. Sie befürchten, daß wichtige Aufgaben nicht erledigt werden oder daß sie nicht auf dem neuesten Stand der Dinge sind.

Es läßt sich leicht beweisen, daß sich die Welt auf so ziemlich dieselbe Weise weiterdreht, wenn Sie ein bißchen später ins Büro kommen und es ein bißchen früher verlassen. Irgendwie wird genausoviel

Arbeit erledigt, nur ein bißchen effizienter. Sie werden feststellen, daß Sie das, wofür Sie gewöhnlich elf Stunden benötigten, auch in neun Stunden tun können.

Versuchen Sie, früher nach Hause zu gehen und mehr Zeit mit Ihrer Familie zu verbringen. Sie werden erstaunt bemerken, daß die Firma nicht Bankrott macht, daß sich die Gewinne nicht verschlechtern und daß viele Dinge weiterhin erledigt werden. Und Sie werden sehen, daß Ihre Mitarbeiter glücklicher aussehen, frischer sind und bessere Ergebnisse erzielen.

Eines der Grundprinzipien in diesem Buch lautet, daß Sie sich zuerst um Ihre Mitarbeiter sorgen müssen, um sich um Ihre Kunden kümmern zu können. Das schaffen Sie nicht, wenn Sie ein schlechtes Beispiel geben und Ihre Mitarbeiter sich verpflichtet fühlen, diesem Beispiel nachzueifern. Wenn Sie dauerhaft Überstunden machen, bieten Sie jedoch ein schlechtes Beispiel.

Das Leben besteht nicht nur aus Arbeit. Damit Menschen gut arbeiten können, müssen Sie ein Leben jenseits der Arbeit haben. Fördern Sie es. Schicken Sie Ihre Mitarbeiter früh nach Hause. Runzeln Sie die Stirn gegenüber denjenigen, die tagein und tagaus Überstunden machen. Implizieren Sie niemals, daß jemand, der von „neun bis fünf" arbeitet, sich nicht engagiere. Erzeugen Sie niemals Schuldgefühle in Mitarbeitern, wenn sie pünklich kommen und pünktlich gehen. Verbreiten Sie das Motto, daß Schreibtische bis 17.30 Uhr aufgeräumt sein sollten, und alles andere als Ineffizienz und schlechte Organisation gewertet wird.

Grundprinzip:

Familie und Entspannung sind wichtig.

Praxis:

Disziplinieren Sie sich selbst dazu (wenigstens an drei Tagen in der Woche), die gleichen „offiziellen" Arbeitszeiten einzuhalten, zu der Ihre Mitarbeiter vertraglich verpflichtet sind.
Wenn Sie derzeit Überstunden machen, sollten Sie sich das Ziel setzen, mindestens fünf Stunden pro Woche mehr zu Hause zu verbringen.

12. Seien Sie großzügig!

Ihre Mitarbeiter beurteilen Sie nach Ihrer Großzügigkeit.

Es geht die Legende um, Personalmanagement sei eine exakte Wissenschaft, mit deren Hilfe es möglich sei, Sie genau für das zu bezahlen, was Sie leisten, und die Arbeitsleistung bis zur letzten aufgewendeten Kalorie genau zu messen. Dieser Mythos führt zu einer geistigen Grundhaltung, bei der *alles* verhandelt werden kann, eine Extra-Entschädigung für jede kleinste Veränderung im operativen Geschäft verlangt wird und keine einzige Minute länger als nötig gearbeitet wird.

Dieser Mythos führt außerdem zu einer Mentalität, die alles in Form von Kosten quantifiziert, welche es zu reduzieren gilt. Menschen sind Güter, die nach Bedarf benutzt und weggeworfen werden – ebenso wie alles andere im Geschäftsalltag. Aus Arbeit wird Handel. Mitarbeiter investieren nicht mehr, als sie unbedingt müssen, und erhalten dafür umgekehrt von ihren Arbeitgebern nicht mehr als das Minimum.

Glücklicherweise ist dies alles ein Relikt aus den schlechten alten Tagen industrieller Unruhen und verblaßt heute immer mehr. Spuren davon gibt es jedoch in den Köpfen vieler Manager noch immer.

Um Menschen zu motivieren, müssen Sie großzügig sein. Was großzügig ist und was nicht, wird jedoch von verschiedenen Menschen unterschiedlich gesehen, und so ist eine exakte Trennungslinie zwischen Großzügigkeit und Mittelmäßigkeit nicht leicht zu ziehen. Wenn Sie Ihren Mitarbeitern etwas zukommen lassen wollen, sei es eine Gehaltserhöhung oder einfach nur eine Runde Getränke, die Sie spendieren, sollten Sie daher stets etwas großzügiger sein.

Großzügigkeit sollte nie zum Geschäft gehören, d.h., Sie sollten nie eine Gegenleistung dafür erwarten. Tatsächlich werden Sie viel als Gegenleistung erhalten, denn es ist wahrscheinlich, daß sich Ihre Mitarbeiter ebenso großzügig verhalten wie Sie. Einige wenige werden Ihre Großzügigkeit ausnutzen. Das werden Sie jedoch schnell bemerken und dann entsprechend handeln können. Zögern Sie also nicht (jedenfalls nicht grundlos), für Ihre Mitarbeiter Geld auszugeben. Manchmal wird es das Geld der Firma sein, manchmal Ihr eigenes.

Es gehört zu den Opfern, die Sie als Chef bringen müssen, nicht alles als Spesen deklarieren zu können. Bestimmte Ausgaben, wie etwa die erste Runde Getränke, die Aussendung von Weihnachtskarten oder der Kauf eines Blumenstraußes für einen Kranken, müssen Sie einfach aus Ihrem eigenen Portemonnaie bezahlen. Wenn Sie versuchen, diese Dinge als Spesen zu verrechnen, wird man das früher oder später herausfinden und Sie für unaufrichtig halten.

Obwohl: „Opfer" ist das falsche Wort – denn solche Ausgaben sollten nicht als schmerzhaft empfunden werden. Im Idealfall sollten Sie es als ein Privileg ansehen, Ihren Mitarbeitern etwas von dem für Sie Geleisteten zurückgeben zu können. Obwohl Ihr Team hart arbeitet, ist Ihr eigenes Gehalt schließlich höher. Hin und wieder in die Tasche zu greifen und etwas Geld für Ihre Truppe auszugeben, ist das wenigste, was Sie tun können.

Großzügigkeit

- Bezahlen Sie stets die erste Getränkerunde.
- Die Gehaltserhöhung sollte höher ausfallen als erwartet.
- Bezahlen Sie stets das Essen.
- Bezahlen Sie stets das Taxi.
- Seien Sie bei jedem Spendenaufruf großzügig.
- Gehen Sie mit Lob großzügig um.
- Im Zweifel sollten Sie anderen niemals etwas wegnehmen.
- Bemühen Sie sich, Bitten mit „Ja" zu beantworten.
- Nutzen Sie Gelegenheiten, um Geschenke zu schicken.
- Schicken Sie bei wichtigen Gelegenheiten stets mindestens Kartengrüße.

Großzügigkeit hat etwas mit Ihren eigenen Werten zu tun. Das schließt auch die Frage ein, wie hoch Sie Ihre Mitarbeiter schätzen. Es gibt zu viele kleingeistige Menschen, die Ausgaben bewußt vermeiden. Sie entwickeln Strategien, um zurückzubleiben, wenn sich die Gruppe der Theke nähert. Sie schaffen es, immer gerade nicht am Tisch zu sein, wenn die Rechnung kommt, nicht verfügbar zu sein, wenn es einen Spendenaufruf gibt. Diese Leute werden schnell durchschaut. Als Chef können Sie sich das nicht leisten. Ein paar Mark dadurch zu sparen, daß Sie Ihren Mitarbeitern gegenüber knauserig sind, ist Sparsamkeit am falschen Ort. Sie erzeugt Widerstand.

Erfreuen Sie sich am Geben. Die Regel gilt im Büro ebenso wie zu Hause. Im Laufe unseres Lebens bemerken wie, daß Geben seliger ist denn Nehmen. Zu sehr wird meistens jedoch das Nehmen betont, zu wenig das Geben. Mit Ihnen als Chef beginnt das Geben.

Großzügigkeit sollte sich nicht nur auf Ihre Mitarbeiter beschränken. Genauso wichtig ist es, daß Sie gegenüber Ihren Kunden großzügig sind. Hier sollte die 110-Prozent-Regel gelten. Geben Sie Ihren Kunden immer zehn Prozent mehr, als sie erwarten. Streiten Sie sich nie über den letzten Pfennig – geben Sie ihn einfach ab!

Kultivieren Sie das Geben, und Sie haben Erfolg.

Grundprinzip:

Großzügig sein, ohne eine Gegenleistung zu erwarten.

Praxis:

Ergreifen Sie jede Gelegenheit, für Ihre Mitarbeiter Geld auszugeben.

13. Geben Sie sofort Feedback!

Ohne Feedback geraten wir vom Kurs ab.

Die Mitarbeiter hassen es, wenn sie nicht wissen, was ihr Chef denkt. Sie wollen wissen, was Sie von ihrer Arbeit und allgemein von dem, was in der Firma geschieht, halten. Sie wollen, daß Sie ihnen zu passender Zeit ein nützliches und konstruktives Feedback geben.

Keiner von uns ist so perfekt, daß er nicht manchmal ineffizient ist, einen falschen Schritt macht, etwas Gesagtes falsch interpretiert oder in die falsche Richtung läuft.

In einer normalen Unterhaltung ist es oft hilfreich, das Gesagte noch einmal so zusammenzufassen, wie Sie es verstanden haben. Sofern Sie den anderen nicht wirklich gut kennen, sollten Sie nicht als selbstverständlich voraussetzen, ihn ganz und korrekt verstanden zu haben. Am Arbeitsplatz entstehen mehr Probleme aufgrund von Mißverständnissen als aus jedem anderen Grund. Zudem besteht das Problem nicht nur darin, *was* gesagt wurde, sondern auch *wie* es gesagt wurde.

Ein direktes Feedback ist jedoch nicht nur im Gespräch hilfreich. Es ist auch wichtig, daß Sie dem anderen Feedback darüber geben, wie Sie seine Arbeit beurteilen. Ein formalisiertes System zur Leistungsbewertung birgt dabei die Gefahr, zu einem pseudowissenschaftlichen Ersatz für etwas zu werden, was im Grund nichts anderes ist als gesunder Menschenverstand: ein Meinungsaustausch über die Effizienz einer bestimmten Person.

In unserer Zeit der Gleichberechtigung ist es natürlich wichtig, daß Sie Ihre Mitarbeiter ermuntern, auch Ihnen Feedback zu geben. Nur weil Sie der Chef sind, heißt das nicht, daß auch Sie nicht gelegentlich etwas falsch machen, vom Kurs abkommen oder etwas sagen, das andere verwirrt. Bitten Sie Ihre Mitarbeiter, Ihnen offen ihre Meinung zu sagen – über Sie und Ihre Arbeit. Bestehen Sie darauf, daß man es Ihnen sagt, wenn Sie unter Mundgeruch leiden. Wenn Sie anderen unabsichtlich das Gefühl geben, minderwertig zu sein, ihnen im Gespräch nicht zuhören oder – noch schlimmer – ein Versprechen nicht einhalten (weil Sie es einfach vergaßen), dann ist es wichtig, daß man es Sie wissen läßt.

Wenn das System Ihnen etwas verbietet, sollten Sie Ihren gesunden Menschenverstand benutzen.

Im Juni, drei Monate nachdem ich meine Tätigkeit als Personalleiter übernommen hatte, informierte ich die Mitarbeiter meiner Abteilung, daß ich eine informelle Leistungsbewertung durchführen wollte. Einer von ihnen reagierte darauf ziemlich negativ. Er war schon lange im Unternehmen tätig und war derjenige, der das offizielle Leistungsbewertungssystem eingeführt hatte.

„Sie können uns jetzt nicht bewerten", sagte er mir, „wir führen Leistungsbewertungen immer im November durch, und jetzt ist Juni. Unser Verfahren schreibt außerdem vor, daß Sie niemanden bewerten können, bevor Sie selbst nicht mindestens zwölf Monate in Ihrer jetzigen Funktion tätig gewesen sind. Sie aber sind erst drei Monate hier. Außerdem ist es nicht erlaubt, hierfür leeres, weißes Papier zu nehmen, wie Sie es beabsichtigen. Sie müssen den vierseitigen Vordruck verwenden, den jeder benutzt."

Ich sah ihn ungläubig an. Denn schließlich behauptete er von sich, ein Profi zu sein. „Ich bin der Meinung, daß ich es Ihnen schuldig bin", gab ich ihm zur Antwort, „Ihnen Feedback darüber zu geben, wie ich Ihre Leistung einschätze. Nennen Sie es Leistungsbewertung, wenn Sie wollen. Ich glaube nicht, daß ich ein Jahr lang warten kann, bevor ich Sie das wissen lasse; es wäre nicht fair. Nach diesem Gespräch werde ich wahrscheinlich einige formlose Notizen auf ein unbedrucktes Blatt Papier machen, von dem Sie jederzeit eine Kopie erhalten können. Ich wäre allerdings auch daran interessiert zu hören, was Sie von mir halten – obwohl Sie mir bereits einen guten Hinweis darauf gegeben haben –, ohne irgendwelche Formblätter auszufüllen! Solche Rückmeldungen begrüße ich stets."

Direktes Feedback ist ein Kennzeichen für das innerhalb einer Gruppe herrschende Maß an Offenheit, Ehrlichkeit und Vertrauen. Diese Werte sind die Eckpfeiler einer jeden effizienten Beziehung, sei es am Arbeitsplatz oder zu Hause. Wenn sie offen und ehrlich miteinander umgehen, haben Menschen eine Chance, ihre Fehler zu korrigieren, ihr eigenes Verhalten nochmals einer Prüfung zu unterziehen, ihre Denkweisen zu überprüfen und ihre eigenen Wertmaßstäbe und Meinungen zu entwickeln. Wenn eine solche offene und ehrliche Rückmeldung fehlt, verschließen sie sich und nehmen ihre eigene Effizienz und Fähigkeiten nicht objektiv wahr. Das Bild, das sie von sich selbst haben, ist meistens hochgradig verzerrt. Sie sehen den Schmutz vor ihrer eigenen Türe nicht – nur den vor den Türen der anderen. Solche Menschen haben Angst davor, den Spiegel vorgehalten zu bekommen. Sie gehören zu dem Typ Mensch, der darauf besteht, daß das Glas Flecken hat.

Ein direktes Feedback ist wie ein Spiegel. Wenn Ihre Frisur durcheinandergeraten ist oder der Hut schief sitzt, wissen Sie es. Als Chef müssen Sie Ihren Mitarbeitern, ebenso wie diese Ihnen, den Spiegel vorhalten.

Grundprinzip:

Offene, ehrliche und rechtzeitige Kommunikation

Praxis:

Bitten Sie Ihre Mitarbeiter, Ihnen grundsätzlich zu sagen, was sie – auch über Sie – denken.
Ergreifen Sie so bald wie möglich die Gelegenheit, Ihren Mitarbeitern für ihre Leistungen Feedback zu geben.
Überprüfen Sie, ob Sie in einem Gespräch alles richtig verstanden haben, indem Sie das Gesagte zusammenfassen.

14. Seien Sie nachsichtig (bei Fehlern)!

Um erfolgreich zu sein, sind Fehler unentbehrlich.

Kinder lernen laufen, indem sie hinfallen, und sprechen, indem sie die falschen Worte benutzen. Die Wege zum Erfolg sind mit Fehlern gepflastert. Einen „fehlerfreien" Weg dorthin gibt es nicht.

Zu den Mythen des modernen Managements gehört auch die Vorstellung, perfekte Modelle für die perfekte Umsetzung entwickeln zu können. Arbeitsgruppen verbringen Monate damit, den besten Weg für die Behandlung eines bestimmten Themas zu ermitteln, und versuchen dann, die Kerngedanken in einem Leitfaden oder einem entsprechenden Papier zu verdichten. Ein solcher Leitfaden ist zwangsläufig zu glatt und inhaltsleer. Er eignet sich daher nicht für den Umgang mit Personalfragen.

Ein anderer Mythos besagt, daß Menschen lernen und sich entwikkeln können, ohne Fehler zu machen. Man kann Menschen nicht in einen Klassenraum stecken, wo sie sich schmerzlos die Fertigkeiten und das Wissen aneignen, das sie hinterher perfekt anwenden können.

In traditionellen, hierarchisch organisierten Unternehmen haben die Mitarbeiter Angst, Fehler zu machen. Sie sind wie Hunde, die den Schwanz zwischen die Beine geklemmt haben. Man konditionierte sie zu der Überzeugung, sie würden bestraft, wenn sie Fehler machten. Die unglücklichen Opfer, die etwas vermasselt haben, werden von ihren Chefs – wie von aggressiven Jägern, die Blut geleckt haben – gejagt und gezwungen, sich ihnen zu unterwerfen.

Unter solchen Umständen werden die Fehler immer von den anderen gemacht. Der Schwarze Peter wird weitergereicht: „Ich war das nicht." Fehler zu verhindern wird zum Lebensmotto. Gleichzeitig bedeutet es, daß Entscheidungen und Handlungen vermieden werden, keine Initiative ergriffen und die eigene Meinung möglichst nicht offen gesagt wird.

Fortschritt bedeutet, am Anfang etwas schlecht zu tun, aus der Erfahrung zu lernen und infolgedessen besser zu werden. Wenn Orville und Wilbur Wright nicht zu Anfang dieses Jahrhunderts mit ihrer zerbrechlichen „Kitty Hawk“ abgestürzt wären, gäbe es den Jumbo-Jet von heute nicht. Ihr längster Flug dauerte 59 Sekunden und erstreckte sich über eine Entfernung von 273 Metern.

Fehler bedeuten Chancen, etwas zu lernen. Verschließen Sie sich dieser Schule des Lebens nicht. Verdecken Sie nichts, und verschleiern Sie niemals die Wahrheit. Geben Sie Ihre Fehler stets offen zu, und lernen Sie daraus – das heißt, falls Sie sie erkennen können. Viele können das nicht. Aus diesem Grund brauchen Sie andere Menschen um sich herum, die Ihnen dabei helfen, Ihre Fehler aufzudecken und daraus zu lernen. Das erfordert Vertrauen und Hilfsbereitschaft. Wenn Sie einen Fehler mit der Absicht aufdecken, jemanden zu bestrafen oder zu verletzen, werden Sie kein Glück haben. Der andere wird sich verschließen, sich wehren und versuchen, den Fehler abzustreiten.

Die goldene Regel für den Umgang mit Fehlern lautet: Niemals strafen, sondern stets helfen wollen. Die meisten Menschen akzeptieren, daß sie nicht perfekt sind, und wollen lernen, wie sie sich verbessern können – jedoch nicht um den Preis, für ihre Fehler, Verwundbarkeiten und Unzulänglichkeiten bestraft zu werden.

Die wahre Sünde: „Aus Fehlern nicht zu lernen“.

Ein Manager aus den USA sagte mir einmal die folgenden klugen Worte: „Ich gehe mit Fehlern auf einfache Weise um. Meine Mitarbeiter dürfen jeden Fehler nur zweimal machen. Wenn sie denselben Fehler ein drittes Mal machen, schmeiße ich sie raus.

Beim ersten Mal schreibe ich es ihrer mangelnden Erfahrung oder Ausbildung zu. Auch wenn der Versuch mißlang: Es ist gut, wenn jemand überhaupt etwas versucht. Ich erwarte nur, daß der andere ehrlich genug ist, um seinen Fehler zuzugeben. Dann besprechen wir, wie wir verhindern können, daß sich der Fehler wiederholt.

Passiert der gleiche Fehler ein zweites Mal, fange ich an, mir Sorgen zu machen. Diesmal führen wir ein ernsteres Gespräch. Ich mache deutlich, daß wir die Sache nicht weiterhin riskieren können. Wir vereinbaren daher weitere Unterstützung und Training.

Tritt der Fehler ein drittes Mal auf, schmeiße ich den Betreffenden raus."

Dennoch sollten Sie Ihre Mitarbeiter nicht ermuntern, Fehler zu machen. Ermutigen Sie sie statt dessen dazu, Risiken einzugehen, offen ihre Meinung zu sagen, die Initiative zu ergreifen und Entscheidungen zu treffen. Treten Fehler auf, sind manchmal nur die Regeln falsch und müssen überarbeitet werden.

Die Art und Weise, in der Sie mit Fehlern umgehen, reflektiert Ihre Meinung von den Menschen und Ihr Maß an Verständnis und Feingefühl. Je weniger Sie Fehler tolerieren, desto unmenschlicher sind Sie in den Augen Ihrer Mitarbeiter. Dennoch hat Toleranz Grenzen. Es ergibt sich aus dem gesunden Menschenverstand, daß Sie unterscheiden müssen zwischen einem geringeren Schaden und Fehlern, die schwerwiegende Folgen haben können. In der sicheren Umgebung des Wohnzimmers darf ein Kind hinfallen – nicht aber am Ufer eines reißenden Flusses. Das Problem besteht nur darin, daß zu viele Chefs geringfügige Fehler als Katastrophen ansehen.

Die meisten Menschen wollen keine Fehler machen. Sie sind begierig, aus ihnen zu lernen, um zukünftige Verlegenheiten zu vermeiden. Warum sollte man sie tadeln, wenn sie schon gelernt haben? Betrachten Sie sich selbst kritisch, und widerstehen Sie jeder Neigung, Menschen, die Fehler machen (direkt oder indirekt), zu bestrafen. Zwingen Sie sich dazu, sich in solchen Fällen mit ihnen zusammenzusetzen und in einer freundlichen, positiven Weise darüber zu sprechen, wie es beim nächsten Mal besser gemacht werden kann. Denken Sie daran: Werden immer wieder *dieselben* Fehler wiederholt, dann gibt es immer noch andere Maßnahmen, die Sie ergreifen können (siehe folgendes Kapitel).

Grundprinzip:

Fehler sind ein unentbehrlicher Teil des Lernprozesses.

Praxis:

Bestrafen Sie Fehler niemals; lernen Sie immer daraus.

15. Seien Sie unnachsichtig (bei schlechtem Benehmen)!

Wenn Sie schlechtes Benehmen Ihrer Mitarbeiter tolerieren, dann zeigt sich darin Ihre eigene Unzulänglichkeit.

Alles hat seine Grenzen. Bei gelegentlichen Regelmißachtungen kann man ein Auge zudrücken. Ständige Regelverletzungen deuten jedoch auf ein ernsteres Problem hin, auf das Sie reagieren sollten.

Die Grenze zwischen dem, was noch akzeptabel ist und was nicht, ist grau, unklar und kann unterschiedlich verlaufen. Sie können nicht mit eiserner Hand regieren und jeden Missetäter bestrafen, der diese Grenze mit dem kleinen Zeh übertritt. Umgekehrt dürfen Sie natürlich einen Mörder nicht davonkommen lassen.

Wir bewegen uns hier im Bereich der persönlichen Beurteilung. Sie müssen selbst entscheiden, welches Verhalten Sie noch tolerieren können und welches nicht. Je schlechter sich Mitarbeiter in Ihrer Anwesenheit verhalten, desto größer ist die Wahrscheinlichkeit, daß sie Ihnen keinen Respekt entgegenbringen, nicht motiviert sind und am Ende nicht die von ihnen erwartete Leistung erbringen werden. Das können Sie als Chef nicht zulassen. Auf schlechtes Benehmen müssen Sie richtig reagieren. Das ist zwar nicht leicht, aber nicht unmöglich.

Wenn ein anderer die Grenze dessen, was für Sie akzeptabel ist (oder was Sie zu tolerieren bereit sind), überschreitet, dann müssen Sie der entsprechenden Person entgegentreten. Sie sollten niemanden verunglimpfen, kein Werturteil abgeben und keine schlechten Motive unterstellen. Mit anderen Worten: Sie sollten keine voreiligen Schlüsse ziehen. Aber Sie sollten das Verhalten des anderen in Frage stellen und eine Erklärung verlangen. Vermeiden Sie jedoch Urteile, bevor Sie ihn vollständig angehört haben.

Schlechtes Benehmen

- Wiederholtes Zuspätkommen
- Niveaulose Witze
- Flüche
- Derber Unfug
- Negative Körpersprache (z.B. Blick aus dem Fenster, Fingertrommeln, Kopfschütteln)
- Respektlosigkeit
- Verbale Demütigung
- Unaufmerksamkeit
- Unhöflichkeit
- Gerede hinter dem Rücken anderer
- Negative Arbeitseinstellung
- Vernachlässigtes Äußeres
- Unordentlichkeit
- Allgemein negative Grundhaltung (z.B. Klagen, Schuldzuweisungen)
- Erledigung von zu vielen privaten Dingen während der Arbeitszeit
- Vertrauensmißbrauch (z.B. Verwendung von Firmenmaterial für private Belange)
- Gleichgültigkeit
- Mangelnde Sorgfalt (z.B. gegenüber Sicherheitsvorkehrungen)
- Nicht-Einhaltung von Zusagen (z.B. Lieferterminen)
- Heimlichkeiten
- Verbreitung von Halbwahrheiten oder gar Lügen
- Besserwisserei, Selbstgerechtigkeit, Arroganz

Konfrontationen einleiten

„Ich habe bemerkt, daß Sie in dieser Woche dreimal zu spät kamen. Ich würde gerne wissen, aus welchem Grund.“

Wenn Sie jemanden nach einer Besprechung beiseite nehmen: „Als ich über die Pläne des Unternehmens in bezug auf diese Abteilung sprach, sah ich, daß Sie seufzten und auf die Tischplatte klopften. Ich frage mich, warum Sie da nicht offen Ihre Meinung gesagt haben. Worüber haben Sie nachgedacht?"

„Ich bin sicher, Sie werden es schätzen, wenn ich ganz offen zu Ihnen bin. Immer wenn wir über Veränderungen in Ihrem Bereich sprechen, scheinen Sie alles zu schwierig zu finden. Aus irgendwelchen Gründen, von denen Sie stets behaupten, sie lägen außerhalb Ihres Einflußbereichs, kann nie etwas umgesetzt werden. Ich bringe hier nur meine persönliche Meinung zum Ausdruck und wäre interessiert, von Ihnen zu hören, wie Sie die Dinge sehen."

„Würde es Ihnen etwas ausmachen, wenn ich etwas Persönliches anspreche? Gestern kamen Sie vom Mittagessen zurück und rochen stark nach Alkohol. Was denken Sie darüber, und was glauben Sie, wie Kollegen das finden – mich eingeschlossen?"

Ihre Mitarbeiter beobachten Sie in jeder Minute des Tages. Wie Sie auf das Verhalten anderer reagieren, hat einen enormen Einfluß auf Ihr Ansehen als Chef. Wenn Sie zu streng sind und sich nie eine kleinere Übertretung erlauben, wird man Sie hassen. Umgekehrt, wenn Sie zu nachlässig sind und einzelnen erlauben, unter das Niveau zu sinken, wird man Sie als unfähig erachten. Deshalb müssen Sie Ihren Mitarbeitern eindeutig klarmachen, was Sie bereit sind, zu akzeptieren, und was nicht. Sie müssen nicht darlegen, unter welchen Umständen Sie bereit sind, ein Auge zuzudrücken – das werden Ihre Mitarbeiter ziemlich schnell herausfinden. Haben Sie geklärt, was akzeptabel ist und was nicht, ist es wichtig, auf unakzeptables Verhalten konsequent zu reagieren. Sie sollten in solchen Fällen immer die Konfrontation suchen und unakzeptables Verhalten niemals durchgehen lassen.

Schrecken Sie nicht davor zurück, Probleme mit Ihren Mitarbeitern zu besprechen. Allerdings sollten Sie dabei nie persönlich werden. Fragen Sie sie, was sie von ihren Verspätungen, den Flüchen, dem Erzählen schmutziger Witze oder was auch immer nicht akzeptabel ist, halten. Finden Sie heraus, was sie denken. Falls auch sie ein solches Verhalten als unangenehm empfinden, sollten Sie gemeinsam mit ihnen klären, wie auf solche Verstöße künftig zu reagieren ist. Sie werden feststellen, daß sich letztlich alle an ein für alle Beteiligten akzeptables Verhalten annähern werden – Sie selbst eingeschlossen.

Grundprinzip:

Schlechtes Benehmen führt zu schlechter Arbeit.

Praxis:

Suchen Sie bei schlechtem Verhalten stets die Konfrontation.

16. Seien Sie an jedem aufrichtig interessiert!

Mitarbeiter leisten meist dann gute Arbeit, wenn Sie an ihnen als Menschen interessiert sind.

Als ein guter Chef sollten Sie zu Ihren Mitarbeitern auf zwei Ebenen eine Beziehung aufbauen. Auf der ersten Ebene geht es um das, was Sie an Ihren Mitarbeitern am Arbeitsplatz interessiert. Die zweite Ebene bezieht sich auf Ihre privaten Interessen (sie werden im nächsten Kapitel besprochen).

Die meisten Menschen verbringen ein Drittel ihres Tages am Arbeitsplatz – noch länger, wenn Sie die An- und Abfahrt hinzurechnen. Ihre Motivation läßt relativ schnell nach, wenn ein anderer nicht das Interesse an ihrer Arbeit wachhält.

Ohne Ihr aktives Interesse an ihnen ziehen sich die Mitarbeiter in sich selbst zurück. Die Verbindung zwischen ihrer Tätigkeit und dem, was das Unternehmen (über Sie als Chef) von ihnen will, schwächt sich ab. Ohne Ihr aktives Interesse an ihnen besteht die Gefahr, daß sich ihre Leistungen langsam verschlechtern werden. Sie werden annehmen, daß sie von Ihnen nicht geschätzt und nicht anerkannt werden – einfach deshalb, weil Sie nichts von ihnen wissen.

Trotz des bisher Gesagten gilt es jedoch zu beachten, daß nicht alle Menschen gleich sind. Manche interpretieren zu viel Interesse als Einmischung und wollen, daß man sie in Ruhe läßt, damit sie ihre Arbeit tun können. Wieder andere begrüßen mehr Interesse an sich. Für einen guten Chef besteht die Kunst darin, richtig einzuschätzen, wieviel Interesse er der Arbeit seiner Mitarbeiter entgegenbringen muß.

Um die richtige Balance zu finden, müssen Sie – und das ist wichtig – sich fragen, warum Sie sich für etwas interessieren. Interesse nur vorzugeben, wäre eine Täuschung. Ihre Mitarbeiter würden schnell herausfinden, daß Sie ein verstecktes Motiv haben, und annehmen, daß Sie ihnen nicht trauen oder kein Vertrauen in ihre Fähigkeiten haben. Es ist von entscheidender Bedeutung, daß Sie am Wohlergehen eines Menschen aufrichtig interessiert sind und, falls nötig, aufrichtig helfen wollen. Diese Hilfe kann darin bestehen, jemanden, der sich in einer schwierigen Situation niedergeschlagen fühlt, emotional zu unterstützen. Sie kann aber auch beruflicher Natur sein, indem Sie jemandem helfen, ein technisches Problem zu lösen oder ihm einfach Ihre Erfahrung anbieten.

Durch das Interesse an Ihren Mitarbeitern erzeugen Sie ein Klima gegenseitigen Vertrauens, gegenseitigen Verständnisses und gegenseitigen Respekts. Beide Seiten können sich gegenseitig helfen.

Gesellen Sie sich zu Ihren Mitarbeitern, und beginnen Sie ein Gespräch über die verschiedenen Probleme, mit denen sie sich auseinandersetzen. Finden Sie heraus, was ihnen an ihrer Arbeit wirklich Freude macht und was sie nicht mögen. Erforschen Sie, mit wem sie am Arbeitsplatz zu tun haben, mit wem sie sprechen, mit wem sie zum Mittagessen gehen, wer sie anruft und von wem sie Notizen und Briefe erhalten. Fragen Sie sie, was sie über die Arbeitsweise anderer Abteilungen und Unternehmensbereiche denken. Versuchen Sie herauszufinden, durch was sie sich in ihrer Arbeit behindert fühlen und was ihnen wirklich hilft.

Wofür Sie Interesse zeigen können

- Aufgetretene Probleme
- Problemlösungen
- Neue Ansätze
- Fortschritte
- Unerwartete Ereignisse
- Beziehungen zu anderen Abteilungen/Unternehmensbereichen
- Tagesgeschäft
- Markttrends
- Veränderungen im Unternehmen
- Veränderungen, die die Arbeit eines Mitarbeiters betreffen
- Neue Geräte
- Zukunftspläne
- Verhältnis zu Kunden
- Verhältnis zu Lieferanten
- Verhältnis zu anderen Kollegen

Sie sollten sich auch für das Wohlergehen Ihrer Mitarbeiter und deren Karriere interessieren. Finden Sie heraus, ob sie vielleicht Probleme haben, z. B. mit den Arbeitsbedingungen oder den vorhandenen Geräten, mit Dokumentationen oder mit anderen Abteilungen. Finden Sie heraus, welche Ziele sie haben und ob sie für die kommenden Jahre eine Möglichkeit der Weiterentwicklung für sich sehen.

Wenn Sie sich für Ihre Mitarbeiter aufrichtig interessieren, werden Sie eine Menge über sie lernen. Sie werden dadurch in einer viel besseren Ausgangslage sein, wenn es darum geht, vernünftige Entscheidungen bezüglich personeller Veränderungen zu treffen.

Es ist auch wichtig, daß Sie in Ihren Mitarbeitern ein Interesse an den Vorgängen jenseits der unmittelbaren Grenzen ihres Arbeitsplatzes wecken. Das können Sie erreichen, indem Sie sie mit Aufgaben in anderen Abteilungen und Unternehmensbereichen betrauen und sie ermuntern, so viele Kollegen wie möglich kennenzulernen. Auch durch entsprechende Fortbildungsmaßnahmen können Sie das erreichen, oder indem Sie sie bitten, sich mit Kunden und Lieferanten zu treffen. Eine andere Möglichkeit, den Erfahrungshorizont zu erweitern, bieten Reisen. Zeigen Sie ihnen, wie wertvoll ihre Arbeit für das Unternehmen ist. Indem Sie ihren Horizont erweitern, schaffen Sie für sich selbst die Gelegenheit, eine bessere Beziehung zu ihnen aufzubauen. Ein gutes Verhältnis zwischen Chef und Mitarbeitern verbessert wiederum die Arbeitsleistung. Die meisten Menschen sind besser, wenn sie ihre Tätigkeit mit dem allgemeinen Fortschritt des Unternehmens in Verbindung bringen können.

Machen Sie also einen Rundgang, und zeigen Sie aufrichtiges Interesse an dem, was vorgeht. Es wird sich auszahlen.

Grundprinzip:

Mitarbeiter reagieren positiv auf Chefs, die sich für sie interessieren.

Praxis:

Schaffen Sie möglichst viele Gelegenheiten, um dieses Interesse zu zeigen.

17. Zeigen Sie, wer Sie sind und wie Sie denken!

Seien Sie kein „Ableger“ des Systems.

Vor fast 40 Jahren veröffentlichte William H. Whyte eine einflußreiche Arbeit mit dem Titel *The Organization Man* (Simon & Schuster, 1956), in der er die Konformität in großen Unternehmen untersuchte. Um etwas zu zitieren: „Der Mann im Unternehmen ist in Bruderschaft gefangen. Weil sein Handlungsspielraum so klein erscheint und die Fallen so zahlreich sind, beteiligt er sich nicht am Kampf.“ [Aus dem Englischen frei übersetzt.]

Die Frage der Konformität stellt jeden Chef vor ein Dilemma. Konformität führt zur Unterordnung des „wahren Ich“ unter das Diktat des Unternehmens. Umgekehrt riskiert er durch mangelnde Konformität die Kritik der Unternehmensleitung.

Wie immer gilt es, den Mittelweg zu finden. Kein Unternehmen kann ohne die gemeinsame Akzeptanz bestimmter Werte, Überzeugungen und Ziele erfolgreich sein. Die Definition dieser Werte und Ziele darf jedoch nicht so einengend sein, daß sie den einzelnen hindern, seine Ziele zu erreichen. Außerdem dürfen sie nicht so absolut angewendet werden, daß sie nicht hinterfragt und weiterentwickelt werden können.

Um es noch deutlicher zu sagen: Kein Unternehmen sollte Ihnen vorschreiben, wie Sie zu denken, sich zu benehmen und wie Sie sich zu verhalten haben. Die Werte und Ziele des Unternehmens sollten auf das ausgerichtet sein, *was* es zu erreichen gilt, und nicht darauf, *wie* das geschehen soll.

Mit anderen Worten: Unternehmen können nur dann überleben und erfolgreich sein, wenn die Menschen darin sie selbst sein dürfen. Wenn sie nicht zum Erreichen der Unternehmensziele beitragen wollten, wären sie schließlich nicht dort. Um diesen Beitrag jedoch leisten zu können, brauchen sie Handlungsspielraum. Sie müssen sich selbst zum

Ausdruck bringen und das tun können, was Sie glauben, tun zu müssen, um diese Ziele zu erreichen.

Wenn Sie versuchen, sich so zu verhalten, wie Sie glauben, daß es das Unternehmen von Ihnen verlangt, werden Sie keinen Erfolg haben. Andere Menschen können keine Beziehung zu Ihnen aufbauen, weil sie nicht wissen, was sie von Ihnen halten sollen. Man wird Sie einfach nur als einen Mann (oder eine Frau) des Unternehmens sehen und könnte – statt sich an Sie zu wenden – ebenso gut in der Broschüre zur Unternehmensphilosophie nachlesen.

Um erfolgreich zu sein, sollten Sie bezüglich Ihres Verhaltens, Ihrer Äußerungen und Ihrer Handlungen nicht hilfesuchend auf das Unternehmen blicken. Sehen Sie nur auf sich selbst.

Wenn Sie mit Ihren Mitarbeitern zusammen sind, dann sollten Sie Ihre *eigene* Meinung sagen und nicht die Position des Unternehmens zu diesem oder jenem Thema paraphrasieren. Ihre Mitarbeiter sollten die Farbe Ihrer Persönlichkeit erkennen können, Ihre Ansichten, wem oder was Sie verpflichtet und wovon Sie überzeugt sind. Viel zu viele Manager sind „grau“, d.h., sie unterdrücken ihr wahres Ich und stehen für ihre Überzeugungen nicht ein. Sie fürchten fehlende Unterwerfung und enden als ein Niemand. Da sie vom Unternehmen konditioniert werden, sind sie mittelmäßig.

Die Menschen lieben Chefs, die Persönlichkeit ausströmen, die kraftvoll und energiegeladen sind. Solche Energie kommt von innen. Sie entsteht aus starkem persönlichen Antrieb, der aus festen Überzeugungen und Ansichten entsteht. Und sie ist das Resultat einer echten Bereitschaft, größere Herausforderungen anzunehmen, sowie dem Willen, außergewöhnliche Erfolge zu erzielen.

Um erfolgreich zu sein, müssen Sie darauf achten, wie Sie sich gegenüber Ihrer Umgebung zum Ausdruck bringen. Haben Sie keine Angst vor dem, was die Firma denkt, und davor, daß andere Führungskräfte anderer Meinung als Sie sein könnten. Aber bleiben Sie auch offen dafür, sich von anderen in der gleichen Weise von einer Sache überzeugen zu lassen, wie Sie wünschen, daß sie sich von Ihnen überzeugen lassen. Setzen Sie sich mit anderen auseinander, und seien Sie bereit, Ihre Meinung zu ändern.

Suchen Sie Rat bei Menschen, denen Sie vertrauen, und verhalten Sie sich entsprechend. Lesen Sie nicht in den Strategiepapieren Ihres Unternehmens nach, wie Sie sich verhalten sollen. Was diese von

Ihnen verlangen, entspricht entweder sowieso dem gesunden Menschenverstand oder ist unnötig.

Achten Sie genau darauf, daß Sie Ihre Meinung konstruktiv äußern. Wenn Sie Ihren Mitarbeitern sagen, daß ihr Chef verrückt ist, werden Sie langfristig nicht sehr erfolgreich sein. Wenn Sie das wirklich von sich glauben, dann sollten Sie nur Ihren eigenen Chef damit konfrontieren. Auch Ansichten, die die Mitarbeiter in zwei Lager teilen, richten Schaden an und sollten unterdrückt werden. Sie sind überflüssig. Versuchen Sie stets, positiv und konstruktiv zu sein: Sagen Sie ruhig „das neue TQM-System ist Quatsch", wenn das Ihrer Meinung entspricht. Sie sollten sie jedoch mit Alternativvorschlägen, wie man statt dessen die Qualität verbessern könnte, untermauern. Vermeiden Sie es dabei, die Person, die das neue System zur Qualitätssicherung eingeführt hat, anzugreifen. Werden Sie nicht persönlich.

Ihre Ansichten sollten darauf ausgerichtet sein, Ihre Ziele zu erreichen. Diese sollten niemals darin bestehen, anderen Mitarbeitern oder dem Unternehmen Schaden zuzufügen.

Grundprinzip:

Seien Sie Sie selbst – aber seien Sie positiv.

Praxis:

Schauen Sie in sich hinein. Äußern Sie sich offen, aber niemals mit der Absicht, anderen oder dem Unternehmen Schaden zuzufügen. Sorgen Sie dafür, daß Ihre Mitarbeiter wissen, für was Sie persönlich einstehen.

18. Schätzen Sie Ihre Mitarbeiter und ihre Bemühungen!

Das Gefühl, geschätzt zu sein, gehört zu den wichtigsten Motivationsfaktoren am Arbeitsplatz.

Am lautesten und häufigsten beklagen sich die Menschen in meinen Seminaren darüber, daß sie nicht das Gefühl haben, ihre Arbeit würde geschätzt. Wie einige Chefs die Anstrengungen ihrer Mitarbeiter wahrnehmen, scheint sich trotz aller Bemühungen um ausgefeilte Systeme zur Leistungsbewertung völlig davon zu unterscheiden, wie ihre Mitarbeiter sich selbst sehen.

Einige Chefs sind so mit anderen Dingen beschäftigt, daß sie die harte Arbeit ihrer Mitarbeiter, deren Probleme und die gefundenen Lösungen nicht erkennen. Sie scheinen keine Ahnung von dem zu haben, was um sie herum vorgeht. Zudem haben sie offenbar keine Vorstellung von den unterschiedlichen Talenten ihrer Mitarbeiter. Das führt am Ende dazu, daß diese sich abgewertet fühlen, weil ihre Fähigkeiten, Kenntnisse und Erfahrungen nicht umfassend genutzt werden, und ihre Bemühungen bleiben unbemerkt.

Noch schlimmer ist es, wenn die Zeit der Leistungsbewertung herannaht und ihre Chefs sich Antworten ausdenken müssen, um den Fragebogen ausfüllen zu können. Sie glauben vielleicht, ich übertreibe, doch dieses Problem tritt wirklich auf. Viele Leute wissen einfach nicht, woran sie mit ihren Chefs sind.

Wenn es irgendeine Kunst des Motivierens gibt, dann besteht sie darin, anderen das Gefühl zu geben, geschätzt zu sein. Bezahlung ist eine einfache Maßnahme, doch das allein reicht nicht aus. Für eine gut erfüllte Aufgabe müssen Leute eine ehrliche Wertschätzung erfahren. Sie müssen das Gefühl haben, daß ihr Beitrag erkannt und hochgeschätzt wurde. Einige Menschen haben in dieser Hinsicht größere Bedürfnisse als andere – einige brauchen immerwährende erneute Bestätigung, während andere häufigen Ausdruck der Wertschätzung als peinlich empfinden.

Das Verfahren besteht aus zwei einleuchtenden Schritten. Erstens: Sie müssen die Bemühungen Ihrer Mitarbeiter erkennen. Zweitens: Sie müssen zeigen, daß Sie diese Bemühungen wertschätzen.

Im ersten Schritt geht es darum, zwischen der Routine und dem Außergewöhnlichen zu unterscheiden. Viele Menschen arbeiten täglich außergewöhnlich hart, gehen regelmäßig mit schwierigen Situationen um, wie beispielsweise wütenden Kunden, komplizierten Problemen, unkooperativen Kollegen und so weiter. Diese alltäglichen Anstrengungen müssen erkannt und entsprechend hoch bewertet werden. Weniger häufig unternehmen diese Menschen außergewöhnliche Anstrengungen: vielleicht bei der Auslieferung eines dringenden Auftrags an einen Kunden, bei der Bewältigung einer Krise oder bei der Durchführung einer größeren Veränderung. Wie Sie diese Anstrengungen bewerten und anerkennen, kann sich deutlich von der Bewertung der täglichen Routineanstrengungen unterscheiden.

Die Anstrengungen Ihrer Mitarbeiter zu erkennen und zu bewerten, gehört daher zu Ihren wichtigsten Aufgaben. Es ist fraglich, ob die Anwendung bürokratischer Methoden, wie etwa Leistungsbewertungen, dabei überhaupt hilfreich ist. Wertschätzung zum Ausdruck bringen, ist ganz sicher eine Sache des gesunden Menschenverstands. Der Schlüssel liegt darin, die hierfür am besten geeignete Methode zu finden. Eine Bewertung von acht auf der Skala von eins bis zehn zusammen mit einer geringfügigen, leistungsbezogenen Gehaltserhöhung ist nur selten geeignet.

Personalführung ist eine Kunst, und es gibt tausend verschiedene Möglichkeiten, die Bemühungen Ihrer Mitarbeiter zu bewerten. Ihre Leute müssen unbedingt davon überzeugt sein, daß Sie sie schätzen. Um das zu schaffen, benötigen Sie Ihre gesamte Kreativität und Ihr ganzes innovatives Potential.

Worte sind in Ordnung, wenn Sie wirklich ganz ehrlich gemeint sind. Doch Worte können Grenzen haben. Die Wiederholung derselben alten Phrasen darüber, was für einen tollen Job sie machen, wertet den Kurs Ihrer Mitarbeiter ab. Deshalb müssen Sie sich neue Wege ausdenken, um zu zeigen, wie sehr Sie ihre Bemühungen schätzen. Sie in Hotels der obersten Kategorie einzuquartieren, wenn sie Seminare besuchen, ist ein Weg. Ihnen eine Karte mit einem schriftlichen Ausdruck Ihrer Wertschätzung zu schicken, ist ein anderer. Ein Strauß Blumen, eine Flasche Whisky, ein einfacher Brief ... es gibt tausend Möglichkeiten. Wählen Sie eine.

Zu Ihrem Alltag gehört, die richtige Höhe des Gehalts festzusetzen. Und daß die Bezahlung ein grundlegender Ausdruck der Wertschätzung ist, bedarf keiner Worte. Haben sie ihre Arbeit erst einmal begonnen, brauchen die Menschen jedoch eine tagtägliche Bestätigung. Wenn sie das monatliche Umsatzziel überschreiten, dann verlangt das vielleicht nach einer kleinen Feier, um deutlich zu machen, wie sehr Sie diesen Erfolg schätzen.

Ihren Mitarbeitern zu zeigen, wie sehr Sie sie und ihre Leistungen schätzen, ist ungeheuer wichtig. Wenn Sie das versäumen, werten Sie Ihre Mitarbeiter ab. Sogar, wenn Sie ihnen einfach nur Zeit widmen, bringen Sie Ihre Wertschätzung zum Ausdruck. Ihnen Vertrauen zu schenken wertet sie auf. Es gibt keinen Mittelweg. Sobald die Menschen das Gefühl haben, daß sie von Ihnen geschätzt werden, werden sie ihre Bemühungen für Sie verstärken. Dann gibt es noch mehr zu schätzen. Es wird zu einem sich selbst verstärkenden Prozeß. Aber auch der umgekehrte Fall ist richtig. Je mehr Sie sich beklagen und kritisieren, desto mehr werten Sie ab. Kritik sollte darauf abzielen, den Menschen, die Sie schätzen, dabei zu helfen, ihren Wert, den Sie im Auge haben, zu erhöhen. Das ist konstruktive Kritik.

Wenn Sie gegenüber Ihren Mitarbeitern Vorbehalte haben, Bedenken aufgrund ihres mangelnden Einsatzes, dann müssen Sie das Problem geradeheraus angehen. Viel zu viele Chefs senden indirekte Signale aus, die dann verstanden werden sollen. Diese werden häufig mißverstanden, und die Leute wissen nicht mehr, wo sie in den Augen ihres Chefs stehen. Mit anderen Worten: Sie sind nicht sicher, ob sie geschätzt werden oder nicht. Eine unterschiedliche Wahrnehmung der Bemühungen von Mitarbeitern kann zu immenser Zwietracht am Arbeitsplatz führen. Um als Chef erfolgreich zu sein, müssen Sie an Ihre Mitarbeiter wirklich glauben. Dieser Glaube muß sich in einer offenen, ehrlichen und vertrauensvollen Beziehung zu ihnen widerspiegeln. Sie muß so sein, daß sich Ihre Mitarbeiter geschätzt fühlen, wenn Sie ihnen dabei helfen, die Unzulänglichkeiten, die Ihnen Sorge bereiten, zu überwinden.

Grundprinzip:

Um effektiv zu arbeiten, müssen sich Menschen geschätzt fühlen.

Praxis:

Stellen Sie fest, was Sie an Ihren Mitarbeitern wirklich schätzen. Sagen Sie es ihnen deutlich.
Halten Sie Ausschau nach außergewöhnlichen Anstrengungen, und finden Sie neue Formen, um zu zeigen, daß Sie solche Anstrengungen wirklich schätzen.

19. Sorgen Sie dafür, daß Ihre Mitarbeiter verkaufen!

Viele Unternehmen sind deshalb erfolglos, weil sie eine Vielzahl an Gelegenheiten für den Verkauf ihrer Produkte verpassen.

Es ist mir wirklich ein Rätsel, warum so wenige Menschen versuchen, mir etwas zu verkaufen. Wir pflegen in unseren Köpfen den Mythos, daß nur die Mitarbeiter aus dem Vertrieb verkaufen sollten. Was für ein Quatsch! Natürlich sehen diese das Verkaufen vorrangig als ihre Aufgabe an, die sie verteidigen. Sie nehmen es übel, wenn andere in ihr Territorium eindringen, und versuchen, den Eindruck zu erwecken, daß Verkaufen besondere Fähigkeiten erfordert. Aber das stimmt nicht.

Verkaufen hat nur etwas damit zu tun, daß Sie ein Produkt oder eine Dienstleistung haben, von denen Sie glauben, daß sie für Ihre Kunden (oder potentiellen Kunden) von Wert sind. Es ist wirklich eine Sache des Glaubens, und diesen Glauben sollten alle im Unternehmen teilen.

Einer zweiten Legende zufolge haben nur Vertriebsmitarbeiter Gelegenheiten zum Verkauf. Es ist zweifellos richtig, daß sie die Hauptverantwortung dafür tragen, solche Gelegenheiten zu schaffen und zu nutzen. Den meisten anderen Mitarbeitern bieten sich solche Gelegenheiten jedoch ebenfalls. Es überrascht mich beispielsweise, wie oft mich die Leute am Empfang eines Hotels nur registrieren, Kellner in Restaurants nur meine Bestellung aufnehmen oder die Verkäufer in Schuhgeschäften mir wirklich bloß die Schuhe verkaufen, die ich im Fenster gesehen habe. Es überrascht mich auch, wie selten Mitarbeiter mit Kundenkontakt mit den Kunden eine Unterhaltung beginnen. Offenbar haben sie Angst, sie könnten etwas entdecken, das der Kunde gerne hätte. Gute Chefs helfen ihren Mitarbeitern dabei, sich vom Auftragsempfänger in einen vielseitigen Verkäufer zu verwandeln. Die sich daraus ergebenden Chancen sind grenzenlos.

Jedes Unternehmen sollte alle seine Mitarbeiter dazu verpflichten, jede Schnittstelle zum Kunden als eine Gelegenheit für den Verkauf – direkt oder indirekt – anzusehen.

Begeisterte Mitarbeiter verkaufen indirekt ständig ihr Unternehmen, seine Produkte und Dienstleistungen. Die Gleichgültigen halten die Kunden dagegen häufig vom Kauf ab.

Wie selten kommt es doch vor, daß Sie in einen Buchladen gehen und der Verkäufer sagt: „Wenn Ihnen dieses Buch gefällt, dann kann ich Ihnen noch ein anderes empfehlen, das genau Ihren Geschmack trifft…" Verlockend, nicht? Genau das passierte mir kürzlich beim Kauf einer CD. Der Verkäufer kam herüber, um mit mir zu plaudern, und sagte dann: „Das Album, das Sie da kaufen wollen, ist wirklich super. Haben Sie das vorherige Stück dieser Gruppe gehört? Das kann ich Ihnen auch empfehlen." Also kaufte ich es auch. Ich ging hinein, um eine CD zu kaufen, und kam mit zwei CDs wieder heraus (und beide waren gut).

Jeder Mitarbeiter muß sich mit den Produkten seiner Firma identifizieren. Er muß stolz darauf sein, mit ihnen in Verbindung gebracht zu werden. Gute Chefs sorgen dafür, daß das auch geschieht. Sie verwenden viel Mühe darauf, ihre Mitarbeiter so oft wie möglich mit den Produkten in Kontakt zu bringen. Sie lassen sie eigene Erfahrungen damit sammeln, damit sie die Produkte schätzen lernen und von ihnen überzeugt sind.

Ist das erreicht, werden sie viele Menschen, mit denen sie zu tun haben, davon überzeugen, dieses Produkt ebenfalls besitzen zu wollen. Das Schöne daran ist außerdem, daß es die Arbeit jedes einzelnen zusätzlich aufwertet. Die meisten Menschen lieben es, für die Produkte ihrer Firma Reklame zu machen.

Die Förderung von Produktbewußtsein und Produktkenntnissen bei allen Mitarbeitern gehört damit zu den zentralen Aktivitäten jedes erfolgreichen Unternehmens.

Sie als Chef müssen dieses Produktbewußtsein und die Begeisterung auslösen. Wenn Sie Lebensmittel herstellen, sollten Sie sie von Ihren Mitarbeitern essen lassen. Sind Sie in der Reisebranche tätig, sollten Sie sie zum Reisen ermuntern. Haben Sie mit Finanzdienstleistungen zu tun, sollten Sie sie davon profitieren lassen. Geht es um eine komplizierte Fertigung, sollten Ihre Vertriebsmitarbeiter das Verkaufen an den eigenen Kollegen üben. Sind Sie im Handel tätig, überzeugen

Sie Ihre Mitarbeiter davon, daß bei jedem Abschluß ein zweiter möglich ist. Sind Sie im Hotelgewerbe, dann sollten Sie Ihre Mitarbeiter dazu bringen, zusätzlichen Service zu verkaufen – Tischreservierungen bei der Anmeldung, das Getränk nach dem Essen, wenn der Nachtisch serviert wird. Falls Sie Friseur sind, dann achten Sie darauf, daß Sie den nächsten Termin in sechs Wochen schon jetzt vereinbaren. Sind Sie bei einer Bank beschäftigt, dann sollten Sie herausfinden, wann Ihre Kunden Urlaub machen, und sich um ihre Reiseschecks kümmern.

Verkaufen bedeutet, seinen Kunden immer einen Schritt voraus zu sein. Laufen Sie dagegen einen Schritt hinterher, dann besteht die Gefahr, daß sich Ihre Kunden wegen eines Produkts oder einer Dienstleistung, die auch Sie ihnen hätten liefern können, an eine andere Adresse wenden. Verkaufen bedeutet, empfindliche Antennen für die Bedürfnisse der Kunden zu haben. Es bedeutet, ihre Wünsche als erster zu erfüllen und ihnen die Mühe zu ersparen, woanders hinzugehen.

Die Mitarbeiter im Vertrieb haben kein Exklusivrecht auf die Wahrnehmung und Erfüllung der Kundenbedürfnisse. Beides gehört in den Aufgabenbereich jedes Mitarbeiters, der mit Kunden oder potentiellen Kunden in Kontakt kommt.

Kopieren Sie diese drei Seiten als Ausgangspunkt für eine Diskussion mit Ihren Mitarbeitern, und ermitteln Sie weitere Chancen, die hervorragenden Produkte und Dienstleistungen Ihres Unternehmens zu verkaufen. Sie werden erstaunt sein, welchen Erfolg Sie damit erzielen.

Grundprinzip:

Jeder Mitarbeiter sollte alle Gelegenheiten ergreifen, die sich ihm für den Verkauf der Produkte und Dienstleistungen des Unternehmens bieten.

Praxis:

Setzen Sie sich mit Ihren Mitarbeitern zusammen, und sammeln Sie so viele Ideen wie möglich für den Verkauf Ihrer Produkte und Dienstleistungen.
Setzen Sie diese Ideen dann in die Tat um.

20. Zeigen Sie Mut!

Schwierige Probleme lösen sich nur selten von allein. Die besten Chefs haben den Mut, ihnen ins Auge zu sehen.

Es ist wichtig, daß Sie als Chef Mut zeigen. Bei wichtigen Entscheidungen kann das bedeuten, daß Sie Ihre Prinzipien vertreten. Es kann manchmal aber sogar bedeuten, daß Sie Ihren eigenen Arbeitsplatz riskieren müssen.

Aber auch für die Bewältigung der vielen schwierigen Situationen, die es im Geschäftsalltag zwangsläufig gibt, ist Mut erforderlich.

Die schlechtesten Chefs versuchen, schwierigen Situationen auszuweichen. Sie stecken ihren Kopf in den Sand und tun so, als seien die Schwierigkeiten gar nicht vorhanden. Vor schwierigen Entscheidungen drücken sie sich. Sie sehen der Wahrheit über sich selbst nicht ins Gesicht. Sie untersuchen weder ihre Schwächen und Unzulänglichkeiten genauer, noch unternehmen sie den Versuch, sie zu überwinden. Mit schwierigen Situationen konfrontiert, erscheinen sie hilflos.

Es gibt andere Menschen, die – obgleich sie talentiert und intelligent sind – niemals etwas sagen. Sie bleiben still, machen in Besprechungen nur selten den Mund auf und treten für ihre Überzeugungen nur manchmal ein. Es scheint, als hätten sie Angst davor, bloßgestellt zu werden. Das hat etwas mit Verwundbarkeit zu tun.

Wir sind alle verwundbar. Die erfolgreichsten von uns lernen jedoch, damit umzugehen. Sie entwickeln Mut, um ihre Ideen umzusetzen, und nehmen das Risiko einer Entscheidung und die damit verbundenen möglichen Fehler auf sich. Sie lernen, mit schwierigen Menschen und schwierigen Situationen umzugehen.

Um diesen Mut zu entwickeln, müssen Sie mit einer kritischen Selbstprüfung beginnen und lernen, Ihren eigenen Schwächen ins Auge zu sehen. Anzunehmen, ein Problem habe mit Ihnen selbst nichts zu tun, sei der Fehler eines anderen, sei zu schwierig oder gar nicht zu lösen, wäre zu einfach. Manchmal besteht das Problem nur darin, daß

Sie anderen erlauben, Ihnen ihren Willen aufzuzwingen, weil sie scheinbar mehr wissen und den Eindruck erwecken, immer recht zu haben.

Es gibt keine bestimmte Methode, um Mut zu entwickeln. Sie müssen ins kalte Wasser springen und ihn beweisen, wenn es notwendig ist (Sie können auch nicht schwimmen lernen, indem Sie ein Buch darüber lesen). Mut zeigen bedeutet, offen seine Meinung zu sagen, Risiken zu übernehmen und einfach etwas zu versuchen.

Um Mut zu entwickeln, müssen Sie sich daher jeder Neigung, schwierigen Dingen aus dem Weg zu gehen, bewußt sein. Der gesunde Menschenverstand sagt Ihnen, daß die Sache nicht dadurch aus der Welt zu schaffen ist, daß Sie vermeiden, sich mit ihr auseinanderzusetzen. Fragen Sie sich selbst, warum Sie sich vor einer solchen Begegnung manchmal scheuen.

Schwierige Situationen, die Mut erfordern

- Verhalten gegenüber einer Person, die Sie immer wieder demütigt
- Umgang mit schlechtem Benehmen
- Entscheidung, wie die Anzahl der Mitarbeiter am sinnvollsten verringert werden kann
- Einhaltung eines vorschnell gegebenen Versprechens
- Eigene Fehler und eigenes Versagen einräumen
- Zynischen Menschen helfen, positiver zu werden
- Arbeiten erledigen, die Sie nicht gerne tun
- Große Risiken eingehen
- In Besprechungen die eigene Meinung vertreten, obgleich jeder andere mehr zu wissen scheint
- Bedenken gegenüber anderen äußern, obgleich Sie wissen, daß diese darauf negativ reagieren werden
- Antwort auf eine Bitte formulieren, die Ihren Prinzipien widerspricht
- Sich selbst mit den Augen anderer sehen und dabei riskieren, daß einem das, was man entdeckt, nicht gefällt – und dabei den Mut aufbringen, etwas dagegen zu tun

Es kann gut sein, daß Sie einfach nicht wissen, ob Sie recht oder unrecht haben, und deshalb fürchten, sich zu blamieren, wenn Sie ein bestimmtes Thema ansprechen. Vielleicht haben Sie kein Vertrauen zu sich selbst, glauben nicht daran, mit ablehnenden Reaktionen fertig zu werden. Überdenken Sie die Sache noch einmal, und versuchen Sie, den vernünftigsten Weg zu finden, damit umzugehen. Sehen Sie sich diesen Weg von verschiedenen Seiten an. Überwinden Sie Ihre anfänglichen Gefühle (der Ablehnung).

Sich durch diesen Prozeß hindurchzuarbeiten hilft Ihnen dabei, Ihre eigenen Überzeugungen zu stärken. Es sind Überzeugungen, die die meisten Menschen mit Ihnen teilen. Das wird Ihnen den Mut und die Fähigkeit geben, diese Überzeugungen zu vertreten, wann immer es notwendig ist.

Als ein guter Chef werden Sie auch bei Ihren Mitarbeitern ein Klima erzeugen wollen, das ihnen Mut macht, ihre Meinung offen zu sagen und schwierige Entscheidungen zu treffen. Dafür müssen Sie ihnen Selbstvertrauen geben. Hören Sie ihnen aufmerksam zu, und respektieren Sie, was sie sagen und tun. Das macht nicht nur Ihren Mitarbeitern Mut, sondern stärkt auch Ihren eigenen.

Grundprinzip:

Die Bewältigung schwieriger Situationen erfordert Mut.

Praxis:

Versuchen Sie herauszufinden, in welchen Situationen Ihnen der Mut fehlt, und überlegen Sie warum. Und dann packen Sie das Problem an.
Erzeugen Sie auch bei Ihren Mitarbeitern ein Klima, das ihnen den Mut gibt, offen ihre Meinung zu sagen, über heikle Situationen zu sprechen und schwierige Dinge zu tun.

21. Seien Sie positiv!

Ein positives Ergebnis erfordert eine positive Einstellung.

Das Klischee vom halbleeren oder halbvollen Glas ist für jeden, der andere gut führen möchte, von besonderer Bedeutung. Es geht nicht nur um Ihre Einstellung zum Leben, sondern auch darum, wie Sie Ihre Arbeit sehen, denn Bedrohungen, Unzulänglichkeiten und Defizite sind in Wirklichkeit Chancen.

Zynismus ist heutzutage weit verbreitet. Es gibt nichts, das uns mehr Freude bereitet, als so richtig zu meckern und zu schimpfen. Es macht uns Spaß, uns gegenüber der Unfähigkeit anderer Leute päpstlich zu verhalten. Über die Entscheidungen von Politikern, Führungskräften und anderen werden wir bis zum jüngsten Tag staunen. Es wäre alles so einfach, wenn sie doch nur unseren Rat befolgten, wenn sie die Dinge so machten, wie wir es für richtig halten. In fünf Sekunden eignen wir uns das Wissen über ein Thema an und werden zu Experten, die sich damit besser auskennen als diejenigen, die sich damit schon ein ganzes Leben lang beschäftig haben.

Dieser Zynismus hat aber auch positive Seiten. Nichts wird als selbstverständlich vorausgesetzt, alles wird in Frage gestellt und geprüft. Menschen müssen Rechenschaft über ihre Entscheidungen ablegen. Es ist nicht schlimm, von kritischen Menschen unter die Lupe genommen zu werden: Vielleicht tritt dadurch das Beste erst zum Vorschein.

Etwas Bedrohliches kann aber auch von Menschen ausgehen, die immer nur positiv denken. Man traut ihnen nicht so recht. Es ist, als ob sie einem instinktartigen Reflex folgten, positiv zu reagieren – wenn sie, ganz gleich in welcher Situation, „ja, das ist prima" sagen, obwohl Sie genau wissen, daß es alles andere als prima ist.

Es geht um die oberflächliche im Gegensatz zur tiefverwurzelten Überzeugung. Ein guter Chef wird versuchen, jeder Situation etwas Gutes abzugewinnen, wird nach den guten Eigenschaften eines jeden Menschen suchen. In Zweifelsfällen wird ein guter Chef das Positive und nicht das Negative annehmen. Das bedeutet nicht, daß negative Aspekte und Eigenschaften vernachlässigt werden. So etwas zu tun wäre für ein Unternehmen gefährlich. Der positive Ansatz besteht darin, Negatives zu sehen und es in etwas Positives umzuwandeln. Wenn Sie erkennen, daß ein Glas halb leer ist, dann sollten Sie es füllen, anstatt ein halbvolles Glas in den Himmel zu loben. Es bedeutet, in bezug auf Herrn Müllers Grenzen bei Präsentationen ehrlich zu sein. Verspotten Sie ihn nicht, indem Sie seine Präsentation loben, wenn sie in Wirklichkeit furchtbar war.

Das Geheimnis besteht darin, sich Werturteilen zu enthalten. Positiv zu sein bedeutet nicht, sich als oberster, göttlicher Richter über das Verhalten, die Handlungen und Entscheidungen anderer Menschen aufzuspielen. Es bedeutet, nach vorn zu drängen, Fortschritte zu machen, Ergebnisse zu erzielen und, vor allem, Nützliches zu tun. Eine negative Einstellung richtet Schaden an, ob vorsätzlich oder versehentlich. Sie schwächt die Moral, hemmt den Fortschritt, sträubt sich vor Veränderungen. Negativ eingestellte Menschen reden schlecht über die tapferen Bemühungen anderer und ziehen Erfolge ins Lächerliche.

Meckern und Schimpfen kann zu extrem guten Ergebnissen führen. Es kann eine erlösende Erfahrung sein oder wie eine Therapie wirken. Aber es sollte anderen niemals schaden. Es sollte positive Handlungen zur Lösung von Problemen auslösen. Und das ist der Punkt, an dem Sie als Chef auf die Bildfläche treten. Entmutigen Sie Ihre Mitarbeiter nicht, sich zu öffnen und ihre Meinungen zu äußern, egal wie schlecht sie sich fühlen. Aber ermutigen Sie sie, objektiv darüber nachzudenken, wie man die Dinge konstruktiv „in den Griff bekommen" kann.

Nach einem alten Sprichwort soll man dreckige Wäsche nicht in der Öffentlichkeit waschen. Das bedeutet jedoch nicht, das Sie keine drekkige Wäsche *haben*, sie weder waschen oder trocknen dürfen. Aber seien Sie vorsichtig, wann Sie Probleme zur Sprache bringen, und finden Sie immer den passenden Ort. Es ist richtig, offene, ehrliche und vertrauensvolle Beziehungen zu Ihren Kunden aufzubauen. Aber Sie sollten eine solche Vertrautheit niemals überstrapazieren, indem Sie sie in die großen Probleme einweihen, die Sie beispielsweise mit Ihrem Geschäftsführer haben. Hinter dem Rücken eines anderen zu reden bedeutet, negativ zu sein. Der positive Ansatz bestünde darin, die Person, mit der Sie Probleme haben, direkt anzusprechen – in diesem Fall den Geschäftsführer.

Reden Sie also über andere Leute, Ihr Unternehmen oder seine Produkte nicht schlecht in der Öffentlichkeit. Sprechen Sie die Probleme an, ja – aber in einer positiven Weise.

Denken Sie positiv über

- die Produkte Ihres Unternehmens
- die Menschen, mit denen Sie zusammenarbeiten
- Ihren eigenen Chef
- Ihre Firma
- Ihre Wettbewerber
- Ihre Kunden
- Ihre Lieferanten
- alle sich Ihnen bietenden Chancen
- Veränderungen
- neue Ansätze
- negative Reaktionen Ihnen gegenüber
- die Ideen anderer
- Fehler (Sie sollten daraus lernen)
- eigenes Versagen (benutzen Sie es als Sprungbrett für den Erfolg)
- sich selbst als Mensch

Grundprinzip:

Fortschritte durch eine positive Einstellung erzielen.
Negative Gedanken, Worte und Taten sind gefährlich.

Praxis:

Sprechen Sie nur Mißstände an, die Sie ändern können.
Ignorieren Sie Probleme, an denen Sie nichts ändern können.

22. Sehen Sie sich im Unternehmen um (nehmen Sie Notiz, und machen Sie sich Notizen!)

Um ein guter Chef zu sein, brauchen Sie empfindliche Antennen.

Informationen sollten möglichst aus erster Hand stammen, insbesondere wenn es um die Meinung anderer geht. Sind Informationen über das, was in den Köpfen anderer vorgeht, aus zweiter Hand, sind sie meistens verfälscht, verwässert oder gefiltert. Ihre Wirkung geht verloren, wenn sie auf Papier niedergeschrieben wurden oder nur in Form eines per Mittler überbrachten mündlichen Berichts an Ihr Ohr dringen.

Scheuen Sie sich nicht davor, mitten „ins Herz“ der Firma hineinzustoßen – selbst wenn es auf mittlerer Ebene andere Manager und Führungskräfte gibt, die es vielleicht nicht gerne sehen, daß Sie „ihre“ Leute „stören“. Das sollten sie nicht. Im Gegenteil, sie sollten es begrüßen, daß Sie sich in ihrem Bereich umsehen. Vielleicht können Sie ja Dinge sehen, die sie selbst nicht erkennen. Vier Augen sehen schließlich mehr als zwei.

Als Direktor in einem großen Unternehmen machte ich häufig Rundgänge, um ein Gefühl für das zu bekommen, was so vor sich ging. Aus Höflichkeit habe ich die Verantwortlichen dann stets über mein Vorhaben, mich ein bißchen umzusehen und mit dem einen oder anderen ihrer Mitarbeiter ein paar Worte zu wechseln, unterrichtet. Sie reagierten im allgemeinen auf zwei Arten. Die erste Kategorie der Manager begrüßte meinen Besuch immer. Dieser Typ hatte keine Angst vor dem, was seine Leute mir vielleicht sagen würden. Was sie betraf, sollten alle Karten auf den Tisch gelegt werden, und es sollte auf keiner Ebene Geheimnisse geben. Der zweite Typ Manager war stets besorgt, wenn jemand aus dem oberen Management in seinem Bereich herumlief. Diese Manager bestanden dann meistens darauf, mich zu begleiten. Sie behandelten das Ganze wie einen Staatsbesuch, stellten mich den Mitarbeitern höflich vor und hatten gleichzeitig ein wachsames Auge auf sie, um sicherzugehen, daß nichts Nachteiliges zur Sprache kam.

Sie müssen nicht zur oberen Ebene gehören, um sich umzusehen. Im Gegenteil: Je weiter Sie herumkommen und wissen, was los ist – im Werk, in den Büros und in den Köpfen der Leute –, desto weniger haben Sie selbst zu befürchten, wenn sich ein „hohes Tier" zu einem informellen Rundgang in Ihrem Territorium anschickt.

Obgleich es besser ist, Ihre Rundgänge stets informell und relativ kurz zu gestalten, sollten Sie sie niemals als unbedeutend erachten. Ganz im Gegenteil, Sie sollten sie mit der obersten Priorität versehen. Vermeiden Sie daher, Ihren Terminplan mit Besprechungen so dicht zu füllen, daß Sie für diesen wichtigen Aspekt Ihrer Arbeit keine Zeit mehr finden. Disziplinieren Sie sich dazu, in Ihrem Kalender ausreichend Freiraum für diesen Zweck zu lassen (ein oder zwei Stunden pro Tag).

Sind Sie für mehr als eine Geschäftsstelle zuständig, wird die Logistik etwas schwieriger, aber nicht unmöglich. Planen Sie regelmäßige Rundgänge für jede Geschäftsstelle ein.

Bringen Sie die Leute dazu, über sich selbst zu sprechen, wenn Sie herumgehen – nicht nur über ihre Arbeit, sondern auch über andere Dinge. Man wird sich Ihnen gegenüber nicht gleich beim ersten Mal öffnen. Doch wenn man Sie regelmäßig sieht und Sie kennenlernt, wird das Vertrauen wachsen. Jetzt werden die Mitarbeiter eher bereit sein, Ihnen zu berichten, was wirklich passiert. Das gilt insbesondere dann, wenn sie echtes Interesse an ihnen und ihren Problemen spüren. Es geht allein darum, Beziehungen aufzubauen und zu verbessern.

Zwangsläufig werden die Leute Ihnen gegenüber Probleme ansprechen und erwarten, daß Sie, als Chef, etwas dagegen unternehmen. Es ist daher wichtig, daß Sie sich zu den angesprochenen Punkten Notizen machen und hinterher entsprechende Aktivitäten einleiten.

Viel zu viele Chefs machen sich zwar die Mühe eines Rundgangs, vergessen dann aber, sich die angesprochenen Dinge zu notieren, und unternehmen infolgedessen nichts weiter. Denken Sie daran: Die angesprochenen Themen sind vielleicht für Sie nicht wichtig, wohl aber für Ihre Mitarbeiter. Schreiben Sie also sofort auf, was Sie hören, und kümmern Sie sich dann sorgfältig um jedes Thema. Wenn Sie die Probleme nicht lösen können, ist es Ihre Pflicht, Ihren Mitarbeitern die Gründe hierfür mitzuteilen. Was immer die Leute Ihnen sagen, Sie sollten es ernst nehmen, auch wenn Sie den einen oder anderen Punkt als zweitrangig erachten.

Ein nicht eingehaltenes Versprechen

„Vor neun Monaten hatte ich mein Personalgespräch, und mein Chef versprach, mich zu einem Führungsseminar zu schicken. Ich war der Meinung, dies würde meine Aussichten auf eine Beförderung verbessern. Seitdem habe ich nichts mehr davon gehört. Auch sehe ich meinen Chef nur selten. Vor etwa einem Monat hatte ich Gelegenheit, ihn wegen des versprochenen Seminars zu fragen. Er murmelte etwas und sagte nichts weiter. Es ging zum einen Ohr rein und zum anderen wieder raus. Ich weiß, er vergißt das und wird deswegen nichts unternehmen.“

Immer verfügbar

„Unser früherer Geschäftsführer war der beste Chef, den ich je hatte. Er war immer verfügbar, egal wie beschäftigt er war. Jeden Morgen verbrachte er eine Stunde mit einem Rundgang durch die Büros und durch das Werk. Ich konnte mich darauf verlassen, daß er als erstes zu mir hereinschaute, um nach dem Stand der Dinge zu fragen. Das war für mich eine gute Gelegenheit, beliebige Themen anzusprechen, und für ihn, um mich regelmäßig zu informieren. Ich habe seine Zeit nie übermäßig beansprucht, nur selten verbrachten wir bei diesen Gelegenheiten mehr als fünf Minuten miteinander.

Außerdem führte er jeden Monat Einzel- und Teambesprechungen durch. Er war, wenn ich es wollte, bereit, mich zu sehen, und fand auch die Zeit, mich zwischen zwei Termine zu schieben, egal wie voll sein Terminkalender war."

Im Unternehmen herumzukommen gehört zu den wichtigsten Aufgaben eines jeden Vorgesetzten. Entscheidend ist jedoch, was Sie hinterher mit den Informationen anfangen.

Grundprinzip:

Vertrauen aufbauen, sensibel gegenüber den Bedürfnissen der Mitarbeiter sein, gute informelle Gespräche führen, zuhören und entsprechend handeln.

Praxis:

Zwingen Sie sich zu einem regelmäßigen Rundgang.
Notieren Sie sich immer, was Ihnen Ihre Mitarbeiter sagen.
Handeln Sie stets entsprechend, und geben Sie ihnen Feedback.

23. Treffen Sie Ihre Kunden!

Aus den Augen, aus dem Sinn

Eine persönliche Begegnung mit dem Kunden rückt alles in die richtige Perspektive. Sie beginnen, die Dinge in einem anderen Licht zu sehen, verlieren jede Neigung, ihre Existenz als selbstverständlich anzusehen. Sie erinnern sich daran, daß es ohne die Kunden auch Sie nicht gäbe.

Ihre Mitarbeiter haben hoffentlich schon jetzt häufig Kontakt zu den – internen oder externen – Kunden. Doch das darf keine Entschuldigung für Sie sein, sie nicht selbst ebenfalls zu treffen.

Sie können kein Unternehmen und nicht einmal eine Geschäftseinheit leiten, indem Sie nur die von Ihren Mitarbeitern erstellten Besuchsberichte lesen oder ihren Präsentationen lauschen. Wenn es um das Thema Kundendienst geht, müssen Berichte aus zweiter Hand durch persönliche Begegnungen mit dem Kunden ergänzt werden. Der persönliche Kontakt macht die Berichte lebendig und rückt die Wünsche des Kunden ins Zentrum der Aufmerksamkeit. Außerdem verdeutlicht er Ihren Mitarbeitern gegenüber den hohen Stellenwert, den Sie dem Kundendienst Ihres Unternehmens beimessen.

Die Tage, in denen nur wenige Leute direkten Kontakt zum Kunden hatten, sind vorbei. Heutzutage hat jeder Mitarbeiter Kunden, und je genauer er sie kennt, desto besser. Dies ist das Zeitalter des umgekehrten Dreiecks, in dem jeder in einem Unternehmen, ob groß oder klein, auf Kunden zugehen muß. Wenn der Chef versäumt, das zu tun, wird dies zwangsläufig dazu führen, daß auch die Mitarbeiter wenig Interesse daran haben werden, ihre Kunden besser kennenzulernen. Damit wird folglich auch verhindert, daß ihr Chef erfolgreich ist.

Chefs, die Wert darauf legen, Kunden zu treffen, signalisieren ihren Mitarbeitern damit die große Bedeutung, die sie der Kundenpflege beimessen. Außerdem kann alles, was bei diesen Kundenkontakten besprochen wird, eine sinnvolle Diskussionsgrundlage für Teambe-

Kunden treffen

Ein Zehn-Punkte-Plan für interne und externe Kunden

1. Vereinbaren Sie mit Ihren Kunden einen Termin für eine zwanglose Unterhaltung.
2. Legen Sie einen offiziellen Termin für eine Überprüfung des angebotenen Service fest.
3. Besuchen Sie Ihre Kunden gelegentlich unerwartet.
4. Halten Sie telefonischen Kontakt: „Wie geht's?"
5. Führen Sie Umfragen durch: „Was halten Sie von uns?"
6. Ermitteln Sie Verbesserungsmöglichkeiten: „Helfen Sie uns dabei, unseren Service zu verbessern."
7. Laden Sie Ihre Kunden zu einem Besuch der Produktionsstätten ein: „Treffen Sie unser Team!"
8. Informieren Sie Ihre Kunden schriftlich: „Wir führen folgende Verbesserungen und Veränderungen durch."
9. Bringen Sie Ihre Kunden dazu, an Ihren Schulungen teilzunehmen.
10. Stellen Sie die Kunden Ihrem Chef vor.

sprechungen sein. Sie kann der Ausgangspunkt für Weiterentwicklungen und Verbesserungen sein.

Das Verhalten von Chefs gegenüber Kunden reflektiert ihre eigenen Ansichten und Vorurteile. Chefs, die wissen, daß ihre Kunden das A und O ihres eigenen Arbeitsplatzes sind, machen das im Tagesgeschäft deutlich. Alles, was mit einem Kunden zu tun hat, wird zu einer Quelle der Aufregung. Diese Faszination überträgt sich zwangsläufig auf das Team und wird sich in der Arbeitsweise manifestieren.

Die Unterschiede in der Einstellung zum Kunden sind oft spürbar (Sie brauchen nur an Ihre eigenen Erfahrungen außerhalb des Arbeitsplatzes zu denken). Alles hängt davon ab, daß man Kunden zufriedenstellen und sich persönlich für sie einsetzen will. Außerdem müssen Kunden das Gefühl haben, wichtig zu sein. Denn schließlich sind Sie der ehrlichen Meinung, daß sie wichtig sind. Diese Haltung setzt sich dann überall im Unternehmen durch. Kunden routinemäßig zu treffen, führt zu nichts, wenn Sie (und Ihre Mitarbeiter) nicht wirklich an ihnen interessiert sind.

Auf keinen Fall sollten Sie zur Bedeutung der Kunden Lippenbekenntnisse abgeben, was leider viel zu viele Chefs tun. Es ist wichtig, die Relevanz der Kunden wirklich anzuerkennen und den aufrichtigen Wunsch zu haben, sie besser kennenzulernen und ihnen helfen zu wollen. Nur so können Sie als Chef wirklich erfolgreich sein.

Grundprinzip:

Die Kunden sind der Grund für die Existenz eines Unternehmens, eines Chefs und seiner Mitarbeiter.
Seien Sie von der großen Bedeutung der Kunden aufrichtig überzeugt.
Lernen Sie Ihre Kunden so gut wie möglich kennen.

Praxis:

Nutzen Sie jede Möglichkeit, Ihre Kunden zu treffen.
Überprüfen Sie Ihre eigene Einstellung gegenüber den Kunden. Ist sie positiv genug?

24. Erlauben Sie Ihren Mitarbeitern, sich weiterzuentwickeln!

Sie können Menschen nicht entwickeln – sie entwickeln sich selbst.

Sie können Ihren Mitarbeitern nur vielfältige Gelegenheiten zur Weiterentwicklung geben und sie ermutigen, sie zu ergreifen. Eine Reihe von Beispielen hierfür wird weiter unten angeführt.

Wenn Sie Ihre Mitarbeiter ermuntern, sich weiterzuentwickeln, führt das indirekt dazu, daß sich auch das Unternehmen weiterentwikkelt. Lernen motiviert, und Ihre Kunden werden von der Energie und der Aufregung profitieren, die die Lernwilligen verursachen. Menschen, die nicht mehr lernen, sind so gut wie tot. Davon gibt es viele in großen Unternehmen, und das wissen die Kunden.

Als guter Chef müssen Sie daher besonders viel Zeit, Energie und Mittel darauf verwenden, Entwicklungsmöglichkeiten für Ihre Mitarbeiter zu suchen und bereitzustellen. Die Suche hört nie auf, aber die Chancen sind grenzenlos.

Die besten Chefs sorgen dafür, daß die Mitarbeiter aus ihrem Verantwortungsbereich oder ihrer Abteilung wegbefördert werden. Dies war eines der ersten Dinge, die ich als Produktionsleiter bei Mars Ende der 60er Jahre lernte. Die schlechtesten Chefs klammern sich an ihre Leute und behaupten, sie könnten nicht auf sie verzichten. Sie haben ständig Angst, es könnte dem Geschäft schaden, wenn sie sie gehen lassen. Die besten Chefs sind stolz darauf, daß ihre Mitarbeiter sich entwickeln und woanders, sei es im Unternehmen oder außerhalb, größere Herausforderungen annehmen.

Manche sagen, daß die Aus- und Weiterbildung speziellen Personal- und Schulungsabteilungen überlassen werden kann. Diese vergrößern ihre Kontrolle noch zusätzlich, indem sie Ausbildungsetats an sich reißen und vorgeben, den Weg für die Einführung innovativer Techniken zur Verbesserung des Unternehmens zu bereiten. Wenn solche Abtei-

Möglichkeiten zur Weiterentwicklung

- Regelmäßige Job-rotation
- Ehrliches Feedback
- Reisen
- Erweiterung von Verantwortungsbereichen
- Verantwortung für Schlüsselprojekte
- Arbeit des Chefs übernehmen
- Fortschrittliche Unternehmen besuchen
- Fortschrittliche Leute treffen
- Beobachten, wie etwas gemacht wird – und es besser machen
- Bücher lesen
- Offizielle Fortbildung (Fernuniversität o.ä.)
- Seminare, Workshops
- Erfahrungen nutzen (Selbstbefragung)
- Privatlehrer und persönlichen Coach engagieren
- Beratungsstellen aufsuchen
- Inspiration
- Höhere persönliche Ziele setzen
- Neue Denkansätze finden
- Bücher, Berichte schreiben (ordnet die Gedanken)
- Präsentationen durchführen (man muß wissen, worüber man spricht)
- Wunsch nach Lernen und Weiterentwicklung wachhalten

lungen überhaupt irgendeine Aufgabe erfüllen, dann nur die, für alle Mitarbeiter des Unternehmens eine zentrale Anlaufstelle zum Thema Schulungs- und Entwicklungsmöglichkeiten zu bieten. Der für Schulungen vorgesehene Etat sollte soweit wie möglich reduziert werden. Statt dessen sollten diejenigen, die für das Erreichen der vereinbarten Ziele verantwortlich sind, über die finanziellen Mittel selbst verfügen können. Nur dann können sie die Weiterbildung so gestalten, daß die Chancen zur Erreichung der gesteckten Ziele maximiert werden. Die Aufgabe der Schulungsabteilung ist es, die von den Führungskräften der Linie angeforderten Schulungen zu erleichtern, sie bezüglich der Auswahl von Schulungen und Seminaren zu beraten und diese zu veranlassen – sofern sie sie nicht selbst durchführen. Es ist definitiv nicht ihre Aufgabe, die Schulungs- und Entwicklungsmöglichkeiten zu kontrollieren.

Setzen Sie sich hin, und denken Sie darüber nach, welche Anstrengungen Sie in den letzten drei Monaten unternommen haben, um Ihren Mitarbeitern eine Gelegenheit zur Weiterentwicklung zu bieten. Wenn Sie wirklich ein guter Chef wären, dann hätten Ihre Mitarbeiter an Ihre Türe klopfen müssen, um Sie beim Ergreifen von Entwicklungsmöglichkeiten um Ihre Unterstützung zu bitten. Bei genauerem Nachdenken – wenn Sie wirklich ein guter Chef wären – hätten Sie nicht einmal eine Tür, und Ihre Mitarbeiter hätten Sie in ihre Entscheidungsfindung miteinbezogen.

Die meisten guten Chefs, die ich kenne, freuen sich, wenn sie sehen, daß sich ihre Mitarbeiter weiterentwickeln. Die Bedeutung des Lernens wird häufig unterschätzt. Es sollte nicht mit dem Schul- oder Universitätsabschluß enden.

Setzen Sie sich mit Ihrem Team zusammen, und stellen Sie sich selbst ein paar einfache Fragen: „Was haben wir alle in den vergangenen drei Monaten gelernt?", „Wie haben wir uns weiterentwickelt?", „Wie lauten die Lektionen für die Zukunft?", „Was haben wir über uns selbst gelernt?".

Neben vielen anderen Dingen führe ich auch ein Tagebuch. Das gibt mir die Gelegenbeit, über den Tag nochmals nachzudenken, aus dem Erlebten zu lernen und Wege zu finden, es beim nächsten Mal besser zu machen. Warum benutzen Sie nicht ein ähnliches Hilfsmittel, um Ihre eigenen Erfahrungen zu überblicken und sich auf Verbesserungen zu konzentrieren?

Lernen sollte ein lebenslanger Prozeß sein – und Gelegenheiten dafür gibt es jeden Tag. Sich weiterentwickeln bedeutet, diese täglichen Gelegenheiten zu ergreifen. Ihr Unternehmen wird den entsprechenden Nutzen daraus ziehen.

Grundprinzip:

Damit sich Ihr Unternehmen weiterentwickelt, müssen Sie Ihren Mitarbeitern gestatten, sich weiterzuentwickeln.

Praxis:

Setzen Sie sich mit jedem Ihrer Mitarbeiter zusammen, und prüfen Sie, welche Entwicklungschancen er in der letzten Zeit genutzt hat.
Vereinbaren Sie künftige Schulungen; sorgen Sie für Gelegenheiten, aus denen die Mitarbeiter Nutzen ziehen können, und ermuntern Sie alle, diese Gelegenheiten zu ergreifen.

25. Entspannen Sie sich!

Um Ihr ganzes Potential freizusetzen, müssen Sie sich entspannen!

Um die Tätigkeit eines Managers ranken sich unzählige Legenden. Eine davon ist, daß Sie außergewöhnlich viele Überstunden machen und den Eindruck erzeugen müßten, ständig unter Druck zu stehen und sehr beschäftigt zu sein, um Erfolg zu haben. Streß haben, herumhasten, in Flugzeuge und Bahnen rein und wieder rausspringen, unmögliche Chefs haben, von einer Krise zur nächsten schwanken – das alles wird zur Tugend.

Entspannen Sie sich!

Kommen wir nochmals auf den gesunden Menschenverstand und auf das zurück, was Sie zuverlässig wissen. Es ist sicher, daß Sie nicht effektiv arbeiten können, wenn Sie sich nicht regelmäßig entspannen. Es bedeutet: Entspannung am Arbeitsplatz, auf Reisen und zu Hause.

Wenn Sie sich nicht entspannen, werden auch Ihre Mitarbeiter nicht in der Lage sein, sich zu entspannen. Sie werden Ihre Anspannung fühlen, sich um Sie sorgen und stets befürchten, von Ihnen angeraunzt zu werden.

Das Verblüffende am Entspannen ist, daß es den Geist klärt. Sie beginnen, die Dinge anders zu sehen. Plötzlich verschwindet der Druck, und die Dinge erscheinen in der richtigen Perspektive. Außerdem kommen Ihnen neue Ideen. Die Lösung eines größeren Problems taucht plötzlich vor Ihnen auf.

Um kreativ zu sein, brauchen Sie Anreize. Sie werden jedoch keine Anreize finden, wenn Sie nur herumhetzen und versuchen, mit allem Schritt zu halten. Entspannung schafft solche Anreize. Plötzlich werden Sie vor neuen Ideen sprühen, vor neuer Energie und der Motivation, das zu knacken, was gestern noch ein unlösbares Problem zu sein schien.

Das alles ist nichts Neues. In Wahrheit ist es für die meisten von uns selbstverständlich. Paradox ist nur, daß viel zu wenige Chefs das in die Praxis umsetzen.

Zehn Regeln zur Entspannung

1. Machen Sie mittags immer eine Pause, gehen Sie spazieren (oder schwimmen Sie, wenn es in der Nähe ein Schwimmbad oder einen Pool gibt).
2. Trinken Sie während der Arbeitszeit keinen Alkohol – er trägt nicht zur Entspannung bei.
3. Kochen Sie am Ende eines Tages noch mal eine Tasse Tee oder Kaffee für sich und Ihre Mitarbeiter, legen Sie die Füße hoch, und überdenken Sie gemeinsam mit ihnen nochmals den Tag.
4. Machen Sie nicht häufiger als zwei Tage in der Woche Überstunden. Sorgen Sie dafür, daß Sie an mindestens drei Tagen der Woche nach Hause kommen, bevor die Kinder im Bett sind.
5. Nehmen Sie am Wochenende niemals für mehr als drei Stunden Arbeit mit nach Hause. Verbringen Sie immer einen ganzen Tag mit Aktivitäten, die nichts mit dem Beruf zu tun haben.
6. Arbeiten Sie auf Reisen nicht die ganze Zeit. Verbringen Sie mindestens 50 Prozent der Zeit mit dem Lesen eines Buchs, einer Zeitung oder was auch immer nichts mit der Arbeit zu tun hat.
7. Fühlen Sie sich nicht gezwungen, immer etwas zu tun. Wenn Sie zwischen zwei Besprechungen unerwartet fünf Minuten Zeit haben – tun Sie nichts! Lehnen Sie sich in Ihrem Stuhl zurück und tun Sie nichts.
8. Gehen Sie überall zu Fuß hin – die Treppe rauf und runter, zum Bahnhof und in die Stadt.
9. Warten Sie nie bis zur letzten Minute. Nehmen Sie immer einen Zug früher als notwendig, und entspannen Sie sich, wenn Sie am Ziel ankommen.
10. Nehmen Sie immer Ihren Urlaub.

Vielleicht gibt es einen tieferen psychologischen Grund dafür, daß Menschen es lieben, von den Ereignissen überrollt zu werden – und nicht selbst zu rollen. Manager, die von einer Krise zur nächsten hetzen, werden ganz sicher von den Ereignissen überrollt. Andere stehen darüber, bewältigen alles mühelos, scheinen niemals in Panik zu geraten und finden immer Zeit, die Füße hochzulegen. Sie sehen die Dinge anders. Sie üben Kontrolle aus. Wenn Sie entspannt sind, fällt es Ihnen leichter, zu kontrollieren. Wenn Sie zu gestreßt sind, dann besteht die Gefahr, daß Sie langsam die Kontrolle verlieren, keine Perspektiven mehr sehen und mit der Zeit nur noch reagieren können.

Es gibt immer einen Mittelweg, und ich bin kein Befürworter eines Dauerzustands der Entspannung. Der Schlüssel liegt darin, jeden Tag Gelegenheiten zur Entspannung zu schaffen, Atmungsraum zu finden und die Batterien wieder aufzuladen. Das können hier fünf Minuten sein oder dort drei Wochen bei einem Urlaub am Mittelmeer.

Wenn Sie es von einem philosophischeren Standpunkt aus betrachten wollen, dann sollten Sie sich fragen, worin der Sinn des Lebens liegt. Liegt er nicht darin, sich gelegentlich zu erfreuen und das zu tun, was man gerne tut? Wir leben in einer sehr feindlichen Welt: In der einen Sekunde haben Sie einen Arbeitsplatz, und in der nächsten haben Sie ihn wieder verloren, wenn auch nicht durch eigene Schuld. Ich habe zu viele Menschen gesehen, die ständig herumgehastet sind, jede Minute des Tages ihrem Brötchengeber gewidmet haben – nur um in irgendeiner Rezession überflüssig zu werden. Ich habe Menschen gesehen, die sämtliche familiären Bindungen zerstört haben, weil sie ihre gesamte Zeit der Firma widmeten. Für was? Erhalten Sie für zahllose Überstunden mehr Anerkennung?

Sobald Sie sich entspannen, werden sich nicht nur auch Ihre Mitarbeiter entspannen, sondern auch Ihre Familien. Um sich zu entspannen, ist kein Geld erforderlich. Sie müssen lediglich Ihre Prioritäten neu setzen und ein bißchen Zeit für sich selbst und jeden anderen finden.

Grundprinzip:

Ohne Entspannung sind Menschen weniger effektiv.

Praxis:

Zwingen Sie sich dazu, regelmäßig Arbeitspausen einzulegen und sich zu entspannen, indem Sie etwas tun, was Ihnen Spaß macht.

26. Geben Sie Ihren Mitarbeitern den Kopf zurück!

In traditionell geführten, hierarchiebewußten Unternehmen nutzen die Menschen nur fünf Prozent ihres Verstands für die Bewältigung ihrer Aufgaben.

Es gibt eine altbekannte Tatsache, die viele Führungskräfte ignorieren. Sie besagt, daß die meisten Menschen zu mehr fähig sind, als es den Anschein hat. Das gilt besonders bei der Arbeit.

Eine gute Übung besteht darin, mit Mitarbeitern zusammenzusitzen und herauszufinden, was sie außerhalb der Arbeit tun. Ungehemmt von den Schranken des Unternehmens, setzen die meisten Menschen ihren Verstand effizient ein – nicht nur, um mit begrenzten Mitteln zu überleben, sondern um eine Vielzahl positiver und befriedigender Dinge zu tun. Die meisten können sogar mit ihrem Geld ganz gut umgehen (und ich spreche hier nicht über *Peanuts*), selbst wenn es gelegentlich ein Kampf ist. Sie treffen Entscheidungen, die sie Tausende Mark kosten können, gelegentlich sogar Hunderttausende Mark. Sie organisieren ihr Familienleben und jonglieren häufig mit zehn verschiedenen Aktivitäten zur gleichen Zeit. Sie sind außergewöhnlich kreativ. Manche schreiben Bücher, andere machen tolle Musik oder zeichnen sich beim Sport aus, sind stolz auf die Pflege wunderschöner Gärten, widmen ihr Leben einem wertvollen sozialen Engagement oder führen die komplexesten Arbeiten zur Verschönerung ihres Heims selbst durch. Andere trachten danach, sich durch ein Fernstudium und andere Zusatzqualifikationen zu verbessern. Die interessanten Aktivitäten, denen viele Menschen außerhalb ihres Arbeitsplatzes nachgehen, sind überaus vielseitig.

Es ist bekannt und wird häufig ignoriert, daß nur sehr wenig von dieser Energie, Kreativität und Intelligenz mit an den Arbeitsplatz genommen wird. Das trifft besonders dann zu, wenn dort traditionelle, hierarchiebezogene Regeln gelten.

Das Potential, das Sie als guter Chef freisetzen können, ist gewaltig. Sie können aus diesen verborgenen Talenten in einer Weise Nutzen ziehen, der sowohl Ihren Mitarbeitern als auch dem Unternehmen zugute kommt.

Sie müssen Ihren Mitarbeitern überlassen

- ihren Terminkalender zu organisieren (Dienstpläne, Urlaub, Arbeitszeit etc.)
- ihre eigenen Vereinbarungen am Arbeitsplatz zu treffen (wer macht was, wann und wo)
- sich selbst um ihre Schulungen innerhalb der mit Ihnen vereinbarten finanziellen Grenzen zu kümmern
- interessante Ideen weiterzuverfolgen
- mit einem bestimmten Budget zu experimentieren und Verbesserungen durchzuführen
- wann immer sie möchten, ihre Meinung zu sagen
- Sie kritisch zu hinterfragen, wann immer Sie etwas tun, was ihren Arbeitsplatz betrifft
- Erfolge zu feiern
- über ihre eigene Arbeitsumgebung zu bestimmen (Farbe, Standort für Pflanzen etc.)
- zu wählen, was sie am Arbeitsplatz anziehen möchten (vorausgesetzt, es verletzt geltende Gesundheits- und Sicherheitsbestimmungen nicht, und vorausgesetzt, es verletzt die Corporate Identity nicht)
- ihre Leistungen zu überwachen und zu überprüfen
- Initiative zu ergreifen, ohne Sie vorher um Rat zu fragen
- Fehler zu machen
- unvernünftige Vorschriften zu verändern (die sie sonst mißachten würden)
- offen ihre Meinung zu sagen, wann immer sie wollen – sogar gegenüber der Presse (vorausgesetzt, es werden keine vertraulichen Informationen enthüllt)
- wie sie mit schlechten Leistungen und Kollegen, die das System mißbrauchen, am besten umgehen

Wenn Sie Ihren Mitarbeitern den Kopf zurückgeben, zeigen Sie ihnen, daß Sie ihnen vertrauen und sie schätzen. Je mehr Freiheiten Sie ihnen lassen, desto wahrscheinlicher werden sie erfolgreich sein. Wenn man ihnen Vertrauen entgegenbringt, sind die meisten Menschen ehrlich genug zuzugeben, daß sie für bestimmte Aufgaben nicht über die notwendigen Fähigkeiten und das erforderliche Wissen verfügen. An dieser Stelle kommen Sie als Chef ins Spiel. Ihre Rolle ist die eines Beraters, Assistenten, Helfers, Trainers, Führers, Prüfers, Informanten, Zuhörers, Resonanzbodens und Motivators. Sie sind für die Gruppe die Quelle der Ermutigung. Ihre Aufgabe ist es, Begeisterung zu erzeugen, Mitarbeiter aufzufangen, wenn sie niedergeschlagen sind, sie zu beruhigen, wenn sie aufgeregt sind, Ausgleich zu schaffen, die Richtung zu bestimmen und auf diese Weise einen Rahmen zu definieren, innerhalb dessen sie arbeiten können.

Wenn Sie Mitarbeitern ihren Kopf zurückgeben, müssen sie wieder unterscheiden zwischen dem, *was* sie erreichen wollen, und dem, *wie* sie es erreichen können. Die Vorstände von Unternehmen sind ihren Aktionären gegenüber verantwortlich für das, was sie erreichen. Die Führungskräfte in Institutionen der öffentlichen Hand sind den Politikern gegenüber Rechenschaft schuldig über das, *was* sie in bezug auf die Umsetzung der Politik erreichen.

Menschen ihren Kopf zurückzugeben bedeutet, ihnen zu erlauben, selbst darüber zu entscheiden, wie sie die gesteckten Ziele am besten erreichen wollen. Zwangsläufig können Sie das „Was“ nicht vollständig von dem „Wie“ trennen. Bis zu einem gewissen Grad müssen Ihre Mitarbeiter in die Definition der Ziele eingebunden werden, wenngleich Sie als Chef am Ende dafür geradestehen müssen. Sie können nicht willkürlich über das „Was“ entscheiden, ohne das „Wie“ zu berücksichtigen.

Sie als Chef sollten Ihren Mitarbeitern niemals vorschreiben, *wie* sie etwas tun sollen. Nachdem Sie geklärt haben, *was* ihre Aufgabe ist, sollten Sie sie gehen und die Aufgabe erfüllen lassen.

Grundprinzip:

Die besten Ergebnisse lassen sich erzielen, wenn Sie Ihren Mitarbeitern darin vertrauen, daß sie selbst am besten wissen, wie sie ihre Arbeit tun müssen.

Praxis:

Konzentrieren Sie sich als Chef darauf, klarzustellen, was erreicht werden muß und was erreicht wurde. Helfen Sie dann Ihren Mitarbeitern dabei, das von ihnen Verlangte zu erreichen.

27. Seien Sie höflich!

Höflichkeit ist ein Merkmal für zivilisiertes Verhalten.

Es klingt vielleicht altmodisch, aber manchmal habe ich den Eindruck, daß die Menschen heutzutage immer unhöflicher werden. Kürzlich habe ich zweimal jemanden zum Essen eingeladen. Keiner von ihnen war so höflich, sich anschließend für die Einladung zu bedanken. Ich frage mich: Bin ich zu empfindlich? Sollte es mir wirklich etwas ausmachen, auf einen Brief keine Antwort zu erhalten, oder daß jemand nicht zurückruft?

Eines verstehe ich nicht: Viele Führungskräfte verbringen viel Zeit damit, die Qualitätsstandards ihrer Produkte und Dienstleistungen zu verbessern, obgleich ihr persönliches Verhalten oft beklagenswert unhöflich ist (wenn Sie Beispiele für unhöfliches Verhalten kennenlernen möchten, dann sollten Sie Tom Browers Biographie von Robert Maxwell, erschienen 1988 bei Mandarin, lesen). Für mich gibt es da einen großen Widerspruch. Wenn Sie einen außergewöhnlich guten Kundendienst bieten wollen, dann ist es meiner Meinung nach wichtig, daß sich das auch in Ihrem eigenen Verhalten widerspiegelt – indem Sie sich Ihren Kunden gegenüber respektvoll und höflich verhalten.

Ich spreche hier wirklich nur Nuancen an, dennoch sind sie wichtig. Ich kenne viele freundliche Menschen, doch die Briefe, die sie mir gelegentlich schreiben, wirken kühl und sachlich. Daher beginne ich, mich zu fragen, ob ich sie vielleicht verärgert habe. Natürlich nicht, aber dennoch fühle ich mich angesichts des unfreundlichen Tons unwohl.

Das ist das Problem mit der Unhöflichkeit. Wer unhöflich behandelt wird, der fühlt sich herabgesetzt und nicht respektiert. Ein unhöflicher Mensch bringt durch seine Unhöflichkeit zum Ausdruck, daß er die andere Person als ihm untergeordnet ansieht. Unhöflichkeit sagt also etwas über einen Menschen aus. Manchmal ist es nicht mehr als Gedankenlosigkeit, ein versehentliches Vergessen, „Danke“ oder

„Bitte“ zu sagen. Ein anderes Mal zeigt sich hierin, was Sie von anderen Menschen und von sich selbst halten.

In punkto Höflichkeit sollten keine Unterschiede gemacht werden. Wer immer die andere Person ist, welchen Status sie besitzt, woher sie kommt oder welche Ausbildung sie genossen hat – alle Menschen sollten mit derselben Höflichkeit behandelt werden.

Allgemeine Höflichkeiten

- Wenn Sie zum Essen eingeladen werden, sollten Sie sich hinterher stets bedanken.
- Halten Sie anderen die Tür auf, um wen es sich auch immer handelt.
- Halten Sie immer Ihre Versprechen.
- Bieten Sie Besuchern am Empfang Erfrischungen an.
- Gießen Sie anderen den Kaffee stets zuerst ein.
- Benutzen Sie niemals eine Sprache, durch die sich der andere in irgendeiner Weise verletzt fühlen könnte.
- Lassen Sie anderen (z.B. in einer Warteschlange) den Vortritt.
- Lassen Sie andere ausreden, unterbrechen Sie sie nicht.
- Helfen Sie anderen (indem Sie ihnen z.B. den Weg erklären).
- Sprechen Sie andere mit ihrem Namen an („Sie erinnern sich, Frau Schneider, als Sie bei ... waren ...“ klingt besser als „Erinnern Sie sich, als wir da waren ...?“).
- Beantworten Sie Briefe. Es spielt keine Rolle, wer der andere ist. Wenn er sich die Mühe macht, Ihnen zu schreiben, sollten Sie immer antworten.
- Schicken Sie keinen anderen, um einen Besucher am Empfang abzuholen. Gehen Sie selbst, und geben Sie ihm das Gefühl, willkommen zu sein.
- Beantworten Sie Telefonanrufe immer.
- Seien Sie bei Besprechungen immer pünktlich.
- Zeigen Sie immer Respekt für die andere Person.
- Entschuldigen Sie sich, wenn etwas schiefgeht.
- Setzen Sie nie etwas als selbstverständlich voraus (fragen Sie immer um Erlaubnis, wenn Sie z.B. die Zeit eines anderen in Anspruch nehmen wollen).

Es ist genauso wichtig, einem unrasierten, arbeitslosen Landstreicher gegenüber höflich zu sein, wie gegenüber einer hochgestellten Persönlichkeit. Ich persönlich bin von der komplizierten Etikette, die es zu berücksichtigen gilt, wenn man eine hochgestellte Persönlichkeit trifft, nicht besonders angetan. Etikette ist schließlich nichts anderes als formalisierte Höflichkeit. Ich habe an sich nichts gegen Verbeugen und Dienern, so lange sich jeder gegenüber jedem verbeugt. Das zu einem Vorrecht der Höhergestellten zu machen befremdet mich.

Viele der oberen Führungskräfte verhalten sich jedoch hochherrschaftlich, wenn sie besondere Höflichkeiten erwarten, die sie selbst bescheideneren Menschen wie mir nicht entgegenbringen. Warum sollte man den Vorsitzenden mit „Herr Vorsitzender" anreden, wenn jeder andere bei seinem Namen genannt wird? Oft geht es nur darum, andere zu grüßen, wenn man sie auf dem Flur trifft oder wenn man morgens die Rezeption passiert. Halten Sie an, um dem Geschäftsführer „Guten Morgen" zu sagen, und übersehen Sie dann die Sicherheitskräfte am Eingang? Haben sie nicht auch Respekt verdient? Sind es nicht auch Menschen?

Einige von uns sehen gerne in eine andere Richtung, wenn ihnen auf der Straße jemand begegnet, den sie kennen. Wir vergessen, andere Menschen zu beachten. Ich habe Direktoren gesehen, die ihr Gespräch unterbrochen haben, um mit einer anderen Führungskraft zu sprechen. Den Vertriebsmitarbeiter, mit dem dieser wiederum gerade sprach, übersahen sie dabei.

Überall gibt es schlechte Manieren und Unhöflichkeit. Doch für Sie als Chef ist es ungünstig, sich selbst so zu verhalten. Sie müssen anderen Ihren Respekt zeigen, indem Sie ihnen die Höflichkeiten erweisen, die man Ihnen als Kind beibrachte und die Sie heute Gefahr laufen, zu vernachlässigen.

Grundprinzip:

Respekt und gleiche Behandlung für alle

Praxis:

Zwingen Sie sich dazu, allen Menschen gegenüber höflich zu sein, und seien Sie stolz darauf.

28. Engagieren Sie Fachleute!

Machen Sie niemals etwas selbst,wenn es ein Fachmann besser machen kann.

Die Tage, in denen die Unternehmen genügend Mitarbeiter mit allen nur denkbaren Fachkenntnissen zur Verfügung hatten, sind mehr und mehr vorbei. Idealerweise würden Sie den Telefonhörer aufnehmen und den unternehmenseigenen Fachmann für Rechtsfragen, Personalwesen, EDV-Probleme oder finanzielle Aspekte befragen. Heute ist es wahrscheinlich, daß diese Leute nicht mehr in Ihrem Unternehmen angestellt sind, sondern Ihnen statt dessen ihre Dienstleistung verkaufen. Sie können aus einer zunehmenden Zahl unterschiedlicher Experten wählen.

Wenn die finanziellen Belastungen größer werden, ist der Luxus, einen eigenen Expertenpool innerhalb Ihres Verantwortungsbereichs zu beschäftigen, nicht mehr finanzierbar. In Zukunft wird man Fachwissen in sorgfältig überlegten Portionen einkaufen müssen.

Eine instinktive Reaktion darauf wäre der Versuch, alles selbst zu machen – die Öffentlichkeitsarbeit, grafische Gestaltung oder auch die Buchhaltung –, um auf diese Weise alles preiswerter zu erhalten. Das wäre jedoch unklug. Warum wollen Sie Ihre Zeit für etwas verschwenden, das ein Fachmann viel besser machen könnte? Ein Berater, der 2.000 Mark pro Tag berechnet, erscheint vielleicht teuer. Tatsächlich ist es jedoch preiswerter, als einen weniger qualifizierten Mitarbeiter zu einem Gehalt von 120.000 Mark im Jahr anzustellen, der dann Arbeit erzeugt, um die Zeit auszufüllen und um seine eigene Existenz zu rechtfertigen.

Die zentrale Aufgabe besteht darin, die Art von Unterstützung zu ermitteln, die Sie benötigen, um Ihre Ziele zu erreichen, und dann im Laufe der Zeit ein Netzwerk aufzubauen, das Ihnen diese Hilfe bietet. Die Schwierigkeit bei diesem Teil liegt in der Auswahl der Fachleute. Jeder, den Sie treffen, wird von sich behaupten, daß er *die* Lösung für Ihre Probleme hätte. Wenn Sie ihnen einen Auftrag in Aussicht stellen, werden nur wenige ehrlich genug sein, zuzugeben, daß sie Ihnen nicht helfen können.

Wenn Sie im Laufe der Zeit auf den Mailing-Listen zahlreicher Firmen stehen, werden Sie mit Briefen von Beratern und anderen Berufsgruppen, die ihre Dienste anbieten, überschwemmt. Diese Briefe werden stets durch glänzende Broschüren und Prospekte ergänzt. Man ist versucht, sie direkt in den Papierkorb zu werfen. Tun Sie das nicht! Verwenden Sie eine Sekunde oder zwei darauf, sie zu studieren. Gelegentlich wird das eine oder andere Schreiben Ihre Aufmerksamkeit erringen, und Sie werden die Anfrage vielleicht ein bißchen weiterverfolgen wollen. Seien Sie so höflich, Menschen, die Ihnen persönlich schreiben, ebenfalls persönlich zu antworten.

Erlaubt und verboten – einige Beispiele zum Thema „Experten"

- Produzieren Sie Ihre Broschüren und Prospekte nicht selbst.
- Engagieren Sie Profitexter und -grafiker.
- Führen Sie Schulungen nicht selbst durch.
- Beschäftigen Sie professionelle Trainer.
- Entwerfen Sie Anzeigen nicht selbst.
- Engagieren Sie professionelle Werbeagenturen.
- Kümmern Sie sich nicht selbst um Ihre Finanzen.
- Engagieren Sie professionelle Buchhalter und/oder Steuerberater.
- Beauftragen Sie für Umfragen erfahrene Marktforschungsunternehmen.
- Verlassen Sie sich in bezug auf Rechtsfragen nicht auf Ihre eigene Meinung.
- Konsultieren Sie so früh wie möglich einen Rechtsanwalt.
- Erledigen Sie Sekretariatsarbeiten nicht selbst, sondern stellen Sie eine professionelle Sekretärin ein.
- Organisieren Sie größere Konferenzen nicht selbst, sondern beauftragen Sie eine Veranstaltungsagentur.

Der beste Weg zur Auswahl von Experten ist die bewährte Methode des gesunden Menschenverstands, sich auf Ruf und Mundpropaganda zu verlassen. Wenn Sie ein bestimmtes Problem lösen müssen, dann sprechen Sie mit so vielen Menschen wie möglich darüber. Fragen Sie sie, ob ihnen jemand bekannt ist, der helfen kann. Nehmen sie dann mit den genannten Personen Kontakt für ein erstes Sondierungsgespräch auf.

Glauben Sie jedoch nicht, daß Sie bei Bedarf an Fachwissen immer externe Quellen bemühen müssen. Es lohnt sich, mit den eigenen Mitarbeitern ein Netzwerk innerhalb Ihres Unternehmens aufzubauen. Wenn Sie ihnen helfen, Fachkenntnisse für ihre eigene Tätigkeit zu erwerben, entwickeln Sie damit gleichzeitig das Potential, dieses Fachwissen auch in anderen Bereichen, Abteilungen und fremden Unternehmen zu nutzen. Um den Ruf Ihres Ressorts (oder Ihrer Abteilung) aufrechtzuerhalten, brauchen Sie hier einen kontinuierlichen „Durchzug" von Fachleuten. Das wird sich für Ihre Mitarbeiter als hochmotivierend erweisen, da es dann mehr Situationen gibt, in denen sie ihre Fertigkeiten weiterentwickeln können.

Grundprinzip:

Sie können nicht alles selbst machen.
Sie können nicht in fast allem erfahren sein.

Praxis:

Machen Sie die Fachleute ausfindig, die Ihnen künftig vielleicht helfen können, und bauen Sie eine gute Beziehung zu ihnen auf. Stellen Sie ihnen Ihr Fachwissen zur Verfügung, wenn sie es benötigen. Es wird sich auszahlen.

29. Schaffen Sie Begünstigungen ab!

Begünstigungen trennen die Menschen in zwei Lager. Behandeln Sie konsequent alle gleich.

Nur wenige von uns würden zugeben, daß sie – heimlich – Günstlingswirtschaft betreiben. Doch wir senden ständig Signale aus, die erkennen lassen, wen wir bevorzugen und wen nicht.

Das Leben wäre schrecklich langweilig, wenn wir alle den gleichen Typ Mensch mögen würden – wir würden z.B. alle den gleichen Ehepartner suchen. In Wahrheit sind wir jedoch alle verschieden und mögen auch verschiedene Menschen. Das ist im gesellschaftlichen Leben sicher schön, doch in der Geschäftswelt kann es gefährlich sein.

Menschen lehnen Diskriminierung ab, und Begünstigung ist eine subtile Form der Diskriminierung. Sie läßt sich kaum verbergen, denn die meisten Menschen haben unglaublich empfindliche Antennen für so etwas. Sie erkennen schnell, wenn einer „in" ist beim Chef und ein anderer nicht. Tatsächlich haben viele Chefs den Ruf, bestimmte Mitarbeiter um Rat zu fragen und ihnen Vertrauliches mitzuteilen, die dann den einen Tag „in" sind und am nächsten Tag wieder „out".

Bei der Abschaffung von Begünstigung müssen zwei gegensätzliche Prinzipien vereint werden. Einerseits gilt für jeden Chef, alle Mitarbeiter gleichermaßen objektiv und fair zu behandeln. Das zweite, diesem widerstrebende Prinzip besagt, daß auch Chefs Menschen sind und sich wie Menschen verhalten sollten. Menschen verhalten sich jedoch entsprechend ihrer Vorlieben und Abneigungen.

Diese beiden Prinzipien können Sie jedoch leicht unter einen Hut bringen, wenn Sie sich bei jedem Mitarbeiter des Teams besonders auf das konzentrieren, was Sie an ihm *mögen*. Versuchen Sie, an den Menschen in Ihrer Umgebung die guten Dinge zu entdecken und Ihre Beziehung zu ihnen darauf aufzubauen. Widmen Sie jedem Mitarbeiter gleich viel von Ihrer Zeit, und ziehen Sie alle in gleicher Weise ins Vertrauen. Achten Sie außerdem peinlich genau darauf, daß Auszeichnungen (materiell oder immateriell, direkt oder indirekt) gerecht verteilt werden. Denken Sie auch daran, daß ein kleines Lob eine sehr wirkungsvolle Auszeichnung sein kann.

Eine Geschichte über zwei Mafiosi

Dies ist ein Auszug aus einer Unterhaltung, die während eines von mir durchgeführten Workshops geführt wurde.

Teilnehmer 1:
„Der Ärger mit unserem Führungsteam ist, daß es gar kein Team ist. Es gibt dort zwei Gruppen. Die erste besteht aus zwei oder drei Männern, die mit dem Chef mittags etwas trinken gehen. Der Chef trinkt mittags gerne ein Glas Bier – genau wie die anderen drei. Mittags gehen sie daher angeblich einkaufen und treffen dann die wichtigen Entscheidungen. Die anderen von uns werden ausgeschlossen. Fast alle Frauen aus dem Team und auch einige der Männer gehen mittags nicht gerne außer Haus. Deshalb haben wir das Gefühl, Außenstehende zu sein. Wir wissen nicht, was vor sich geht, und werden offenbar an wichtigen Entscheidungen nicht beteiligt."

Teilnehmer 2:
„Die gleiche Situation gibt es bei uns im Büro. Unsere Chefin ist eine starke Raucherin. Wir arbeiten jedoch in einem Gebäude, in dem Rauchen verboten ist; es gibt lediglich spezielle Raucherräume. Sie geht deshalb regelmäßig morgens gegen 10.45 Uhr auf eine Zigarettenlänge in den Raucherraum. Ein oder zwei andere Frauen, die ebenfalls rauchen, begleiten sie zu einer kleinen Unterhaltung. Wir fühlen uns ausgeschlossen. Sofern wir nicht bereit sind, den Qualm im Raucherzimmer zu ertragen, sehen wir unsere Chefin nur selten. Es gibt nie Besprechungen für die anderen von uns, sie macht sich nicht die Mühe, uns mitzuteilen, was so passiert. Es sieht so aus, als hätten wir hier eine Rauchermafia."

Wenn Sie Begünstigungen abschaffen wollen, müssen Sie sich besonders vor sexueller Anziehung in acht nehmen. Einige Chefs (männlich oder weiblich) fühlen sich zu den attraktivsten Mitarbeitern bzw. Mitarbeiterinnen in ihrem Team hingezogen. Sie gehen sogar so weit, besonders attraktive Leute einzustellen. Andere verfallen in das andere Extrem und gehen anziehenden Mitarbeitern ganz aus dem Weg. Sie haben Angst, daß ihre Motive falsch aufgefaßt werden könnten, wenn sie den täglichen Kontakt zu ihnen suchen. Es ist ein überaus schwieriges Thema, und Chefs, die nicht völlig immun sind – und das dürfte die Mehrzahl sein –, müssen im Umgang mit Mitarbeitern, die sie sympathisch finden, einen Drahtseilakt vollbringen.

Beim Chef „in“ sein

„Ich komme mit meinem Chef nicht besonders gut aus. Ich weiß nicht warum, wir beide fühlen uns in der Gegenwart des anderen einfach nicht wohl. Eine meiner Kolleginnen scheint jedoch mit ihm zurechtzukommen; sie weiß, wie man ihn zum Lachen bringt. Ich nicht. Eines Tages kam der Chef vorbei, um mit meiner Kollegin zu sprechen. Sie war gerade mit mir im Gespräch. Er unterbrach unsere Unterhaltung und sprach mit ihr über einige Dinge. Nicht einmal in diesen fünf Minuten, die er mit ihr sprach, nahm er meine Anwesenheit überhaupt zur Kenntnis. Er ignorierte mich völlig, sagte nicht einmal ‚Guten Tag‘.“

„Sie ist ständig beim Chef im Büro. Das müssen jede Woche Stunden sein. Die anderen von uns dürfen niemals auch nur einen Blick hineinwerfen. Ich glaube, er hat eine Schwäche für sie. In meinen übelsten Momenten frage ich mich sogar, ob da drinnen nicht etwas anderes vorgeht.“

Die Frage, wie man Begünstigungen abschaffen kann, ist nicht leicht zu beantworten. Sie sollten regelmäßig Ihre eigenen Gedanken, Motive und Verhaltensweisen überprüfen. Zeigen Sie nicht für einige Mitarbeiter eine größere Sympathie als für andere.

Grundprinzip:

Behandeln Sie jeden um Sie herum fair, gleich und objektiv.

Praxis:

Überprüfen Sie regelmäßig Ihr Verhalten gegenüber anderen. Fragen Sie sich: „Bevorzuge ich einen der Mitarbeiter gegenüber den anderen?" Sofern Sie ein mögliches „Ja" als Antwort nicht offen rechtfertigen können, sollte die Antwort immer „nein" lauten.

30. Sehen Sie anderen in die Augen!

Der Maßstab für die Bewertung jedes Managers sind seine Augen.

Heute morgen hatte ich eine Besprechung mit einer der oberen Führungskräfte (nennen wir ihn Herrn Schneider). Er hatte vor einem Monat die Verantwortung für die Kundenbetreuung übernommen. Sein Vorgänger hatte einige wichtige Ziele dieser Aufgabe nicht erreicht und war zu einem anderen „wichtigen Projekt" versetzt worden.

Das Gespräch mit Herrn Schneider drehte sich um die sieben Mitglieder seines Teams, wobei er nur einem von ihnen zu vertrauen schien. Er bekannte, ein spezielles Problem mit Frau Meiners zu haben. Er hielt sie für nicht engagiert und war der Meinung, sie reagiere negativ auf seinen Wunsch, ihn zu informieren. Offenbar sah sie ihn als „Störfaktor" an. Die Situation begann sich so zuzuspitzen, daß er daran dachte, sie aus dem Team herauszunehmen. Ich fragte ihn, ob er sich mit ihr über ihr mangelndes Engagement und ihre Arbeitseinstellung schon einmal unterhalten hätte. „Ich habe ihr viele Male gesagt, was ich von ihr erwarte", antwortete er überheblich. Es war klar, daß er ihr nicht das gesagt hatte, was er mir sagte, und ihr nicht seine wahren Gefühle ihr gegenüber deutlich gemacht hatte.

Viele Manager sind trickreich, wenn es darum geht, schwierigen Situationen aus dem Weg zu gehen. Sie flüchten vor der Begegnung mit schwierigen Mitarbeitern und einer offenen Aussprache mit ihnen. Sie ziehen es vor, sich hinter ihrem Rücken zu beklagen und in stichelnden Notizen Anspielungen zu machen, d.h., sie geben dem Leser nur den berühmten Wink, auch zwischen den Zeilen zu lesen.

Mitarbeitern offen entgegenzutreten und sie persönlich auf die bemerkten Mängel hinzuweisen gehört zu den schwierigsten Aufgaben eines Chefs. Der Prozeß kann außerordentlich schmerzhaft sein, und die meisten scheuen sich davor, weil sie eine emotionale Reaktion fürchten.

Der Tag, an dem ich meinen Chef schlechtmachte

„Einige Wochen, nachdem ich in das Team kam, nahm ich an der ersten Besprechung teil. Mein Chef sprach ein ziemlich wichtiges Thema an und bat um Kommentare. Ich sagte nichts. Er schlug eine bestimmte Vorgehensweise vor, und ich sagte wieder nichts, obwohl ich seinen Ansatz für falsch hielt. Auch die anderen waren nicht so begeistert. Dennoch bestand er auf seinem Vorschlag und entschied entsprechend.

Danach ging ich zusammen mit den anderen aus der Gruppe zum Mittagessen. Als wir in der Schlange anstanden, begann ich, über den Chef herzuziehen. Ich erzählte den anderen, wie dumm der von ihm vorgeschlagene Ansatz wäre, und machte ihn wirklich lächerlich.

Als ich mich einmal umdrehte, mußte ich zu meinem Entsetzen feststellen, daß er plötzlich hinter mir stand und jedes Wort mitangehört hatte. Ich zitterte, aber sagte nichts. Ich nahm meinen Teller und blieb während des Essens still.

Um zwei Uhr nachmittags schellte das Telefon in meinem Büro. Es war mein Chef; er wollte mich sprechen. ‚Das war's', dachte ich, ‚jetzt wird er mich feuern.'

Er bat mich, an der anderen Seite des Schreibtischs Platz zu nehmen, und sah mir in die Augen. ‚Ich habe jedes einzelne Wort von Ihnen gehört', sagte er, ‚jetzt vergessen Sie es.'

Ich begann, ein bißchen zu ‚kriechen' und versuchte einige lahme Entschuldigungen. Er starrte mich an, hämmerte auf den Tisch und sagte: ‚Wenn ich sage, vergessen Sie's, dann meine ich das auch so!'

Er war einer der besten Chefs, die ich je hatte. Er brachte mir bei, niemals mehr hinter seinem Rücken zu reden, sondern statt dessen den Mut aufzubringen, ihn bei einem Problem persönlich anzusprechen."

Die meisten Mitarbeiter wollen wissen, woran sie mit ihrem Chef sind. Ich höre immer wieder, daß die schlimmsten Chefs einerseits diejenigen sind, die ihren Mitarbeitern gegenüber nicht offen sind, und andererseits solche, die heute A und morgen B sagen.

Bei der persönlichen Auseinandersetzung mit anderen besteht die Kunst darin, sich stets die eigenen wahren Motive einzugestehen. Soll sich der andere unbehaglich fühlen? Soll er bestraft werden? Solche Fragen sollten stets mit „Nein“ beantwortet werden. Der Zweck jeder persönlichen Auseinandersetzung sollte es sein, dem anderen bei der Lösung seines Problems helfen zu wollen. Das Ziel ist es, ihm konstruktive Unterstützung zur Bewältigung seiner Aufgaben zu bieten.

Grundsätzlich gilt: Mitarbeiter respektieren jeden Chef, der sich mit ihnen zusammen an den Tisch setzt, um ihnen in einem persönlichen Gespräch ein ehrliches Feedback zu geben.

Grundprinzip:

Offenheit und Ehrlichkeit – sofort handeln!

Praxis:

Wenn Sie mit einem Mitarbeiter ein Problem haben, setzen Sie sich mit ihm gemeinsam an den Tisch und informieren ihn darüber – von Angesicht zu Angesicht.

31. Verhalten Sie sich Ihrer Rolle entsprechend (bleiben Sie ruhig, nur keine Panik)!

Die Verpackung ist genauso wichtig wie der Inhalt.

Sie befinden sich in einer Zwickmühle: Sie wollen dazugehören, aber Sie dürfen es nicht. Um bei Ihren Mitarbeitern Verständnis und Kooperationsbereitschaft zu entwickeln, müssen Sie ihnen so nahe wie möglich sein, andererseits darf das Verhältnis jedoch nicht zu eng werden.

Einige extrem Veranlagte würden den Chef am liebsten abschaffen und die Gruppe sich selbst leiten lassen. Doch auch solche Teams würden einen Teamleiter finden, der ein bißchen anders ist als die anderen. Im Idealfall sollte eine übergeordnete Autorität unnötig sein; in der Praxis ist sie jedoch immer erforderlich.

Sie müssen der Realität ins Auge sehen: Sie sind der Chef, und als solcher unterscheiden Sie sich von den übrigen Mitgliedern der Gruppe. Ihre Mitarbeiter sehen zu Ihnen auf, respektieren Sie, vertrauen Ihnen und werden von Ihnen unterstützt. Sie erwarten, daß Sie schwierige Entscheidungen treffen und die Dinge anpacken.

Vielleicht überrascht es Sie, aber sie erwarten auch von Ihnen, daß Sie sich wie ein Chef verhalten. Sie erwarten, daß Sie tatsächlich die Rolle des Chefs spielen. Das ist nicht nur eine Frage der Kleidung, sondern auch eine Frage, wie Sie an Dinge herangehen. Die Rolle des Chefs zu spielen hat etwas damit zu tun, wie Sie gehen, wie Sie sprechen und wie Sie lächeln. Es hat damit zu tun, wem Sie in die Augen sehen und wie der Ton Ihrer Stimme ist. Es hat damit zu tun, wie Sie in Krisensituationen reagieren, ob Sie ruhig bleiben oder in Panik verfallen. Es hat etwas mit dem Zustand Ihres Büros zu tun: Ist es von Papieren übersät, oder halten sie es konsequent sauber und aufgeräumt? Es hat damit zu tun, wie aufmerksam Sie Details betrachten und ob Ihnen dreckige Fenster, verschmutzte Toiletten und überquellende Papierkörbe etwas ausmachen. Es hat auch mit Ihrem äußeren Erscheinungsbild zu tun, denn das beeinflußt die Menschen. Ihr Äußeres wirkt sich auf Ihre Glaubwürdigkeit aus und ist das Kriterium, nach dem andere Sie (richtig oder falsch) einschätzen.

Sie haben vielleicht einen brillanten Geist, aber Sie reden um Dinge herum – das befremdet. Sie mögen unglaublich klug sein, doch die Flecken auf Ihrem Jackett wirken abstoßend. Vielleicht sind Sie der freundlichste Mensch, den man sich vorstellen kann; doch Ihr häufiges Lächeln erzeugt Mißtrauen. Gehen Sie vielleicht so schnell, daß Ihre Mitarbeiter Angst haben, sich Ihnen zu nähern? Oder sprechen Sie so langsam, daß andere sich langweilen und warten, bis Sie endlich zum Punkt kommen? Vielleicht schlagen Sie um sich, wenn Sie unter Druck geraten, oder verlieren die Fassung, wenn Sie müde werden. Oder haben Sie so viel Selbstvertrauen, daß Ihre Mitarbeiter ihrerseits das Vertrauen in Sie verlieren, weil Sie scheinbar niemals zuhören und immer glauben, Sie hätten recht?

Das äußere Erscheinungsbild kann täuschen. Versuchen Sie nicht, zu täuschen. Sorgen Sie dafür, daß Sie auch nach außen so wirken, wie Sie im Inneren sind. Von einem Chef wird erwartet, daß er so ist, wie er aussieht.

Sehen Sie sich um. Sehen Sie sich Ihren eigenen Chef und andere Vorgesetzte an. Was sehen Sie? Wie beurteilen Sie sie? Erfüllen sie Ihre Erwartungen? Das sind die Fragen, die sich Ihre Mitarbeiter im Zusammenhang mit Ihrer Person stellen – und beantworten.

Es ist von entscheidender Bedeutung, daß Sie genau darauf achten, wie Sie sich präsentieren. Seien Sie sich stets bewußt, wie Sie sich kleiden und welche Wirkung diese Kleidung auf andere Menschen hat. Eine lose Krawatte, ungekämmte Haare, ein schlechtsitzendes Jackett, ein fleckiges Hemd oder eine dreckige Bluse, schmutzige Schuhe, abgekaute Fingernägel: das alles sagt anderen viel über Sie. Glauben Sie nicht, „das merkt keiner“. Alle werden es merken. Ihre Mitarbeiter werden versuchen, die Person ihres Chefs genau zu interpretieren – anhand Ihrer äußeren Erscheinung, Ihrer Worte und Taten.

Ebenso wichtig wie Ihr äußeres Erscheinungsbild ist das, was Sie tun. Ihre Mitarbeiter beurteilen Sie anhand jeder noch so winzigen Kleinigkeit, die Sie tun. Ihre Rolle als Chef zu spielen hat etwas damit zu tun, ob Sie Ihre Bürotür offen lassen oder nicht, wer den Kaffee bekommt und wer als erster in der Schlange steht. Es hat auch damit zu tun, wie Sie andere grüßen, wenn Sie durch eine Halle gehen. Es hat damit zu tun, wie Sie Telefonate beantworten und welchen Stil Sie in Ihren Briefen pflegen.

Auch welche Signale Sie anderen Menschen über sich selbst aussenden, hat etwas mit Ihrer Rolle zu tun. Viel zu viele Chefs sind sich der Signale, die sie aussenden – Körpersprache, versteckte Anspielungen, verborgene Bedeutungen – gar nicht bewußt.

Machen Sie sich bewußt, wie andere Sie sehen. Beobachten Sie andere Menschen (in Bussen, Zügen, Geschäften, Restaurants, Menschenansammlungen), wenn sie es nicht bemerken. Sie werden Dinge sehen, die diese Menschen niemals selbst an sich bemerken würden. Die meisten sind zu sehr in ihren Gedanken versunken, um sich der Wirkung ihres Verhaltens bewußt zu werden. Mit anderen Worten: Menschen senden ständig Signale aus, die etwas über sie ausssagen. Und das sind oft Dinge, die sie lieber verbergen würden.

Ich spreche hier nicht von einer vollkommenen Selbstkontrolle (Menschen, die zu beherrscht sind, wirken auf andere oft befremdend). Aber ich spreche für eine bessere Selbstwahrnehmung bezüglich Ihres äußeren Erscheinungsbilds, Ihres Verhaltens und Ihrer Wirkung auf andere. Haben Sie keine Angst davor, menschlich zu sein – das ist nicht unvereinbar mit Ihrer Rolle als Chef.

Seien Sie nicht unglaubwürdig, indem Sie eine Rolle spielen, die nicht zu Ihnen paßt. Welche Rolle Sie auch spielen, Sie müssen von ihr überzeugt sein.

Grundprinzip:

Übereinstimmung zwischen Ihnen als Mensch und Ihrer Rolle als Chef

Praxis:

Erhalten Sie als Spiegelbild Ihrer hohen Anforderungen an die Leistungen am Arbeitsplatz ein hohes Niveau hinsichtlich Ihrer Kleidung und Ihres Verhaltens aufrecht (selbst dann, wenn ungezwungene Kleidung gefordert ist).

Vermeiden Sie Verhaltensweisen, die zu einer Verminderung des Ihnen entgegengebrachten Vertrauens führen (machen Sie sich nicht kleiner, als Sie sind).
Machen Sie sich bewußt, wie Sie sich verhalten und wie dieses Verhalten auf andere wirkt. Seien Sie natürlich und ungekünstelt.

32. Bleiben Sie am Ball (erkennen Sie das Wichtige, nicht das Unwichtige)!

Nur wer den Ball hat, kann Tore schießen.

Viel zu viele Manager verstricken sich in Unwichtiges, verschwenden viel zu viel unnötige Energie und Zeit auf Themen, die von ihren Mitarbeitern sehr viel effizienter erledigt werden könnten.

Es gibt andere Chefs, die nie zu wissen scheinen, was um sie herum vorgeht, die offenbar keinen Bezug zur Realität haben, die man bis zum Jüngsten Tag dabei ertappt, nicht informiert zu sein, die Entschuldigungen anführen oder Überraschung zeigen, wenn sie mit etwas konfrontiert werden, über das sie eigentlich Bescheid wissen sollten.

Jedes Unternehmen wimmelt von alltäglichen Begebenheiten, aktuellen Ereignissen und Terminen. Einige sind trivial, andere von größerer Tragweite. Gute Chefs haben unglaublich empfindliche Antennen für das, was gerade passiert. Das heißt nicht, daß sie in alles involviert sind, aber sie wissen, was sich tut und was wichtig ist. Sie wissen, daß Frau Heller ein Kind erwartet, daß der Vater von Herrn Peters im Krankenhaus liegt und daß der Trainee in der kommenden Woche eine Prüfung zu absolvieren hat. Sie wissen, daß in der letzten Nacht das Band stillgestanden hat und deshalb drei Stunden lang die Produktion ausgefallen ist. Sie wissen, daß das Ergebnis der Ausschreibung nächste Woche bekanntgegeben wird, daß die Firma über eine Umrüstung des Computer-Netzwerks nachdenkt und daß wichtige Entschlüsse zur Qualitätsverbesserung getroffen wurden.

Gute Chefs wissen, was ihre Mitarbeiter wissen müssen, und sorgen dafür, daß sie alle notwendigen Informationen zuerst erhalten. Gute Chefs wissen, was ihre Mitarbeiter wirklich interessiert, und versuchen, dieses Interesse wachzuhalten.

Um am Ball zu bleiben, müssen Sie die folgenden fünf einfachen Managementtechniken beherrschen.

Fünf wichtige „Balltechniken"

1. Die Fähigkeit, bestimmte Informationen mit höherer Priorität zu behandeln als andere
2. Die Fähigkeit, an solche Informationen höherer Priorität zu gelangen (sie werden nie auf einem Silbertablett serviert – trotz der großen Bemühungen vieler Firmen, die Kommunikation zu systematisieren.)
3. Die Fähigkeit zum Aufbau der notwendigen Beziehungen (andere dazu zu bringen, Ihnen die wichtigen Informationen zukommen zu lassen, noch bevor Sie selbst danach fragen.)
4. Die Fähigkeit zu erspüren, welche Informationen von Ihren Mitarbeitern und Ihrem eigenen Chef benötigt werden bzw. welche von Interesse sind
5. Die Fähigkeit, diese Information schnell und effizient zu übermitteln

Wieviel Mühe Sie sich auch geben: Von Zeit zu Zeit werden Sie feststellen, daß Sie etwas nicht wissen, d.h. die Antwort nicht parat haben, nicht Bescheid wissen. Sie sind beispielsweise in einer wichtigen Besprechung mit Ihrem Geschäftsführer, und er stellt Ihnen die ärgerliche Frage, warum Sie den Reisekostenetat überschritten haben. Wie der Teufel es will, waren Sie aber fünf Tage lang auf einer Dienstreise, sind an diesem Morgen zu spät ins Büro gekommen, weil Ihre Frau krank war und Sie die Kinder zur Schule bringen mußten. Daher hatten Sie noch keine Gelegenheit gehabt, sich die wöchentlichen Abrechnungen anzusehen. Keine Sorge, seien Sie ehrlich. Sagen Sie ihm, daß Sie es nicht wissen, aber kurzfristig herausfinden werden.

Viel zu viele Führungskräfte *geben vor*, am Ball zu sein. Sie retten sich, indem sie bei schwierigen Fragen bluffen. Irgendwann wird man sie jedoch ertappen.

Wenn Sie am Ball sind, dann bedeutet das, daß die Informationen durch die richtigen Kanäle fließen. Daß die letzte Lieferung zu spät war, erfahren Sie nicht von einem Kunden, sondern von dem Mitarbeiter aus dem Auslieferungslager. Auch daß Ihr Chef geht, hören Sie nicht erst von einem Ihrer Mitarbeiter. Das bedeutet umgekehrt, daß Sie Ihrem eigenen Chef und Ihren Mitarbeitern wichtige Informationen zukommen lassen, bevor diese sie aus anderen Quellen beziehen.

Am Ball zu sein bedeutet, gegenüber den Bedürfnissen anderer und den Ereignissen im Unternehmen wachsam zu sein. Es bedeutet auch, sich klar auf die Richtung zu konzentrieren, in die Sie gehen wollen, und sicherzustellen, daß Sie die richtigen Informationen besitzen, um dorthin zu gelangen.

Am Ball zu sein heißt auch, auf dem aktuellen Stand der Technik zu sein, die letzten Entwicklungen zu kennen. Es heißt, begierig die jüngsten Berichte, Berufsjournale und Fachzeitungen zu lesen und mit Experten zu sprechen. Es bedeutet, Messen und Seminare zu besuchen.

Die Menschen mögen es, einen Chef zu haben, der „Bescheid weiß", der ein hervorragendes Gefühl für das hat, was sich im Unternehmen und außerhalb tut.

Nicht am Ball zu sein bedeutet, nicht informiert zu sein.

Grundprinzip:

Fortschritt hängt davon ab, daß Sie bestimmte, wichtige Informationen besitzen.

Praxis:

Entwickeln Sie die fünf Schlüsselqualifikationen, die Ihnen helfen, am Ball zu bleiben.

33. Führen Sie Ihre Kunden herum!

Es zählt nicht nur, was Sie machen, sondern auch wie Sie es machen.

Verbergen Sie vor Ihren Kunden nichts. Je mehr Sie verbergen, desto mißtrauischer werden sie, und desto größer wird das Risiko, ein Geschäft aufgrund von mangelndem Vertrauen zu verlieren.

Eine Legende sagt, daß ein Geschäft nur ein Wettkampf zwischen Kunde und Lieferant sei, bei dem es für beide Seiten nur darum gehe, durch Tricks und Verhandlung den jeweils besten Preis auf Kosten des anderen zu erzielen. In einer Welt voller Machos, in der Fäden gesponnen werden und große Fische am Haken hängen, käme es jeden Tag darauf an, Verhandlungsgeschick zu beweisen.

In Wahrheit werden Geschäfte von Menschen gemacht, und Sie haben zwei Möglichkeiten, mit Menschen umzugehen. Entweder arbeiten Sie mit ihnen auf einer Basis des Vertrauens oder einer des Mißtrauens zusammen. Sie nehmen entweder an, daß Ihre Kunden auf Ihrer Seite sind oder daß sie auf der anderen Seite stehen. Es geht um „wir alle gemeinsam“ oder um „wir gegen die anderen“.

Es ist klar, was mir lieber ist. Ich glaube an Partnerschaft. Ich glaube an eine Zusammenarbeit auf der Basis von Vertrauen. Infolgedessen glaube ich an Offenheit und Vertrauen gegenüber den Kunden. Ich glaube an eine „offene Buchhaltung“, d.h. daran, den Kunden Einblick in die Bücher zu gewähren. Das bedeutet, daß man nichts zu verbergen hat. Es bedeutet auch, die Wahrheit zu sagen und nichts als die reine Wahrheit. Stellen Sie die Kunden Ihren Mitarbeitern vor, und ermutigen Sie Ihre Mitarbeiter, zu sagen, was immer sie wollen. Keine Beschränkungen. Keine Zensur. Keine Tabuthemen.

Wer die Wahrheit fürchtet, führt Kunden nicht herum. Er hat Angst vor dem, was die Kunden vielleicht vorfinden – die Spiele, die gespielt werden, die Mängel, die geschönten Zahlen, die Unstimmigkeiten, die schmutzige Wäsche.

Sie können Glaubwürdigkeit nicht durch eine Spiegelung an der Oberfläche erzeugen. Wenn es darum geht, bei Kunden einen guten Ruf aufzubauen, dann ist das, was sich unter der Oberfläche abspielt, von elementarer Bedeutung. Sie müssen unterhalb ihrer glänzenden Vertriebsaktionen und schönen Broschüren die Wahrheit offenlegen, Ihre Kunden herumführen, damit sie es selbst sehen können.

Zu sagen, das Produkt solle für sich selbst sprechen, ist bei weitem zu einfach. Geschäft ist mehr als der Verkauf eines Produkts, dessen Eigenschaften die Wünsche der Kunden erfüllen. Geschäft ist eine umfassende Erfahrung. Beim Erwerb eines Produkts geht es um Beziehungen. Es geht um Vertrauen und Überzeugung. Kunden müssen davon überzeugt sein, daß es Leute gibt, die ihnen hilfreich zur Seite stehen, wenn es Probleme mit einem Produkt gibt. Sie müssen das Vertrauen haben, daß die Menschen, die es hergestellt haben, dabei ihr Bestes gegeben haben.

Dann ist da noch die Frage der Motivation. Die Hersteller eines Produkts oder Anbieter einer Dienstleistung sprechen gerne mit Käufern und Anwendern. Stolz fördert die Motivation in hohem Maße und läßt sich leicht dadurch erzeugen, daß Kunden im Unternehmen herumgeführt werden. Wenn die Mitarbeiter die Menschen, von deren Entscheidungen ihre Zukunft abhängt, persönlich kennen, sind sie bemüht, die Standards anzuheben und Verbesserungen zu erzielen. Böden werden geputzt und der Empfangsbereich wird aufpoliert – ja, ganze Werke werden modernisiert, wenn die so wichtigen Kunden ihre Runden machen.

Das Herumführen von Kunden schützt vor Engstirnigkeit und Selbstzufriedenheit. Sie können herausfinden, was Ihre Kunden denken, und was es wirklich heißt, Ihr Produkt einzusetzen. Ihre Kunden wiederum finden heraus, wie es hergestellt wird. Dieses gegenseitige Verständnis ist für eine langfristige Kundenbindung unabdingbar. Gewachsene Beziehungen sind ein starker Antriebsmotor, um ein Geschäft nach vorn zu bringen. Die Kunden wissen besser, an wen sie sich wenden müssen, wenn es Probleme gibt; sie können den Namen die Gesichter zuordnen. Und Ihre Mitarbeiter werden Ihren Kunden zehn Minuten mehr Aufmerksamkeit widmen, als wenn sie nur eine Nummer auf einem Computerausdruck wären. Es ist die menschliche Komponente des Geschäfts. Es ist das schwerwiegendste und auch das selbstverständlichste Argument für eine Zusammenarbeit auf der Basis von Vertrauen.

Allerdings ist auch Vorsicht angebracht. Es besteht die Gefahr, daß Sie zum Opfer Ihres eigenen Erfolgs werden und Ihre Zeit nur noch mit dem Herumführen von Kunden verbringen. In diesem Fall riskieren Sie, die Erzeuger der von Ihnen verlangten hervorragenden Produkte zu vernachlässigen. Die Lösung heißt: Ausgewogenheit und Kontrolle. Ermuntern Sie Ihre Kunden, Sie und Ihre Mitarbeiter zu besuchen – aber so, daß es mit den Anforderungen Ihres Tagesgeschäfts in Einklang zu bringen ist. Wenn die Nachfrage groß ist, sollten Sie Führungen organisieren. Verteilen Sie die Verantwortung für die Betreuung der Kunden gleichmäßig auf alle Mitarbeiter. Wählen Sie zwischen einem offiziellen und weniger offiziellen Ansatz, je nachdem, in welcher Art Unternehmen Sie tätig sind.

Alles in allem müssen Sie Ihren Kunden also mehr Gelegenheiten geben, Sie an Ihrem Arbeitsplatz aufzusuchen und sich umzusehen. Zeigen Sie ihnen, wie Sie an die Dinge herangehen, und ermöglichen Sie ihnen, Mitarbeiter zu treffen.

Wenn Sie das in der letzten Zeit vernachlässigt haben, dann greifen Sie zum Telefon und vereinbaren Sie mit einigen Ihrer Kunden Besuchstermine in Ihrem Hause. Sie können sie gerne mit einem netten Mittagessen locken. Der wahre Anreiz für sie wird jedoch darin liegen, Ihre Mitarbeiter kennenlernen zu können.

Das alles gilt auch dann, wenn Sie nur interne Kunden haben. Wenn Sie die Personalabteilung leiten, dann laden Sie die Ihnen unterstehenden Personalmanager ein. Wenn Sie den Versand leiten, dann ermuntern Sie die Mitarbeiter, die diesen Service nutzen, sich für Ihre Arbeit zu interessieren.

Beziehen Sie Ihre Kunden mit ein. Es zahlt sich aus.

Grundprinzip:

Offenheit und Ehrlichkeit
Interesse an Ihren Kunden
Zusammenarbeit mit Kunden
Motivation durch Stolz

Praxis:

Laden Sie noch heute einige Ihrer Kunden ein, sich in Ihrem Unternehmen umzusehen und Ihre Mitarbeiter kennenzulernen.

34. Lesen Sie Bücher, und besuchen Sie Seminare!

Um erfolgreich zu sein, brauchen wir viele Anregungen.

Es ist nur allzu einfach, uns zu verschließen und zuzulassen, daß unsere Sicht der Welt zunehmend enger wird. Wir neigen dazu, die Welt mit den Augen unserer Firma zu sehen. Wir beginnen zu glauben, daß unsere Sicht der Dinge die einzig mögliche und die einzig richtige ist. Wir glauben, nicht nur alles, sondern auch alles am besten zu wissen, und nehmen an, es gebe keinen besseren Weg. Wir neigen mehr und mehr dazu, andere Sichtweisen als geringwertiger anzusehen.

Während wir uns mehr von unserer täglichen Routine gefangennehmen lassen, verlieren wir die Perspektive, und unser Sinn für das, was richtig ist, gerät durcheinander. Wir fragen und hinterfragen nicht mehr, was geschieht, und akzeptieren ineffektive Dinge, weil sie immer so waren. Wir kommen in die Phase, in der wir uns nicht mehr vorstellen können, daß andere Menschen die Dinge vielleicht anders und sehr viel besser machen könnten.

Es ist für jeden Chef daher wichig, daß er beobachtet, was andere Unternehmen und andere Menschen tun. Sie müssen mit den Methoden der Wettbewerber Schritt halten und auch herausfinden, was in Amerika und woanders geschieht.

Häufig leiden Unternehmen darunter, daß sie nicht fähig sind zu lernen. Trifft das auch auf Ihr Unternehmen zu? Oder, um es mit anderen Worten zu sagen: Haben Sie das hervorragende Buch von Peter Senge *The Fifth Discipline* (Doubleday, 1990) gelesen? Es handelt von der Kunst und den Methoden des lernenden Unternehmens. Ein Zitat aus diesem Buch: „In den meisten Unternehmen, die Konkurs anmelden müssen, gab es vorher zahlreiche Anzeichen dafür, daß sich das Unternehmen in Schwierigkeiten befand. Sie blieben jedoch unbeachtet, selbst wenn einzelne Manager sie erkannten. Das Unternehmen als Ganzes war nicht in der Lage, die drohende Gefahr zu bemerken, die

Bedeutung zu verstehen oder Alternativen zu entwickeln." [Anm. d. Übers.: Das Zitat wurde, ebenso wie die noch folgenden, aus dem Englischen übersetzt.]

In den letzten drei Jahrzehnten wurde der Zerfall großer, bürokratisch geführter Unternehmen übereinstimmend vorausgesagt. 1973 schrieb E.F. Schuhmacher in seinem einflußreichen Buch *Small is Beautiful* (Blond & Briggs): „Menschen können nur in kleinen, überschaubaren Gruppen sie selbst sein." Neun Jahre später wies John Naisbitt in seinem Buch *Megatrends* (Warner Books, 1982) darauf hin, daß einer der Schlüsseltrends der Zukunft die Dezentralisierung großer Organisationen sei. Etwas ähnliches sagte in den 90er Jahren Tom Peters in seinem Buch *Liberation Management* (Macmillan, 1992): „Das riesige, vertikal integrierte Unternehmen [...] ist tot."

Um diese Botschaft zu hören, müssen Sie keine Managementbücher lesen. Wenn Sie einen Beleg für die zerstörerische Kraft großer bürokratischer Apparate wollen, in denen man den Mitarbeitern sagt, was sie zu denken und wie sie sich zu verhalten haben, dann lesen Sie das hervorragende Buch von Jung Chang *Wild Swans* (HarperCollins, 1991).

Der Kerngedanke ist einfach und ergibt sich, wieder einmal, aus dem gesunden Menschenverstand. Um als Chef Fortschritte zu machen, müssen Sie Bücher lesen, die Ihre Gedanken anregen, neue Ideen erzeugen, Sie dazu bewegen, über Ihre Situation nachzudenken, und Ihnen vor allem sagen, was woanders geschieht. Es klingt einfach, aber: Jedes Jahr werden Tausende neuer Bücher publiziert. Um die interessantesten herauszufinden, brauchen Sie den Meinungsaustausch mit Kollegen, müssen Sie die Rezensionen in den Zeitungen studieren und sich mit Hilfe von Fachzeitschriften auf dem aktuellen Stand halten. Darüber hinaus müssen Sie mindestens zweimal pro Jahr externe Seminare besuchen. Wenn Sie auch geneigt sind, die vielen Werbebriefe von Seminaranbietern, die Sie jeden Tag in Ihrer Eingangspost finden, direkt in den Papierkorb zu verbannen – versuchen Sie dennoch, sie zu sichten, und wählen Sie die aus, die Ihr Interesse wachrufen und die Ihnen neue Blickwinkel bieten. Es lohnt sich, ein paar tausend Mark dafür auszugeben, die besten Referenten zu hören. Sie werden nicht nur von dem profitieren, was Sie hören, sondern auch davon, daß Sie bei dieser Gelegenheit andere Seminarteilnehmer treffen, mit denen Sie Ihre Erfahrungen austauschen können.

Bücher und Seminare halten den Verstand wach und machen Sie dazu bereit, neue Ideen zu akzeptieren. Nur Menschen, die bereit sind, lebenslang zu lernen und das Gelernte an ihrem Arbeitsplatz anzuwenden, kommen im Leben voran. Durch Lesen und Lernen erhalten Sie sich zudem einen positiven Glauben an die Zukunft. Menschen, die sich geistig verschließen, neigen zu Zynismus und Mißmut.

Es ist eine Frage der Disziplin. Versuchen Sie, auf die Frage „Was lesen Sie gerade?" stets ein Buch nennen zu können, das etwas mit Ihrer Arbeit zu tun hat. Machen Sie sich beim Lesen Notizen (auch in Seminaren). Entwickeln Sie ein lebhaftes Interesse an dem, was andere Menschen lesen. Nutzen Sie Auszüge aus Büchern oder Seminarnotizen als Diskussionsgrundlage für Ihre Mitarbeiter. Versuchen Sie immer, das Gelesene auf Ihre eigene Arbeitsweise zu beziehen.

Grundprinzip:

Offen bleiben für Neues
Die Notwendigkeit lebenslangen Lernens
Die Notwendigkeit von Anregungen

Praxis:

Versuchen Sie, jeden Monat ein anregendes Buch zu lesen (das direkt oder indirekt etwas mit Personalführung zu tun hat).
Besuchen Sie jedes Jahr wenigstens zwei externe Seminare.
Hören Sie, welche Empfehlungen andere bezüglich lesenswerter Bücher oder nützlicher Seminare geben.

35. Denken Sie daran: Was zählt, ist die Summe unter dem Strich!

Die rauhe und unausweichliche Realität im Geschäftsleben ist, daß Sie ohne eine positive Summe unter dem Strich keinen Arbeitsplatz hätten.

Je größer das Unternehmen ist, desto häufiger neigen Führungskräfte und ihre Mitarbeiter dazu, das ultimative Ziel zu vergessen. Überleben und Wachstum kann nur durch ein gesundes Ergebnis im Finanzbericht gesichert werden.

Viel zu viele Manager glauben, ihr Unternehmen verfüge über unbegrenzte Geldmittel. Weil sie ihre eigenen Träume verwirklichen wollen, kämpfen sie mit der Zentrale eine ständige Schlacht um mehr Mitarbeiter, bessere Fortbildung, teurere Ausstattung, höheren Werbeetat usw.

Die Summe unter dem Strich

Jeder Chef sollte seinen Verantwortungsbereich als ein Profit Center ansehen, in dem die Erträge die Aufwendungen übersteigen (wobei zum Aufwand auch die Gemeinkosten zu rechnen sind).

Die Differenz zwischen beiden ist der Gewinn.

Die Wahrheit, der jeder Chef ins Gesicht sehen muß, lautet, daß jede ausgegebene Mark letzten Endes zu mehr als einer Mark Einnahmen führen muß. Die Bitte um einen zusätzlichen Mitarbeiter für die Verwaltung, der 90.000 Mark im Jahr kostet, kann nur gerechtfertigt werden, wenn sich zeigen läßt, daß sich mit seiner Hilfe am Ende mehr als 90.000 Mark zusätzliche Einnahmen erzielen lassen.

Das gleiche Prinzip gilt für jede andere Ausgabe. Eine Geschäftsreise von über 1.000 Mark ist nur dann von Wert, wenn es eine Wahrscheinlichkeit gibt, daß sie zu Einnahmen führen wird, die diese Summe übersteigen.

Bei jeder Bewilligung von Ausgaben wird der kluge Chef daher seine langfristigen Vorteile ebenso im Auge behalten wie die kurzfristigen. Auch indirekte Vorteile müssen abgewogen werden. Es läßt sich beispielsweise zeigen, daß Unternehmen, die regelmäßig in Fort- und Weiterbildung investieren, langfristig tendenziell erfolgreicher sind als solche, die das nicht tun.

Damit Manager an die Summe unter dem Strich denken, teilen sich immer mehr Unternehmen in dezentrale Einheiten auf, in denen alle Führungskräfte dafür verantwortlich sind, mit einem vorgegebenen Aufwand einen bestimmten Ertrag zu erzielen.

Daß Sie mit Firmengeld so umgehen sollten, als handle es sich um Ihr eigenes Geld, ist eine Binsenweisheit. Dennoch ermuntern wirklich erfolgreiche Chefs ihre Mitarbeiter, so zu denken. Sie ermuntern ihre Mitarbeiter, ihren eigenen Erfolg in Relation zur Summe unter dem Strich zu messen.

Letzten Endes sollten die Aktivitäten jedes einzelnen im Unternehmen darauf abzielen, die Summe unter dem Strich zu vergrößern. Die besten Chefs sorgen daher dafür, daß ihre Mitarbeiter verstehen, in welcher Weise sich ihre Leistung auf diese Summe auswirkt.

Das bedeutet, daß jeder einzelne über die aktuelle Situation hinsichtlich Ertrag und Aufwand sowie über die Auswirkungen seiner Bemühungen auf das finanzielle Ergebnis seines Unternehmens informiert werden muß.

Auswirkungen auf die Summe unter dem Strich

Aktivität	*Auswirkung*
Bemühen um potentielle Kunden	Aufträge erhalten
Schnelle Bearbeitung von Anfragen	Aufträge erhalten
Kostenloser kleiner zusätzlicher Aufwand	Aufträge erhalten
Regelmäßige Information der Kunden	Aufträge behalten
Freundlicher Empfang an der Rezeption	Aufträge behalten
Geschäftsräume sauber halten	Aufträge behalten

Gleichgültigkeit gegenüber Kundenbedürfnissen	Verlorene Aufträge
Kein telefonischer Rückruf	Verlorene Aufträge
Keine Antwort auf schriftliche Anfragen	Verlorene Aufträge

Die Summe unter dem Strich stellt ein zentrales Maß für die Bewertung des wahren Fortschritts dar. Wenn Sie sie aus den Augen verlieren, riskieren Sie, daß die Dinge außer Kontrolle geraten, die Ausgaben in die Höhe schnellen und die Profite kleiner werden. Gute Chefs – genau wie ihre Mitarbeiter – beziehen deshalb alles, was sie tun, auf die Summe unter dem Strich.

Grundprinzip:

Ein gesundes finanzielles Ergebnis ist wichtig für das langfristige Überleben eines Unternehmens.

Praxis:

Denken Sie stets an das, was unter dem Strich steht.
Prüfen Sie immer, wie sich Ihre Entscheidungen auf die Summe unter dem Strich auswirken.
Ermuntern Sie Ihre Mitarbeiter, ebenso zu denken.

36. Lernen Sie, mit Unwissenheit umzugehen!

Unwissenheit kann eine Tugend sein, keine Sünde.

Viele Führungskräfte sind unsicher. Sie möchten über alles, was passiert, informiert sein und verschwenden viel Zeit, es herauszufinden. Sie verstricken sich vollständig in Details: Sie können vor lauter Bäumen den Wald nicht sehen.

Das ist eine tiefverwurzelte Schwäche, an der viele leiden. Sie wollen nicht dabei ertappt werden, irgend etwas nicht zu wissen. Sie wollen der erste sein, der alles weiß, um es auf diese Weise anderen als erster erzählen zu können. Daher verlangen sie endlos lange Berichte und Unmengen an Zahlen und Analysen. Alle fünf Minuten telefonieren sie, um sich auf den aktuellen Stand zu bringen. Indem sie nach immer unwichtigeren Informationen graben, erzeugen sie den Eindruck, unglaublich beschäftigt zu sein und daher, natürlich, unglaublich wichtig.

Es gibt das Sprichwort „Wissen ist Macht“. Unsichere Manager geben sich der Illusion hin, daß sie um so mächtiger sind, je mehr Informationen sie haben. Zurück zum guten alten Begriff „Ermächtigung“ (trotz meiner Abneigung gegen Jargon und Modewörter – dieses Wort ist manchmal nützlich).Wenn Sie wirklich an die Ermächtigung Ihrer Mitarbeiter glauben, dann müssen Sie glauben, daß sie alle nützlichen Informationen bekommen, um ihre Arbeit effizient erledigen zu können. Sobald Sie alle diese Informationen für sich selbst fordern, vermutlich um Entscheidungen treffen zu können, „entmächtigen“ Sie Ihre Mitarbeiter wirksam.

Sie sollten nur die Informationen haben, die Sie für Ihre Entscheidungen brauchen, und um überwachen zu können, was geschieht – so wie Ihr eigener Chef es von Ihnen verlangt. Indem Sie Entscheidungen an eine tiefere Position in der Hierarchie verschieben, benötigen Sie nur noch die regelmäßigen Informationen zur Überwachung. Es ist natürlich, daß Sie sich dafür interessieren, was Ihre Mitarbeiter tun, und es ist vernünftig, einen regelmäßigen Bericht über ihre Fortschritte von ihnen zu verlangen. Dieser Bericht kann täglich, wöchentlich oder monatlich sein; das hängt von der Art Ihrer Geschäftstätigkeit ab. Es sollte betont werden, daß die in diesem regelmäßigen Bericht übermittelten Informationen sich nur auf das Erreichen der übergeordneten Ziele Ihrer Geschäftseinheit beziehen sollten. Alle anderen Informationen sind irrelevant.

Seien Sie ehrlich: Müssen Sie wirklich die Urlaubspläne sehen, die Zahlen zum Krankenstand, die ausführlichen Analysen der Kapazität einzelner Maschinen? Müssen Sie wirklich wissen, wer bei welcher Besprechung anwesend war und was diskutiert wurde? Müssen Sie wirklich wissen, was der Geschäftsführer zu Herrn Müller sagte, als er seine wöchentliche Runde machte? Müssen Sie wirklich wissen, wo sich Frau Jansen in diesem Moment aufhält, oder was Herr Maier bezüglich des Problems mit dem Textverarbeitungsprogramm unternehmen wird?

Interessieren Sie sich dafür, was geschieht, und bieten Sie die nötige Unterstützung, aber verlieren Sie sich nicht in der Informationsflut. Lernen Sie, mit Unwissenheit umzugehen!

Das alles verlangt natürlich ein hohes Maß an Vertrauen. Sie müssen darauf vertrauen, daß Ihre Mitarbeiter Sie informieren werden, wenn es um wichtige Dinge geht. Wenn die Erfüllung eines wichtigen Kundenauftrags aufgrund eines Problems mit der Anlage ernsthaft bedroht ist, dann müssen Sie das direkt von Ihren Mitarbeitern erfahren und nicht vom Direktor, der gerade den zornigen Kunden am Telefon hatte.

Mit Unwissenheit umgehen zu können ist wirklich ein Segen. Sie können wichtigere Dinge tun – Kunden treffen, mit Ihren Mitarbeitern über die Fernsehsendung von gestern abend reden, über die langfristige Strategie Ihrer Geschäftseinheit nachdenken, Kontakte zu Ihren Kollegen aus anderen Abteilungen aufbauen, sich weiterbilden oder sogar Mitarbeiter schulen.

Mit Unwissenheit umgehen zu können bedeutet im Grunde, Ihre Mitarbeiter bei der Arbeit möglichst wenig zu stören. Es bedeutet, ihnen darin zu vertrauen, daß sie Sie informieren, wenn sie Ihre Hilfe benötigen oder mit Ihnen über Verbesserungsvorschläge sprechen möchten.

Ein weiterer Vorteil im Umgang mit Unwissenheit besteht darin, daß Sie früher nach Hause kommen, Ihre Familie häufiger sehen und mehr Zeit für Sport und andere Dinge haben, die Sie fit halten.

Der Versuch lohnt sich, beginnen Sie daher morgen! Auch wenn Sie *nicht* wissen, was vor sich geht, wird in Ihrem Bereich unter dem Gewicht Ihrer Unkenntnis nicht alles zusammenbrechen. Statt dessen wird wahrscheinlich alles effizienter funktionieren, weil Sie die Mitarbeiter nicht mit Ihren dummen Forderungen nach nutzlosen Informationen von der Arbeit abhalten. Sie werden eine interessante, wenn nicht gar erheiternde Erfahrung machen – ebenso wie Ihre Mitarbeiter.

Machen Sie sich keine Sorgen, Ihr eigener Chef könnte Sie mit einer Detailfrage überfallen. Chefs neigen heute dazu, vernünftiger zu sein, und die meisten von ihnen sind bereit, fünf Minuten zu warten, in denen Sie gehen und die nötigen Informationen beschaffen können. Es könnte vielleicht hilfreich sein, wenn Sie erklärten, warum Sie so unwissend sind. Vielleicht lernt auch Ihr Chef daraus, und Sie können beide davon profitieren.

Kümmern Sie sich als Chef um die wichtigen Dinge, und ignorieren Sie Details.

Grundprinzip:

Um effektiv zu sein, sollten Sie nur Informationen verlangen, die Sie wirklich brauchen.

Praxis:

Widerstehen Sie der Versuchung, über alles Bescheid wissen zu wollen.
Konzentrieren Sie sich auf das Wesentliche.

37. Tun Sie etwas!

Über die Fähigkeit, schwierige Probleme in leichte Lösungen zu verwandeln.

Das moderne Management unserer Tage krankt am vielen Reden. Es gibt viel zu viele Beratungen, zu viele Besprechungen, zu viele Strategie-Meetings und zu viele Arbeitsessen. Es scheint, als ob jeder in alles involviert sein wollte. Das Resultat ist klar. Nichts geschieht! Die Beteiligten können sich nicht auf eine gemeinsame Lösung einigen. Manchmal können sich nicht einmal zwei Personen einigen, ganz zu schweigen von zehn oder zwanzig. Die guten Chefs machen Schluß mit diesem Gerede. Sie knacken gerade die Probleme, auf deren Lösung man sich nicht einigen konnte.

Etwas zu tun bedeutet, Schluß zu machen mit Logik, Analyse und Diskussion. Es bedeutet, Risiken einzugehen und dem Instinkt zu folgen. Manchmal offenbart schon ein flüchtiger Blick auf eine Studie, mit deren Durcharbeitung sich Mitarbeiter monatelang gequält haben, eine einfache Lösung. Da viele Personen mit dieser Lösung jedoch nicht einverstanden sind, wird keine Entscheidung getroffen. Gute Chefs treffen in solchen Fällen eine Entscheidung, begründen sie und machen weiter. Sie riskieren etwas und wissen, daß sie es nicht immer jedem recht machen können. Sie riskieren sogar, einen Fehler zu machen. Unentschlossenheit gegenüber einem gärenden Problem ist eine noch größere Sünde als der Versuch, es zu lösen und sich dabei zu irren. Sie als Chef müssen die Kunst erlernen, Probleme zu lösen und die Dinge anzustoßen.

Sie werden mindestens einen Mitarbeiter kennen, bei dem man sich darauf verlassen kann, daß er die Dinge in die Hand nimmt, der sich nie beklagt – wie schwierig eine Aufgabe auch sein mag. Sie wissen, von wem ich spreche. Als Chef müssen Sie so sein wie er – und noch besser.

Ihr Motto sollte sein: „Überlassen Sie es mir, ich kümmere mich drum." Nichts sollte Ihnen zu unbequem sein. Solange es nicht darum

Raumverteilung

„Seit fünf Jahren sind unsere Planungsingenieure ‚vorübergehend' in einem Bürocontainer untergebracht. Damals versprach man ihnen, daß sie innerhalb von sechs Monaten da wieder raus sein würden.

Doch die Firma ist ständig gewachsen, und das Hauptgebäude ist scheinbar voll von Leuten, die sich weigerten, Platz zu machen. Fünf Jahre lang wurde der Gebäudeleiter mit einer Flut von Beschwerden seitens der Ingenieure überschwemmt. Immer hatte er für seine Untätigkeit eine Ausrede – die letzte war, daß die Entscheidung vom Geschäftsführer zu treffen sei. Dieser jedoch, da er sich nicht mit Details wie Aufteilung und Vergabe von Büroräumen befassen wollte, legte die Unterlagen in die Ablage ‚Zu bearbeiten' und vergaß sie dort.

Der Gebäudeleiter ging schließlich in Rente, und ein neuer, junger Mitarbeiter trat seine Nachfolge an. Er sprach mit den Planungsingenieuren und studierte dann die verschiedenen Ausarbeitungen zur Raumverteilung, die seit Jahren unbeachtet herumgelegen hatten. Schließlich traf er eine Entscheidung, und die Ingenieure waren innerhalb von drei Monaten aus dem Container heraus. Die Leute, die Raum abtreten mußten, murrten zwar etwas, am Ende aber war alles bestens geregelt."

geht, die Sterne vom Himmel zu holen, sollten Sie die meisten Probleme, mit denen Sie konfrontiert werden, lösen können. Beraten Sie sich, aber nicht zu lange – Sie werden nie erreichen, daß alle gleicher Meinung sind –, entscheiden Sie dann, und setzen Sie die Entscheidung in die Tat um. Solange Sie nicht versuchen, es jedem recht zu machen, liegt die Lösung meistens auf der Hand.

Durchzug

„Im Winter müssen unsere Lagerarbeiter bei Frosttemperaturen arbeiten, Paletten stapeln und sie auf die Lkws verladen. Seit zwei Jahren beklagen sie sich beim Lagerleiter über die fehlende Heizung. Immer wieder wurden sie mit Antworten wie ‚wir werden sehen' abgespeist.

Im letzten Winter fiel die Temperatur eines Tages morgens um 2.00 Uhr auf minus zehn Grad. Mit gefrorenen Händen und Wangen entschieden die Arbeiter, daß sie nun genug hätten. Sie streikten und saßen dichtgedrängt in ihrem Pausenraum (der einzige Raum mit Heizung).

Innerhalb von einer Stunde zauberte der für den Export zuständige Sachbearbeiter zehn starke Heizlüfter aus dem Nichts, und die Arbeiter gingen wieder zurück an ihre Arbeit. Hätte der Streik angehalten, hätte für die ausgebliebene Lieferung eine hohe Strafe gezahlt werden müssen.

‚Warum bloß', so fragte hinterher einer der Arbeiter im Lager, ‚muß man erst streiken, bevor hier etwas geschieht?' "

Grundprinzip:

Damit etwas geschieht, müssen es Chefs wagen, schwierige Entscheidungen zu treffen.

Praxis:

Wenn Sie nicht wissen, was Sie tun sollen, und es viele Argumente dafür und dagegen gibt, dann folgen Sie mit Ihrer Entscheidung Ihrem Instinkt.

38. Feiern Sie Ihre Erfolge!

Es ist viel besser, Erfolg mit anderen zu teilen, als ihn für sich zu behalten.

Arbeit sollte Spaß machen. Sie sollte sogar Anlaß zu fröhlichen Feiern bieten, wenn sich etwas Außergewöhnliches – sei es im Privatleben oder am Arbeitsplatz – ereignet. Die meisten Menschen haben gerne von Zeit zu Zeit ein Erfolgserlebnis. Am deutlichsten können Sie das an Kindern beobachten, die zum ersten Mal Fahrrad gefahren sind oder gerade schwimmen gelernt haben. Warum sollte man also Erfolgserlebnisse am Arbeitsplatz nicht feiern?

Kein Unternehmen kann sich heute Stillstand leisten – angesichts des scharfen Wettbewerbs müssen sogar an mehreren Fronten Erfolge erzielt werden. Damit gibt es auch viele Gelegenheiten, etwas zu feiern. Suchen Sie sie! Es sollte Ihnen nicht unangenehm sein, Ihre Mitarbeiter zusammenzurufen, um jemanden auszuzeichnen, der wirklich einen herausragenden Beitrag geleistet hat. Oder laden Sie Ihre Mitarbeiter, wenn sie wirklich hart gearbeitet haben und eine schwierige Aufgabe erfolgreich gelöst haben, zu einem chinesischen Essen ein.

Sie sollten sich jedoch nicht nur auf Anlässe am Arbeitsplatz beschränken. Es lohnt sich auch, erfreuliche Ereignisse aus dem privaten Umfeld zu feiern, wie beispielsweise Geburten, Verlobungen oder Hochzeiten.

Wie gefeiert wird, ist weniger wichtig, als die Tatsache, daß tatsächlich gefeiert wird. Es ist auch nicht notwendig, viel Geld auszugeben. Ihre Mitarbeiter werden es einfach begrüßen, daß Sie ihre Leistungen bemerkt, anerkannt und deshalb etwas unternommen haben. Das wird sich auf sie hochmotivierend auswirken und sie zu noch größeren Leistungen anspornen.

Auch beim Thema „Feier“ sollte der gesunde Menschenverstand benutzt werden. Wenn Sie zu oft feiern, wird das Feiern entwertet und als Routine angesehen. Die Mitarbeiter werden es erwarten, und das ist

Feiern

(Kombinieren Sie die beiden Spalten beliebig)

• Bestandene Prüfung	• Ansprache des Chefs
• Auftrag erhalten	• Gemeinsam ausgehen
• Geburt eines Kindes	• Sekt nach der Arbeit
• Produktivitätsziel erreicht	• Chef bezahlt Mittagessen
• Geburtstage und Jubiläen	• Kaffee und Kuchen
• Ende eines hervorragenden Geschäftsjahres	• Abendessen mit Partner
• Beförderung	• Auszeichnung verleihen
• Schriftliches Kompliment eines Kunden	• Aushang am Schwarzen Brett
• Schulung erstklassig absolviert	• Zertifikat an der Wand
• Beendigung eines schwierigen Projekts	• Bootsfahrt
• Abteilung erhält Auszeichnung	• Bonus für alle
• Positive Publicity	• Ausstellung mit Pressebelegen im Eingangsbereich
• 125 Prozent einer Quote erzielt	• Kurztrip nach Paris
• Sieger im Sport	• Abteilung stellt Pokal vor
• Buch oder Artikel wird veröffentlicht	• Überreichung einer ledergebundenen Buchausgabe

gefährlich. Feiern sollten niemals etwas Alltägliches werden; sie sollten spontan und mit minimalem Aufwand stattfinden.

Verlassen Sie sich nicht allein auf Ihre Vorstellung davon, wie ein Ereignis gefeiert werden soll. Wenn jemand etwas Tolles gemacht hat, dann beteiligen Sie auch die Kollegen an den Überlegungen, wie der Erfolg am besten zu würdigen ist.

Offizielle Programme für solche Auszeichnungen haben den Nachteil, daß sich das Festkomitee verpflichtet fühlen wird, eine monatliche oder vierteljährliche Auszeichnung zu vergeben, nur um der Sache selbst willen und unabhängig davon, ob etwas Entsprechendes geleistet wurde oder nicht. Damit besteht die Gefahr, daß irgendein armer Mitarbeiter, der es nicht verdient hat und die letzten fünf Jahre jeder Auszeichnung erfolgreich aus dem Weg gegangen ist, hervorgezerrt wird.

Suchen Sie daher nach Leistungen, und denken Sie sich dann einen ungewöhnlichen Weg aus, um sie zu feiern. Je öfter Sie feiern, desto mehr werden Sie erreichen.

Grundprinzip:

Erfolge wirklich feiern!

Praxis:

Sorgen Sie dafür, daß Sie Bescheid wissen, wenn ein Mitarbeiter erfolgreich war, und sorgen Sie dafür, daß Sie dann eine passende Form finden, diesen Erfolg zu feiern.

39. Loben und ermutigen Sie Ihre Mitarbeiter!

Ein aufrichtiges Lob ist die stärkste Motivation, und Ermutigung ist die beste Quelle für Verbesserungen.

Sich zu bedanken ist überaus wichtig, reicht aber nicht aus. Sie müssen an geeigneter Stelle auch ein Lob aussprechen.

Im allgemeinen neigen Chefs dazu, sich für den Einsatz Ihrer Mitarbeiter, die Erfüllung von Aufgaben und die erzielten Ergebnisse zu bedanken. Lob aber ist mehr als das. Es geht darum, die wertvollen Eigenschaften zu erkennen, die einen Mitarbeiter dazu befähigen, das Geforderte und noch mehr zu leisten. Loben Sie zuerst die Fähigkeiten des Mitarbeiters, und danken Sie ihm dann für das, was er mit diesen Fähigkeiten geleistet hat.

Es ist leicht, Menschen für die Art und Weise, wie sie mit einem Problem umgehen, zu kritisieren. Zu viele Chefs lenken die Aufmerksamkeit auf kleinere Fehler und Mängel bei der Arbeit. Das führt dazu, daß die Mitarbeiter – fälschlicherweise – annehmen, sie seien bei einer bestimmten Sache nicht gut oder schwach. Konventionelle Leistungsbewertungen verschlimmern das Problem, da sich Personalmanager die größte Mühe geben, Unvollkommenheiten zu finden (oder sie sich sogar ausdenken), um zu einer „gerechten" Bewertung des einzelnen zu gelangen. Schließlich kann keiner perfekt sein.

In Wahrheit können Sie mit Kritik nicht viel erreichen. Die kritisierten Mitarbeiter werden häufig defensiv und verstecken sich hinter einer Schutzmauer, die alle Zeichen von Unzulänglichkeiten verbergen soll.

Verbesserungen können Sie nur erzielen, wenn Sie die guten Leistungen eines Mitarbeiters erkennen und bestätigen. Die Bestätigung muß ehrlich gemeint sein und darf nicht zu häufig erfolgen.

Lob geht Hand in Hand mit Bestätigung. Durch ein echtes Lob fühlen sich Menschen geschätzt und bemühen sich daher um weitere Verbesserungen ihrer Leistungen, um weitere Bestätigung zu erhalten.

Beginnen Sie damit, die Pluspunkte von Mitarbeitern zu ermitteln und zu loben. Ermuntern Sie sie dann dazu, die Anzahl der Pluspunkte weiter zu erhöhen, indem sie noch besser werden. Durch die Ermunterung, größere Herausforderungen anzunehmen, ihre Fähigkeiten zu verbessern, sich neues Wissen anzueignen und neue Erfahrungen zu riskieren, bringen Sie Mitarbeiter dazu, ihren Wert zu erhöhen. Sie wachsen in ihren eigenen und auch in Ihren Augen.

Bestätigung hat auch mit Glauben zu tun. Viel zu oft verlieren Menschen den Glauben an sich. Durch achtlose Chefs, die ihnen das Gefühl geben, sie taugten nicht viel und wären unfähig, irgendwelche anderen Aufgaben als ihre derzeitigen zu übernehmen, wird ihr Selbstwertgefühl erschüttert. Unsere ganze Kultur, die Firmenpolitik und unsere persönlichen Ansichten können ein Klima erzeugen, das gerade die, von denen wir abhängig sind, herabsetzt.

Gute Chefs schätzen ihre Mitarbeiter und zeigen ihnen das durch Lob und Bestätigung. Sie vertrauen auf ihre Fähigkeiten. Aus dem Vertrauen wird Glauben – sowohl an die Leistungen des gesamten Teams als auch von einzelnen Mitarbeitern. Oft glaubt ein Chef mehr an seinen Mitarbeiter als dieser an sich selbst.

Einen Menschen bestätigen heißt, seinen Glauben an sich selbst zu fördern. Es ist der Glaube, daß jemand mit seinen Aufgaben wachsen oder sogar den höchsten Gipfel erklimmen kann.

Ohne Herausforderungen und Bestätigungen fallen Menschen zwangsläufig in die Bequemlichkeit und Sicherheit der mittelmäßigen Gegenwart zurück. Das ist etwas, das sie kennen. Mit selbstauferlegten Beschränkungen versuchen sie, die vorhandene und potentiell erstikkende Bequemlichkeit und Sicherheit zu schützen. Zu oft hören wir „das könnte ich nie“ oder „das ist für mich unmöglich“. Menschen finden immer Gründe, um etwas nicht zu wagen, um ihren Horizont nicht zu erweitern. Dabei setzen sie sich selbst Grenzen. Ein guter Chef hilft Mitarbeitern dabei, die selbstgesteckten Grenzen zu überschreiten. Durch den geschickten Umgang mit Lob und Bestätigung legt er deren schlummernde Potentiale und den Weg frei, sie zu nutzen.

Die wirkungsvollste Formel zu Bestätigung und Lob lautet: „Sie schaffen das. Sie haben genau die erforderlichen Eigenschaften.“ Es ist eine Form der emotionalen Unterstützung, die lebenswichtig ist, wenn jemand eine größere Prüfung vor sich hat, sei es ein Interview, der Versuch, einen wichtigen Auftrag zu erhalten, Hauptredner des Abends zu sein, einer feindlich gesonnenen und beleidigenden Person gegenübertreten zu müssen oder was auch immer.

Zu leicht verliert man seine eigenen Fähigkeiten und Potentiale aus den Augen. Wir brauchen andere um uns herum, die uns helfen, uns so zu nehmen, wie wir sind. Gute Chefs spielen hierbei eine wichtige Rolle. Seine (oder ihre) Aufgabe besteht darin, anderen den Spiegel vorzuhalten und ihnen die Pluspunkte vor Augen zu führen. Auf diese Weise geben sie ihnen das nötige Selbstvertrauen, um mit solchen fabelhaften Eigenschaften noch viel mehr erreichen zu können.

Es lohnt sich, den Erfolg von Sportstars zu beobachten und zu studieren, wie sehr sie von einer hervorragenden Betreuung und gutem Management profitieren. Der Trainer oder Teamkapitän hat immer die wichtige Aufgabe, in entscheidenden Momenten psychologische Unterstützung zu bieten. Der schlechte Trainer wird sagen: „Denk daran: Verliere den Ball nicht, und gerate nicht in Wut." Ein solcher Rat ist negativ, weil er die Schwächen ins Feld führt. Der gute Trainer wird sagen: „Denk daran, Du kannst es schaffen. Du hast es früher schon geschafft." Die Ermunterung nutzt die positiven Einstellungen, die die Spieler zu sich selbst haben.

Loben und bestätigen bedeutet, Pluspunkte zu suchen und hervorzuheben. Gleichzeitig verringert es bei negativ eingestellten Menschen die Angst.

Grundprinzip:

Auf die guten Seiten eines Menschen bauen.

Praxis:

Sehen Sie sich sorgfältig die Stärken jedes einzelnen Mitarbeiters an, der Ihnen unterstellt ist, und schaffen Sie Gelegenheiten, diese Stärken zu loben.
Geben Sie Ihren Mitarbeitern eine positive emotionale Unterstützung, wenn sie größere Prüfungen vor sich haben. Ermutigen Sie sie; so zeigen Sie ihnen, daß Sie an ihren Erfolg glauben.

40. Seien Sie kreativ!

Personalmanagement ist eine Kunst. Kunst hat mit Kreativität zu tun.

Wenn es bestimmte Gelegenheiten nicht gäbe, niemals Hilfestellung notwendig wäre, keine Probleme aufträten, und wenn nie jemand versagte – dann wären Personalmanager überflüssig.

Personalmanagement hat nichts damit zu tun, Verfahren anzuwenden, Systeme am Leben zu erhalten oder Vorschriften zu beachten. Es ist auch kein rationaler Prozeß, bei dem eine Erfolgsformel ermittelt und dann angewendet werden kann. Es ist kein Prozeß, bei dem das Verhalten von Mitarbeitern mit den Regeln der Logik interpretiert werden kann.

Die schlimmsten Personalmanager sind solche, die sklavisch Verfahren befolgen, sich stets dem Diktat des Unternehmens beugen, auf die Zuweisung von Aufgaben warten und nur nach Anweisung etwas tun.

Die wichtigste Eigenschaft von guten Chefs ist die Fähigkeit, selbständig zu denken – gleichgültig, welche Stimmung „oben" gemacht wird. Selbständiges Denken ist ein kreativer Prozeß. Es bedeutet, vorgegebene Muster – Ergebnis einer rationalen Analyse früherer Erfahrungen – aufzugeben.

Wenn es eine Politik, ein Verfahren, ein System oder eine Vorschrift gäbe, wie mit allen nur denkbaren, am Arbeitsplatz entstehenden Problemen umzugehen ist, dann wären wir alle erstaunlich erfolgreich. Es kann jedoch niemals eine Vorschrift geben, wie Chancen zu nutzen, Hilfestellung zu geben oder Fehler zu vermeiden sind.

Ich sagte es bereits: Das einzig Sichere am Arbeitsplatz ist die Unsicherheit – des Markts, der wirtschaftlichen Lage, der Politik. Aber auch die Unsicherheit bezüglich der Mitarbeiter eines Unternehmens: Nur wenige von ihnen sind so vorherbestimmbar, daß wir schon heute wissen, wie sie später denken und sich verhalten werden. Tom Peters behauptet, wir leben in einer verrückten Welt, die daher auch verrückte

Menschen braucht. Er hat vermutlich recht, obwohl das Wort „verrückt“ ein bißchen übertrieben ist.

Die Tage eines sicheren und bequemen Arbeitsplatzes sind vorbei. Heute geht es nur noch um Erfolg und Überleben. Beides hat nichts mit Sicherheit und Bequemlichkeit zu tun.

In diese unsichere und verrückte Welt einen Hauch von Ordnung zu bringen wird zunehmend schwieriger. Ich will jedoch keinen Pessimismus verbreiten. Das Aufregendste auf dieser Welt, in der wir leben, besteht in der Tat darin, daß sie von uns, um zu überleben und erfolgreich zu sein, ein außergewöhnliches Maß an Kreativität verlangt. Und zwar positive Kreativität (negative Kreativität führt zu Kriminalität). Ohne Kreativität bei der Arbeit werden wir mittelmäßig und riskieren zu versagen, denn dann schlägt uns der Wettbewerb mit unseren eigenen Waffen.

Es gibt beispielsweise Tausende von Lehrbüchern darüber, wie Mitarbeiter motiviert werden können (dieses gehört dazu!). Doch nirgendwo steht geschrieben, wie Sie das genau machen müssen. Bestenfalls finden Sie Beispiele dafür, wie andere Menschen motivieren (und motiviert werden) und was daraus zu lernen ist. Solche Texte können für Sie insofern von Wert sein, als sie Ihnen dabei helfen, Ihre eigene Motivationsmethode zu entwickeln. Letzten Endes müssen Sie sich jedoch immer selbst etwas ausdenken: ein Produkt Ihrer eigenen Kenntnisse und Erfahrungen. Sie können keinen fremden Ansatz imitieren – besser als jede Kopie ist Einzigartigkeit.

Ein anderes Beispiel bezieht sich auf den Kundendienst. Es mag tausend Bücher darüber geben, wie Sie Ihre Kunden zufriedenstellen können, wie Sie außergewöhnlichen Kundendienst bieten können (ich selbst habe auch eines geschrieben). Nicht ein einziges dieser Bücher kann Ihnen jedoch sagen, was genau Sie tun müssen. Wenn sie es könnten, wäre alles ganz leicht, und der Kundendienst wäre in allen Unternehmen außergewöhnlich gut. Er ist es aber nicht. Um es noch einmal zu sagen: Sie müssen die Lektionen lernen und dann Ihren eigenen, einzigartigen Weg finden, um Ihre Kunden zufriedenzustellen.

Die Probleme, die Ihnen täglich begegnen, sind entweder alltäglich oder ungewöhnlich. Die alltäglichen sind im allgemeinen leicht zu lösen. Für einen guten Chef besteht die wahre Herausforderung darin, kreative Lösungen zu den außergewöhnlichen Problemen zu finden.

Kreativ sein heißt Chancen entdecken – um zu überleben und zu wachsen, die Konkurrenz zu schlagen, die Motivation zu erhalten, Mitarbeiter zu fördern, neue Dienstleistungen und Produkte einzuführen, neue Kunden zu gewinnen und alte an das Unternehmen zu binden. Kreativität am Arbeitsplatz bedeutet ständige Verbesserung, ständige Veränderung.

Die Wahrheit lautet: Das Leben enthält weniger Probleme als Chancen. Das größte Problem ist, daß wir das nicht erkennen. Während die Probleme uns auffressen, ziehen die Chancen unbemerkt und ungenutzt an uns vorbei.

Als Chef haben Sie die Chance, kreativ zu sein, sobald Sie morgens durch die Tür kommen. Wiederholung erzeugt Gleichgültigkeit. Denken Sie sich also etwas Neues aus, um Ihre Mitarbeiter zu grüßen und sie in die Geschehnisse einzubeziehen. Denken Sie sich neue Möglichkeiten aus, um Ideen zu realisieren, Ihre Dienstleistungen zu verkaufen und Ihre Geschäftsaktivitäten zu erweitern.

Kreativität ist nicht gleichbedeutend mit der großartigen Idee (dem Apple Macintosh, den gelben selbstklebenden Notizzetteln). Es geht dabei auch um die kleinen Dinge des täglichen Lebens (eine neue Form, sich zu bedanken, oder Besprechungen auf neue Weise durchzuführen).

Chefs, die kreativ und innovativ sind und ihre Mitarbeiter dazu bringen, es auch zu sein, rufen bei ihnen außergewöhnliche Leistungen hervor. Kreativität bei der Arbeit erzeugt Aufregung, Interesse, persönliche Befriedigung und Anerkennung.

Zwangsläufig muß Kreativität aber auch – das ergibt sich wiederum aus dem gesunden Menschenverstand – durch ein gewisses Maß an Disziplin ausgeglichen werden. Sie betrifft z.B. die Frage, für was das Geld ausgegeben wird, wie Maschinen genutzt werden und wie die Mitarbeiter miteinander umgehen sollen. Doch das sollte eigentlich klar sein. Disziplin ist keine Entschuldigung für mangelnde Kreativität.

Grundprinzip:

Fortschritt ist abhängig von Kreativität.

Praxis:

Vermeiden Sie Wiederholungen und Routine.
Versuchen Sie, jeden Tag etwas anderes zu tun.
Ermuntern Sie Ihre Mitarbeiter, kreativ zu sein – und helfen Sie ihnen, ihre Ideen in die Tat umzusetzen.
Seien Sie sich der Notwendigkeit von Kreativität bewußt, und konzentrieren Sie sich darauf, zum Wohle des Unternehmens Neues zu schaffen.

41. Halten Sie Ihre Mitarbeiter auf dem laufenden!

Um Mitarbeiter zu motivieren, müssen Sie bei ihnen das Interesse an ihrer Arbeit und an dem, was um sie herum vorgeht, wachhalten.

Als Chef müssen Sie immer annehmen, daß Ihre Mitarbeiter an dem, was um sie herum vorgeht, interessiert sind, und daß sie Anteil am Gesamterfolg des Unternehmens haben wollen. Eine Ihrer Schlüsselaufgaben besteht darin, dieses Interesse zu erzeugen und die Mitarbeiter davon abzubringen, sich lediglich in der Zeit nach 17.30 Uhr – die Zeit nach ihrer Arbeit – für irgend etwas zu interessieren.

Viele Tätigkeiten sind mit soviel Routine und Wiederholungen verbunden, daß wir uns kaum vorstellen können, daß es irgend etwas Interessantes daran gibt. Dennoch läßt sich Interesse erzeugen: indem man Routine-Arbeiten mit ungewöhnlichen Dingen verknüpft, mit den Gewinnen der Firma oder mit Veränderungen, die rund um einen herum passieren. Es könnte das Erreichen des Wochenziels sein oder ein größerer Auftrag, der hereingeholt wurde. Es könnte die Entscheidung von Frau Weber sein, sich im nächsten Jahr pensionieren zu lassen, oder die Neuigkeit, daß Herr Schubert stellvertretender Personalleiter geworden ist. Es könnte aber auch die Entscheidung des Unternehmens sein, ein neues Computersystem zu implementieren, wodurch ein Teil der heutigen Schinderei im Schreibbüro entfallen wird.

Wir alle sind von Anreizen abhängig, die uns lebendig halten. Viele Forschungsergebnisse besagen, daß die Beraubung von Anreizen bei Kindern die Entwicklung verzögert. Auch wir als Erwachsene suchen stets neue Anreize. Wir gehen ins Kino, probieren neue Restaurants aus, fahren an unterschiedliche Urlaubsorte, sehen die Nachrichten im Fernsehen und treffen gerne neue Leute. Wir treiben Sport und interessieren uns für andere Sportarten, weil wir dadurch im positiven Sinne

Aufregung haben. Mit anderen Worten: Wir lieben es, hin und wieder einen kleinen Adrenalinstoß zu erhalten. Andernfalls ziehen wir uns in uns selbst zurück und fühlen geistesbetäubende Langeweile.

Aktuelles

- Mitarbeiter übernimmt eine neue Tätigkeit
- Neue Produkte auf dem Markt
- Teilnahme an Ausschreibung
- Bevorstehender Artikel über das Unternehmen in der Zeitung
- Geplante Schulungsaktivitäten
- Kapitalerhöhungen oder neue Beteiligungen
- Anschaffung neuer Geräte
- Erfolge und Mißerfolge (Ressort, Abteilung, Unternehmen)
- Geplanter Umzug in ein neues Gebäude
- Verbesserungen aller Art
- Die neuesten Pläne des Unternehmens
- Bevorstehende Besuche (Werk oder Büro)
- Aktuelle Umsatzzahlen (Bereich, Abteilung, Unternehmen)
- Gewinne (wöchentlich, monatlich, vierteljährlich, jährlich – Verkaufsvolumen, Gewinne usw.)

Bei der Arbeit ist das nicht anders. Damit sie weiterhin motiviert sind, brauchen Mitarbeiter Anreize. Einige davon können selbst erzeugt werden. Als Chef spielen Sie bei der Bereitstellung solcher Anreize jedoch eine wichtige Rolle. Viele solcher Anreize entstehen aus „heißen Neuigkeiten“ – wirklich interessante Neuigkeiten, die Sie ihren Mitarbeitern als erste vermitteln. Tun Sie das nicht, blühen Gerüchte, Klatsch und Spekulationen, weil sich Mitarbeiter ihre Anreize selbst verschaffen, um die Langeweile der Routine etwas zu durchbrechen.

Als Chef müssen Sie daher dafür sorgen, daß Sie stets auf dem laufenden sind. Außerdem müssen Sie unglaublich empfindliche Antennen für die Neuigkeiten entwickeln, die Ihre Mitarbeiter wirklich interessieren. Sorgen Sie dafür, daß Sie der erste sind, der sie ihnen berichtet. Indem Sie Ihren Mitarbeitern zeigen, wie wichtig es für Sie ist, sie zu informieren, zeigen Sie ihnen gleichzeitig, daß Sie sie schätzen und bereit sind, sich für sie einzusetzen.

Täglich einmal offenes Haus

„Ich hatte mal einen Chef, der jeden Tag bis 8.45 Uhr eine Viertelstunde offenes Haus hatte. Es wurde Kaffee serviert, und jeder aus der Abteilung konnte dazukommen – egal welche Position er hatte. Keiner saß, alle standen. Der Zweck war, einfach herumzugehen und sich formlos über die Ereignisse der jeweils vergangenen Tage zu informieren. Wenn mein Chef beispielsweise gerade von einer Reise zurück war, gab er einen Fünf-Minuten-Bericht über das, was sich auf der Reise ereignet hatte. Wenn ein anderer an einem bestimmten Problem gearbeitet hatte, berichtete er oder sie der Gruppe über die Fortschritte. Standen größere Veränderungen im Unternehmen bevor, wies uns der Chef bei solchen Gelegenheiten darauf hin.

Alles war sehr informell. Keine Tagesordnung, kein Protokoll. Alle Themen wurden spontan angesprochen, und niemand war von diesem Meeting ausgeschlossen. Es war eine fabelhafte Gelegenheit, Vertriebsleute, Schreibkräfte, Telefonistinnen, aber auch Führungskräfte und den Geschäftsführer zu treffen. Es funktionierte gut."

Der Nebeneffekt ist ebenfalls nützlich. Wenn Sie sich eifrig bemühen, Ihre Mitarbeiter auf dem aktuellen Stand zu halten, werden sie Ihnen das zurückzahlen. Sie werden nicht versuchen, Dinge zu vertuschen oder mit der Wahrheit hinter dem Berg zu halten. Der Informationsaustausch funktioniert in beiden Richtungen, d.h., er ist keine Einbahnstraße. Je mehr Sie tun, um Ihre Mitarbeiter zu informieren, desto mehr werden diese Ihnen berichten. So funktioniert Motivation.

Verlassen Sie sich, um Ihre Mitarbeiter auf dem laufenden zu halten, nicht auf regelmäßige wöchentliche oder monatliche Besprechungen zum Informationsaustausch – sie finden fast immer zur falschen Zeit statt und treffen selten mit der Freigabe wichtiger Informationen zusammen. Verlassen Sie sich mehr auf informelle Updates und spontane Treffen. Zögern Sie nicht, Ihre Mitarbeiter kurzfristig für einen Fünf-Minuten-Bericht zusammenzurufen, wenn es aktuelle Neuigkeiten gibt.

Grundprinzip:

Relevante Informationen haben hohe Priorität.

Praxis:

Finden Sie heraus, was Ihre Mitarbeiter wirklich interessiert.
Halten Sie Ihre Mitarbeiter immer auf dem laufenden.
Versuchen Sie, Ihre Mitarbeiter täglich zu informieren.
Sorgen Sie dafür, daß Sie immer der erste sind, der ihnen etwas berichtet (lassen Sie es sie nicht durch die Hintertür erfahren).

42. Eignen Sie sich den Geschmack Ihrer Mitarbeiter an!

Beziehungen zu den Menschen am Arbeitsplatz entwickeln heißt, sich für das zu interessieren, was sie interessiert.

Zwischen Menschen entsteht Kontakt, wenn Bereiche von gegenseitigem Interesse ermittelt und entwickelt werden. Ihre Mitarbeiter werden Sie als uninteressanten, kleingeistigen Langweiler fallenlassen, wenn Sie immer nur über Ihre Arbeit reden.

Es klingt paradox: Wenn Sie über die Arbeit sprechen wollen, dann besteht der effizienteste Weg darin, mit einem Gespräch über andere Dinge zu beginnen. Dinge, für die sich Ihre Mitarbeiter wirklich interessieren. Bei einem gemütlichen Gespräch über harmlose Themen, für die sich beide Seiten interessieren, werden sich Ihre Mitarbeiter entspannen und anfangen, Sie als einen ganz normalen Menschen zu sehen – als einen von ihnen.

Der richtige Ansatz besteht darin, breitgefächertes Interesse für das aufzubringen, was um Sie herum vorgeht: Lesen Sie Zeitungen, hören Sie Radio, sehen Sie fern, und gehen Sie ins Kino. Notieren Sie sich im Geiste, für welche Themen sich Ihre Mitarbeiter interessieren, und finden Sie ein bißchen mehr darüber heraus. Wenn sie erzählen, daß sie am Samstag zum Fußballspiel gehen, dann sollten Sie am Sonntag die Berichte darüber in der Zeitung lesen. Sehen Sie sich Filme von der Sorte an, die Ihre Mitarbeiter bevorzugen, damit Sie mit ihnen darüber sprechen können. Informieren Sie sich über aktuelle Fernsehserien oder was sonst gerade oben auf der Hitliste ist. Sie müssen Rap nicht mögen, um darüber zu sprechen.

Wenn Ihre Mitarbeiter entdecken, daß Sie wirklich die gleichen Interessen haben, werden sie beginnen, sich auch für Sie zu interessieren – und das ist dann die Gelegenheit zu einer informellen Plauderei über die Arbeit. Jetzt können Sie sie über alles Wissenwerte informieren.

Was könnte interessant sein?

- Die Top tens der musikalischen Hitliste
- Filme, die derzeit in den lokalen Kinos laufen
- Der örtliche Fußballclub
- Ergebnisse anderer Vereine
- Lieblingsfernsehprogramme Ihrer Mitarbeiter (sehen Sie sie sich gelegentlich auch an)
- Das lokale „Käseblatt“
- Neue Produkte und Sonderangebote
- Restaurants am Ort
- Bekannte Persönlichkeiten
- Gesundheitsreform, Bildungssystem und Verkehrswesen
- Immobilienpreise
- Ferienziele
- Hotels für hervorragende Wochenend-Kurztrips
- Krankheiten von Mitarbeitern, Babys, Fortschritte der Kinder, Hochzeiten, Scheidungen und Trauerfälle
- Garten- und Heimwerkerarbeiten
- Lokale Sehenswürdigkeiten
- Alle Arten von Essen (italienisch, chinesisch) ebenso wie die verschiedenen alkoholischen Getränke (aber trinken Sie nicht exzessiv zur Vertiefung Ihrer Kenntnisse!)

Bei den meisten Menschen drehen sich die Gedanken mehr um ihre Familien als um ihre Arbeit. Finden Sie daher etwas über ihre Familien heraus. Hier befinden sich Ihre Mitarbeiter auf sicherem Terrain, denn das ist das Gebiet, auf dem sie wirklich Experten sind. Informieren Sie sich über ihre Ehemänner und -frauen, ihre Söhne und Töchter, über ihre Mütter und Väter. Es ist sinnvoll, daß Sie darüber nachdenken, denn für die meisten Menschen sind die Familien das Wichtigste im Leben. Es lohnt sich daher, dieses Thema, wann immer sich die Gelegenheit ergibt, anzusprechen.

Sprechen Sie ungezwungen mit Ihren Mitarbeitern über das, was sich in ihrem Leben so tut – was sie am letzten Wochenende unternahmen, was sie gestern abend taten, was sie nächstes Wochenende vorhaben, wo sie ihren Urlaub gebucht haben, welche Ereignisse in ihren Familien bevorstehen.

Das alles hört sich für viele von Ihnen vielleicht selbstverständlich an, doch ich höre von zu vielen Chefs, die – von ihren eigenen Dingen aufgefressen – nicht zwischen einer Musikrichtung und einer anderen unterscheiden können und die annehmen, „Meatloaf" wäre etwas zum Essen.

Bei solchen zwanglosen Unterhaltungen gilt es aber auch, aufzupassen. Einige Themen sind tabu und würden, spräche man sie an, zu einer hitzigen Diskussion und vielen Peinlichkeiten führen. Solche Themen sollte man vermeiden – nicht, weil Sie daran nicht interessiert wären, sondern weil sie ein hohes Entfremdungsrisiko bergen.

Themen, die am Arbeitsplatz zu vermeiden sind

- Religion
- Ernsthafte Politik
- Die Gebrechen von anderen
- Alles, was nach Diskriminierung klingt (Rassismus, Sexismus usw.)
- Besessenheiten
- Orthodoxe Ansichten
- Das Sexualleben eines anderen
- Alles, was einer anderen Person Schaden zufügen könnte (Ruf, Glaubwürdigkeit)

Grundprinzip:

Mitarbeiter interessieren sich für Chefs, die sich auch für sie interessieren.

Praxis:

Gehen Sie einfach herum, und unterhalten Sie sich mit Ihren Mitarbeitern. Finden Sie heraus, für was sie sich außerhalb der Büros interessieren, und interessieren Sie sich dann auch dafür.

43. Bieten Sie Orientierung!

Ein guter Chef sollte der Ausgangspunkt für den Fortschritt sein.

Es passiert uns allen. Wir treiben. Wir verlieren die Perspektive. Wir sehen den Wald vor lauter Bäumen nicht. Wir geraten durcheinander. Wir mißverstehen Dinge. Wir kommen zu vorschnellen Schlußfolgerungen. Wir entgleisen oder fahren gar auf einem toten Gleis. Wir lassen uns zu leicht beeinflussen. Wir sehen das Ziel nicht mehr, sehen nicht mehr das Gute, sondern nur noch das Schlechte an allem. Wir übertreiben, verdrehen und manipulieren. Wir gestatten, daß unser Herz den Verstand regiert. Wenn es uns nicht gutgeht, lassen wir das an anderen aus, obgleich sie nichts damit zu tun haben. Wir erwarten zuviel und sind dann enttäuscht, wenn unsere Erwartungen nicht erfüllt werden. Wir sehen den Sinn nicht. Wir reden zuviel und hören nicht zu, nehmen nichts auf. Wir hören nur, was wir hören wollen. Wir sind blind und haben taube Ohren. Wir laufen mit der Meute. Wir denken nicht, sondern handeln automatisch. Wir werden impulsiv. Wir reagieren total unberechenbar und oftmals irrational. Wir beklagen uns zuviel. Wir sehen alles in einem schlechten Licht. Manchmal wissen wir einfach nicht, was wir tun sollen, es scheint keinen Ausweg zu geben. Immer sind die anderen schuld. Wir erkennen nicht, wie wir sind. Wir wissen nicht, was los ist, und fühlen uns ungeliebt. Wir hören auf Klatsch und Gerüchte und glauben, daß alles wahr ist. Wir verlieren die Verhältnismäßigkeit. Es wird unmöglich, mit uns zu arbeiten, geschweige denn, mit uns zu leben.

Alles in allem: Wir wissen nicht mehr, worum es bei allem geht. Das ist in der Ehe zu beobachten und auch bei der Arbeit.

Von Zeit zu Zeit müssen Menschen zurück auf ihren Kurs gebracht werden. Sie müssen daran erinnert werden, in welche Richtung sie gehen, wie wichtig manche Dinge sind und wie die Fakten aussehen. Sie müssen wieder lernen, klar zu sehen. Sie müssen daran erinnert werden, worum es im Geschäft geht, warum ihre Arbeit vom Erfolg abhängt und worin ihr Beitrag besteht. Sie müssen wissen, wie sie in das Ganze hineinpassen, und wieder lernen, beruhigt in die Zukunft zu sehen.

Es ist leicht, das Gute im Leben aus den Augen zu verlieren. Das ist der Grund, warum auf Urlaub nicht verzichtet werden darf. Im Urlaub beginnen Menschen, die Dinge in einem anderen Licht zu sehen – und dieses Licht bringt verbrauchte Energien zurück, stellt Glaube und Motivation wieder her.

Das gleiche gilt am Arbeitsplatz. Der Chef ist die Person, die am besten dazu geeignet ist, die notwendige Orientierung zu geben. Das erfordert Klugheit, Toleranz und Sensibilität sowie die Fähigkeit, die Dinge ausgewogen zu sehen.

Wie können Mitarbeiter erkennen, wie sich ihre Bemühungen zum Erreichen der Unternehmensziele in die längerfristigen Pläne des Unternehmens einfügen, wenn Sie diese Pläne nicht für sie ins rechte Licht rücken? Wie sollen sie erkennen, daß sie aus dem Ruder laufen, wenn Sie ihnen nicht die Richtung nennen?

Ansatzpunkte zur Orientierung

- Ziele des Unternehmens
- Ziele der Abteilung, des Bereichs
- Guter Kundendienst
- Geld
- Innovationen und Veränderungen
- Aus- und Weiterbildung
- Effizienz
- Wettbewerb
- Kollegen
- Arbeitsweise
- Umsatz
- Externe Beziehungen
- Pläne
- Öffentlichkeit

Wie können Mitarbeiter die Hilfe ihrer Kollegen anerkennen, wenn Sie sie ihnen nicht vor Augen führen und hervorheben? Wie können sie scheinbar unlösbare Probleme lösen, wenn Sie ihnen nicht dabei helfen, Möglichkeiten in Betracht zu ziehen, die sich ihnen selbst vorher nicht darboten?

Eigentlich ist es sonnenklar: Wenn Sie Auto fahren, achten Sie stets auf die Straße vor sich, weil es unglaublich gefährlich ist, von der Straße abzukommen. Wir alle weichen bei unserer Arbeit manchmal von der Straße ab. Wir werden abgelenkt und übertreiben Dinge in unseren Gedanken. Als guter Chef bemerken Sie, wenn das passiert, und helfen auf den Weg zurück.

Vielleicht bedeutet das nur, daß Sie zwei Kollegen zu einem Gespräch zusammenbringen, damit alle Fakten auf den Tisch kommen und offen diskutiert werden können. Vielleicht bedeutet es auch, gelegentlich anderen die Entwicklungen auf dem Markt und der Wettbewerber nochmals vor Augen zu führen. Vielleicht ist es ein Gespräch über neue Vorhaben, die gerade im oberen Management geprüft werden. Vielleicht ist es schließlich auch nur unsere ausgewogene und faire Meinung, die wir äußern, wenn wir hören, daß Mitarbeiter über andere reden.

Es ist wichtig, am Arbeitsplatz Orientierungshilfe zu erhalten. Gute Chefs geben sie.

Grundprinzip:

Um ein Ziel zu erreichen, müssen Sie es klar vor sich sehen.

Praxis:

Helfen Sie Ihren Mitarbeitern, das Ziel im Auge zu behalten, und schreiten Sie ein, wenn Sie bemerken, daß sie vom Kurs abkommen.

44. Bieten Sie eine verläßliche Schulter zum Anlehnen!

Eine starke Schulter ist der Inbegriff von Vertrauen.

Unser Verständnis für die meisten Menschen dringt nicht tief unter die Oberfläche. Wir sehen das Äußere und ziehen daraus entsprechende Schlüsse. Das Äußere ist aber zwangsläufig eine Rolle, die gespielt wird. Vor allem vor ihren Chefs spielen viele eine Rolle, versuchen zu beeindrucken, versuchen, sich so zu benehmen, daß sie die Erwartungen des Chefs erfüllen.

Der erste Eindruck ist meistens falsch – genau wie überholte Eindrücke. Es ist unglaublich schwierig, Menschen so zu sehen, wie sie wirklich sind. Das ist der Grund, warum so viele Ehen mit Scheidung enden. Wir lassen uns von unseren Phantasien davontragen, wie die Person sein sollte. Sie führen uns so lange in die Irre, bis es zu spät ist. Wir übersehen die vielen Signale, die anzeigen, wie weit der andere von unserer Vorstellung entfernt ist. Das gleiche gilt für den Arbeitsplatz. Wir formulieren unsere Eindrücke von Menschen in vereinfachenden Worten; wir sagen, daß Petra „enthusiastisch", Paul „ein langsamer Lerner" und Karin eine „Träumerin" ist.

Wenn wir Menschen in Schubladen stecken, entfernen wir uns von der Realität. Wir wollen sie dann nicht so sehen, wie sie wirklich sind. Wir laufen Gefahr, auf unser vereinfachtes Bild von diesen Menschen und nicht auf sie selbst zu reagieren. Kategorisierungen helfen auch nicht weiter. Wir verhalten uns gegenüber Frau Kunze auf eine bestimmte Weise, nur weil sie in der Gewerkschaft ist. Wir würden uns anders verhalten, wenn wir sie einfach als einen Menschen ohne Etiketten sähen.

Unsere Beziehungen am Arbeitsplatz beruhen oft auf oberflächlichen Eindrücken.

Was sich unter der Oberfläche verbirgt, können wir nicht sehen. Wir wissen nicht wirklich, was im Kopf eines Menschen vorgeht oder was

Wie Sie Vertrauen aufbauen können

- Zeit haben für Menschen
- Interesse an anderen zeigen
- Andere Menschen nicht abwerten
- Stets versuchen zu helfen
- Den Problemen der anderen aufmerksam zuhören
- Uneingeschränkte Vertraulichkeit zusichern
- Werturteile vermeiden

„Ich mag meinen Chef, weil ich mit meinen Problemen zu ihm gehen kann. Er ist immer interessiert und versucht immer zu helfen. Ich weiß, daß er sehr beschäftigt ist. Doch wenn es nötig ist, findet er Zeit und gibt mir nie das Gefühl, ungelegen zu kommen.“

er wirklich fühlt. Dennoch kann sich das, was sich unter der Oberfläche befindet, stark auf die Effizienz am Arbeitsplatz auswirken. Es besteht das Risiko, daß sich versteckte Probleme mit der Zeit auswachsen, uns völlig unvorbereitet treffen und uns vor größere Probleme stellen, als es nötig gewesen wäre.

Um unter die Oberfläche zu gelangen und das Problem frühzeitig zu erkennen, müssen wir Vertrauen entwickeln. Aber denken Sie daran: Vertrauen kann leicht verspielt werden. Wenn wir andere fallenlassen, sie verraten, A sagen und B tun oder das System anwenden, dann verlieren wir ihr Vertrauen. Vertrauen braucht uneingeschränkte Zuverlässigkeit, Vertraulichkeit und Ehrlichkeit.

Vertrauen ist die Basis für gute Beziehungen am Arbeitsplatz.

Sie müssen daher ganz deutlich machen, daß Sie Ihre Mitarbeiter niemals im Stich lassen und ihnen vertrauen. Sie müssen außerdem zeigen, daß es Sie traurig machen würde, dieses Vertrauen zu verlieren. Wenn Sie das Ihnen entgegengebrachte Vertrauen nicht mißbrauchen, werden Ihre Mitarbeiter auch über ihre Probleme mit Ihnen sprechen. Sie wissen dann, daß sich eine solche Offenheit nicht negativ auswirken wird, wenn es um Gehaltserhöhungen und Entscheidungen über Beförderungen geht. Wenn Sie ein Klima des Vertrauens schaffen, werden Ihre Mitarbeiter das Gefühl haben, sich jederzeit mit der Bitte um Rat und Hilfe an Sie wenden zu können, egal, ob es sich um etwas

Persönliches handelt oder mit der Arbeit zu tun hat. Sie werden Ihre Unterstützung schätzen ebenso wie die einfache Tatsache, daß Sie bereit sind, ihnen Zeit zu widmen, ihnen zuzuhören und sie zu verstehen. Eine Schulter zum Anlehnen zu bieten bedeutet nicht automatisch, eine Lösung für alle Probleme zu haben. Die meisten Menschen werden ihre eigenen Lösungen finden, wenn sie mit jemandem ihres Vertrauens sprechen können.

Wir alle haben von Zeit zu Zeit Probleme. Wenn wir sie mit anderen besprechen, zeigen wir unsere Verletzlichkeiten, Verzweiflungen und Frustrationen. Wir müssen deshalb darauf vertrauen, daß der andere das, was wir als unsere Schwächen empfinden, nicht ausnutzen wird.

Indem er eine Schulter zum Anlehnen bietet, hilft ein guter Chef dabei, die Dinge ins Lot zu bringen. Er hilft seinen Mitarbeitern, klar zu sehen, und ermuntert sie, den richtigen Weg zur Lösung des Problems einzuschlagen. Er versetzt sie in die Lage, das Durcheinander, die Komplexitäten und Unsicherheiten in ihren Gedanken und Gefühlen zu entwirren. Der Prozeß selbst ist wertvoll, nicht nur für den Betroffenen, sondern auch für das gesamte Unternehmen.

Man hört häufig, daß zu den Aufgaben eines modernen Managers die Rolle des Beraters gehört, des Coachs oder Trainers. Im Grunde ist es aber nicht mehr als eine einfache Erkenntnis des gesunden Menschenverstands: Um Mitarbeiter effizient zu führen, müssen Sie eine gute Beziehung zu ihnen haben. Eine gute Beziehung zu ihnen können Sie aber nur dann haben, wenn Sie sich gegenseitig in hohem Maße vertrauen. Das können Sie zeigen, indem Sie eine verläßliche Schulter bieten.

Grundprinzip:

Menschen wenden sich nur an die, denen sie vertrauen.

Praxis:

Geben Sie keine Werturteile ab, wenn Menschen Ihnen ihre Gedanken und Gefühle anvertrauen.
Hören Sie stets genau zu, wenn Menschen mit ihren Problemen zu Ihnen kommen. Versuchen Sie, sie zu verstehen. Versuchen Sie, sie durch einen Gedankenprozeß hindurchzuführen, der sie zu einer eigenen Lösung bringt.

45. Planen Sie gemeinsam mit Ihren Mitarbeitern!

Um von A nach B zu gelangen, müssen Sie Ihre Mitarbeiter mitnehmen. Es ist deshalb wichtig, daß Sie sie an der Planung dieses Wegs beteiligen.

Planen gehört zu den wichtigsten Aufgaben eines Chefs. Zu viele Personalmanager geraten in eine Routine, in der sie nur noch auf die Wünsche ihres eigenen Chefs reagieren. Sie scheinen keine klare Vorstellung davon zu haben, wohin sie ihr Team, ihren Bereich oder ihre Abteilung führen wollen.

Wie in einem früheren Kapitel bereits angesprochen, muß ein Chef wissen, wohin er (oder sie) geht. Um den besten Weg dorthin zu finden, ist Planung von entscheidender Bedeutung. Außerdem ist es wichtig, Ihre Mitarbeiter in diese Planung einzubeziehen, da sie ihre Unterstützung brauchen, um Ihre Ziele verwirklichen zu können.

Es wurde in diesem Buch bisher immer wieder betont, daß ein Chef für das Ziel verantwortlich ist, während der Weg dorthin seinen Mitarbeitern überlassen werden sollte – vorausgesetzt, einige durch den gesunden Menschenverstand vorgegebene Grenzen werden aufrechterhalten. Bei der Planung wird definiert, was im nächsten oder in den kommenden zwei Jahren erreicht werden soll und auf welche Weise.

Ohne Pläne verlieren Chefs ihre Richtung, kommen vom Kurs ab und verwirren ihre Mitarbeiter. Der Plan ist deshalb für den Erfolg jeder Abteilung oder jedes Bereichs ein wichtiger Erfolgsfaktor. Tatsächlich definiert er den zukünftigen Erfolg und die Mittel und Wege, auf denen ein Team dorthin gelangen wird.

Planung sollte Chefs keine Rätsel aufgeben. Es ist nicht so kompliziert, wie viele glauben. Nochmals: Planung basiert auf Fragen und Antworten auf bestimmte Fragen, die der gesunde Menschenverstand stellt. Um glaubwürdig zu sein, muß der Plan bestimmte Geschäftsbereiche quantifizieren. Er sollte daher Produktionsmengen oder den

Kundendienst ebenso quantifizieren wie die damit verbundenen Kosten. Viele Kundendienstleiter haben das Problem, ihre Kosten genau zu kennen, ohne jedoch eine Vorstellung davon zu haben, wie sie das, was sie ihren Kunden (intern und extern) liefern, in Zahlen ausdrücken sollen. Wenn Sie jedoch das Ergebnis nicht messen, ist es sehr schwierig, Ihre Existenz zu rechtfertigen. Es gibt dann kein rechtes Maß für den Beitrag, den Sie am Unternehmenserfolg haben. Aus diesem Grund teilen sich heute so viele Unternehmen in kleinere, autonome Geschäftseinheiten auf, die intern geschäftlich miteinander verkehren.

Sie sollten den Planungsprozeß damit beginnen, mit den Ihnen unterstellten Mitarbeitern für einige Tage in ein schönes Hotel zu reisen. Dort stellen Sie Ihren augenblicklichen geschäftlichen Status quo fest und bestimmen, wo Sie in ein oder zwei Jahren sein möchten und wie Sie dorthin gelangen können. In einigen Branchen müssen Sie bis zu fünf Jahre vorausplanen (oder sogar noch mehr), in anderen Fällen sind ein bis zwei Jahre angemessen. Die Welt verändert sich schnell, und es gibt immer unvorhergesehene Ereignisse. Daher ist es wahrscheinlich, daß Sie Ihren Plan in jedem Fall innerhalb des nächsten Jahres überarbeiten müssen.

Der Plan

1. In welcher Branche sind wir tätig?
2. Welche Produkte/Serviceleistungen liefert unser Bereich?
3. Wie hoch ist der derzeitige Umsatz?
4. Wer sind unsere Kunden (intern und extern)?
5. Wer sind unsere Wettbewerber?
6. Was sind die Alleinstellungsmerkmale unseres Geschäfts?
7. Visualisierung unseres langfristigen Erfolgs: Was können wir erreichen (in bezug auf Kunden, Markt, Produkt, Tätigkeitsfelder, Organisation, Mitarbeiter, Systeme, Kapital)?
8. Wie sehen unsere wichtigsten Ziele für die Zukunft aus?
9. Wie können wir diese Ziele quantifizieren (in bezug auf Produktions-/Service-Einheiten, Marktanteil, Verkaufsmengen usw.)
10. Welche Kosten entstehen, um diese Ziele zu erreichen?

11. Was müssen wir im nächsten Jahr tun, um unsere Ziele zu erreichen?
12. Was müssen wir sofort unternehmen?

Nachdem Sie ein paar mühevolle Tage damit verbracht haben, Ihre langfristigen Ziele und den Weg dorthin zu definieren, gehen Sie zurück ins Büro, arbeiten Ihre Ziele und einen ersten Entwurf für Ihren Plan aus. Es ist wichtig, daß dieser erste Plan bis zu seinem möglichen Verwerfen geprüft wird. Jedes Wort und jede Zahl in diesem Plan sollten einer Überprüfung standhalten können.

Indem Sie Ihre Mitarbeiter an der Planung beteiligen, verpflichten Sie sie. Das trägt zur Glaubwürdigkeit des Plans bei und verleiht Ihren Worten Nachdruck, wenn Sie sich um seine Genehmigung bemühen. Außerdem werden Sie wahrscheinlich zusammen mit Ihren Mitarbeitern einen weitaus besseren Plan aufstellen können, als Sie es allein vermocht hätten.

Es ist immer klug, Ihre Mitarbeiter dabeizuhaben, wenn Sie Ihrem Chef den Plan präsentieren. Ihre Mitarbeiter können Sie unterstützen und schwierige Fragen beantworten, die Sie selbst vielleicht irritiert hätten.

Der fertige Plan sollte im Idealfall mit einem Satzprogramm hochwertig erstellt und schön gebunden werden. Das macht Ihre Mitarbeiter stolz und trägt dazu bei, daß der Plan ihren Beifall findet.

Denken Sie daran: Bei diesem Plan geht es darum, Ihren Arbeitsplatz, Ihre Erfolge, die Zukunft Ihrer Abteilung oder Ihres Bereichs auch künftig zu sichern.

Grundprinzip:

Am besten gelangt man von A nach B, wenn man einen Wegeplan hat.

Praxis:

Arbeiten Sie eng mit Ihren Mitarbeitern zusammen, um Ihr Ziel und den besten Weg dorthin festzulegen.

46. Wahren Sie Distanz!

Niemals zu nah sein, aber auch niemals zu weit weg

Zu den am schwierigsten zu ziehenden Grenzen gehören die Grenzen zwischen Menschen, die Sie mögen, und denen, die Sie nicht mögen. Das ist noch schlimmer, wenn Sie der Chef sind. Das Problem der Bevorzugung wurde bereits in einem der vorangehenden Kapitel behandelt. Hier geht es jetzt um die Frage, wie nah Sie Ihren Mitarbeitern generell kommen sollten, ob es sich um einen Ihrer Günstlinge handelt oder nicht. Stehen Sie zu weit von ihnen entfernt, wird man Ihnen vorwerfen, Sie seien abseits und distanziert; kommen Sie zu nah, wird man Sie als einen der „Jungs“ (oder „Mädels“) ansehen, und Sie riskieren, den Respekt zu verlieren.

In einem früheren Kapitel wurde bereits angesprochen, wie wichtig es ist, daß Sie sich für Ihre Mitarbeiter interessieren. Die Frage ist jetzt, wie weit dieses Interesse gehen sollte. Jeder Mensch, den Sie kennen, hat eine unsichtbare Grenze um sich herum, die Sie nicht überschreiten sollten. Es ist eine Grenze des Privaten, der innersten Gedanken und Gefühle, die Menschen – abgesehen gegenüber ihren engsten Freunden – nur ungern enthüllen. Es ist unwahrscheinlich, daß Sie als Chef ein solcher Vertrauter sind, doch selbst wenn Sie das wären, wäre der Sinn einer solchen Nähe fraglich. Sofern Sie nicht die professionellen Fähigkeiten eines Psychologen haben, besteht immer ein großes Risiko, daß Sie sich auf den Menschen, dem Sie zu helfen versuchen, emotional einlassen. Obgleich es wichtig ist, daß Sie eine zuverlässige Schulter zum Anlehnen bieten, sollte sich diese Unterstützung niemals in den Bereich intimer Offenbarungen hinein erstrecken. Die Kunst besteht darin, die Grenze zu erkennen und sie nicht zu überschreiten.

Eine emotionale Bindung zwischen dem Chef und einem seiner oder ihrer Mitarbeiter ist potentiell destruktiv. Im Idealfall sollten solche Beziehungen vermieden werden, doch wenn sie auftreten, müssen sie aus dem Büro herausgehalten werden. Am Arbeitsplatz trennen sie die Menschen und wirken sich negativ auf jeden anderen aus.

Das Problem ist subtil. Wir fühlen uns zu denen hingezogen, die wir mögen. Auf der anderen Seite gibt es einen ebenso starken Sog von den Menschen, die uns mögen. Wir verbringen mehr Zeit mit diesen Menschen und lernen sie dabei besser kennen als die, die wir nicht so gut leiden können. Dieses bessere Kennenlernen bringt sie uns noch näher. Ohne die notwendige Vorsicht bemerken wir dann vielleicht plötzlich, daß die unsichtbare Grenze zwischen uns selbst und einem uns unterstellten Mitarbeiter verschwunden ist.

Lernen Sie, die Gefahrenzeichen zu erkennen. Lernen Sie zurückzutreten, wenn Sie sich selbst sagen: „Ich möchte mehr Zeit mit diesem Menschen verbringen." Täuschen Sie sich nicht selbst, indem Sie vorgeben, das Interesse am anderen sei rein geschäftlich oder entspringe einer emotional neutralen Fürsorge.

Falls Sie sich dieser so überaus wichtigen Grenze der persönlichen Intimität nähern, sollten Sie sorgfältig darüber nachdenken, welche Konsequenzen es haben wird, sie zu überschreiten. Einmal überschritten, können die Dinge außer Kontrolle geraten, und Sie haben Mühe, alles wieder geradezurücken. Als Chef müssen Sie die Kontrolle behalten – besonders über sich selbst.

Auch auf andere Weise können Sie Ihren Mitarbeitern zu nahe kommen. Vertrauliches kann durchsickern und auf Sie zurückfallen. Wenn Sie die Grenze überschreiten, haben andere den Eindruck, Sie werden auf ihrer Seite sein, wenn eine schwierige Entscheidung getroffen werden muß. Sie fühlen sich betrogen, wenn eine solche Entscheidung dann zu ihren Ungunsten ausfällt. Ein Beispiel ist die schwierige Frage „Könntest Du Deinen besten Freund entlassen?"

Ein guter Chef zu sein hat nichts zu tun mit einem vorderen Platz bei einem Beliebtheitswettbewerb. Gelegentlich sind Entscheidungen zu treffen, die anderen nicht gefallen – ganz gleich, wieviel Mühe Sie sich auch geben. Wenn Sie jemandem, der von einer solchen negativen Entscheidung betroffen ist, näherstehen, ist es sehr viel schwieriger, sie umzusetzen.

Sie sollten also keine engen Freundschaften mit Mitarbeitern pflegen, die Ihnen unterstellt sind. Solche Freundschaften sind potentiell gefährlich. Es gibt keine Objektivität mehr, und starke Gefühle erhitzen die Gemüter.

Wenn Sie wegen eines intimen und potentiell peinlichen medizinischen Problems einen Arzt aufsuchen, erwarten Sie von ihm ein großes, berufliches Interesse. Als Fachmann wird dieser Arzt keine Gefühle Ihnen persönlich gegenüber zeigen. Als Personalmanager sollten Sie sich ähnlich professionell verhalten und im Umgang mit Mitarbeitern stets objektiv bleiben. Das soll nicht heißen, daß Sie sich nicht menschlich verhalten sollen, indem Sie Ihre Meinungen, Ansichten und unpersönlichen Gefühle äußern. Sofern jedoch die Gefahr besteht, daß dies falsch verstanden oder als ein Schritt über die Grenze interpretiert werden könnte, sollten Sie sich zurückhalten.

Es läuft alles auf Feingefühl und Vertrauen zwischen den Menschen am Arbeitsplatz hinaus und darauf, daß Sie ehrlich gegenüber sich selbst sein müssen. Bis zu einem bestimmten Grad müssen Sie als Chef

Skandal und Klatsch

Die Menschen lieben Skandale. Oft ist es das Gerede, das sie am Leben erhält.

Jede persönliche Beziehung, die Sie am Arbeitsplatz zulassen, wird schon bald das Zentrum eines Skandals und einer Menge Klatsch werden. Allen außer Ihnen selbst wird es Spaß machen, darüber zu reden.

Das Gerede wird Ihnen schaden. Der Respekt, den die Leute vor Ihnen haben, schwindet. Und noch viel wichtiger: Es wird die Chancen verschlechtern, daß Sie Ihre Ziele erreichen – wofür Sie bezahlt werden.

selbstlos sein. Das bedeutet, Sie müssen Ihre persönlichen Wünsche nach Zugehörigkeit zu den Menschen, die Sie mögen, nach Beliebtheit und danach, einer „von ihnen" zu sein, unterdrücken. Das ist ein Opfer, das Sie bringen müssen.

Seien Sie also besonders auf der Hut, wenn Sie sich Menschen nähern, die Sie wirklich mögen. Hinterfragen Sie stets Ihre Motive. Gehen Sie den schwierigeren Weg, vermeiden Sie enge und intime Kontakte mit ihnen. Erzeugen Sie niemals Gelegenheiten, in denen Sie in ihnen mehr als in anderen sehen könnten, und achten Sie auch genau auf Annäherungen von der anderen Seite. Wenn es um Liebe und Krieg geht, sind wir alle Meister im Ränkeschmieden.

Am Arbeitsplatz haben Sie als Chef mit Krieg und Liebe nichts zu tun.

Grundprinzip:

Enge persönliche Beziehungen zu den Menschen, mit denen Sie zusammenarbeiten, können hochgradig kontraproduktiv sein.

Praxis:

Halten Sie ein, sobald es am Arbeitsplatz um persönliche Dinge geht, und fragen Sie sich: „Überschreite ich gerade die Grenze?“

47. Machen Sie Urlaub!

Damit Ihnen die Arbeit wirklich Spaß macht, müssen Sie regelmäßig Urlaub machen.

Wie wichtig es ist, Ihre Mitarbeiter allein zu lassen, damit sie die Chance erhalten, sich zu beweisen, werden wir in einem späteren Kapitel noch zeigen. Urlaube sind jedoch ein wichtiger Teil dieses Prozesses. Zu viele Führungskräfte entwickeln einen perversen Stolz darauf, zahllose Überstunden zu machen, täuschen sich und andere darin, unglaublich wichtig, unglaublich beschäftigt und so unverzichtbar zu sein, daß das Unternehmen nicht eine Stunde ohne sie auskommen kann, ganz zu schweigen von zwei Wochen oder mehr im Sommer. Das sind die gleichen Führungskräfte, die nach Paris oder Frankfurt zu Besprechungen hetzen, die jeder außer ihnen selbst für unwichtig hält.

Die Arbeit sollte Spaß machen; dann ist es nicht schlimm, zusätzliche Stunden zu investieren. Ganz besonders, wenn es Ihnen Spaß macht und Sie Freude daran haben, außergewöhnliche Herausforderungen anzunehmen. Dennoch müssen Sie als Chef den Wert dieser Überstunden hinterfragen. Zu oft werden Überstunden wegen des äußeren Scheins, häuslicher Probleme oder einfach deshalb gemacht, weil ein Chef sich mit zu vielen Detailfragen befaßt. Aber selbst wenn die Überstunden einem guten Zweck dienen, gibt es für sie eine Grenze. Das Risiko des Manager-Burnout lauert immer.

Hier also ist meine Empfehlung. Machen Sie jedes Jahr einen langen Urlaub (zwei bis drei Wochen). Machen Sie außerdem dreimal pro Jahr Kurzurlaub (indem Sie zwei oder drei Tage an ein Wochenende anhängen).

Lassen Sie Ihrer Phantasie über diese Ferien freien Lauf. Stellen Sie sich ein Bild von idyllischen zwei Wochen vor, in denen Sie von allem wegkommen, und geben Sie sich wirklich dem Gedanken hin, was Sie in dieser Zeit machen möchten. Es könnten einige Wochen auf Zypern sein, Wanderferien in Schottland, ein Trip nach Florida zu Ihrem dritten Besuch in den Universal-Filmstudios oder Töpferferien in der Toskana.

Sie könnten sogar nach Thailand fahren. Denken Sie genau darüber nach, was Sie in diesen Ferien machen wollen – sei es Entspannung bei einem Cappuccino in einem Hafencafé, beobachtend, wie die Welt an Ihnen vorüberzieht, Sonnenbaden an einem weißen Sandstrand, ein Besuch der Sehenswürdigkeiten in Rom oder Disney World ansehen.

Nachdem die Phantasie in Ihrem Geist Gestalt angenommen hat, nähern Sie sich ihr. Gehen Sie los, und besorgen Sie in Ihrem örtlichen Reisebüro Prospekte. Verbringen Sie einen schönen Abend zusammen mit Ihrer Familie, an dem Sie sich die verschiedenen Möglichkeiten ansehen. Kommen Sie dann zu einer gemeinsamen Entscheidung, und buchen Sie den Urlaub.

Das alles ist eine hervorragende Übung für das, was Sie auch bei der Arbeit tun sollten. Es ist wichtig, im Geist Bilder (Visionen) dessen zu erzeugen, was Sie erreichen möchten. Es ist sehr wichtig, Ihre Mitarbeiter an diesem Prozeß zu beteiligen.

Die Vorteile eines Urlaubs

- Batterien werden neu aufgeladen (die Begeisterung wird regeneriert)
- Perspektiven zeigen sich (die Dinge anders sehen)
- Prioritäten werden neu vergeben (überprüfen, was Ihnen wichtig ist)
- Zeit mit der Familie verbringen
- Streßbedingte Schmerzen vergehen, Streßsymptome verschwinden
- Neue Energien können entwickelt werden
- Aus neuen Situationen lernen (andere Menschen im Urlaub beobachten, völlig unterschiedliche Menschen kennenlernen, neue Kulturen aufnehmen)
- Neue Ideen entwickeln
- Körperlich fitter werden
- Lesen (alles außer Büchern, die mit der Arbeit zu tun haben)
- Sich selbst für eine Weile verwöhnen (gutes Essen, guter Wein usw.)
- Das Wissen neu beleben, daß das Leben nicht nur aus Arbeit besteht

Wenn Sie Urlaub machen, können Sie wieder Mensch werden. Sie lernen wieder die Kunst, Postkarten zu schreiben, Eis zu essen und Ihrem Partner den Rücken mit Sonnenmilch einzureiben. Da Sie sich zwanglos kleiden, werden Sie plötzlich in den Augen der anderen zu einem gewöhnlichen Menschen. Sie verlieren sich in der Menge. Sie hören auf, wichtig zu sein.

Ferner liefern Ferien eine Reihe nützlicher Unterhaltungsthemen für den so wichtigen Small talk (beim Thema Urlaub ist jeder Experte und hat eine Meinung, die er Ihnen mitteilen kann).

Wenn Sie aus dem Urlaub zurückkehren, werden Sie feststellen, daß Sie die Dinge nun um ein Vielfaches effizienter als vorher erledigen. Der Effekt läßt jedoch nach einer Weile nach, und Sie müssen planen, in zwei bis drei Monaten wieder wegzufahren.

Ihre heutige Aufgabe besteht darin, Ihren Urlaub zu buchen (wenn Sie das nicht schon getan haben). Falls Sie das schon getan haben, nehmen Sie Ihren Kalender heraus und planen die Tage für drei oder vier Kurzurlaube in den kommenden zwölf Monaten.

Grundprinzip:

Urlaub ist wichtig, um die Effizienz bei der Arbeit zu erhalten.

Praxis:

Planen Sie ein Jahr im voraus, indem Sie wenigstens einen langen und drei oder vier kurze Urlaube zeitlich festlegen.
Haben Sie immer einen Urlaub bereits gebucht.

48. Entlassen Sie jeden tausendsten Mitarbeiter!

Einer von tausend Mitarbeitern ist untragbar. Stellen Sie ihn nicht ein. Falls Sie es doch taten, entlassen Sie ihn.

Na ja, nicht gerade jeder tausendste. Nehmen Sie das mit Vorbehalt. Die Welt ist jedoch nicht so perfekt, daß jeder, der Ihnen unterstellt ist, auch motiviert ist, gut zu arbeiten, oder auch nur unter Ihrer Anleitung das Potential dazu hat.

Hin und wieder treffen Sie auf einen echten „Blindgänger“: jemanden, der trotz all Ihrer Bemühungen nicht in der Lage ist, auch nur ein Zehntel dessen zu leisten, was Sie wirklich erwarten dürfen. Das Beste an ihm ist vielleicht sein Lächeln, das Schlimmste die Qualität und Quantität seiner Arbeit.

Ich fürchte, daß in unserer guten alten rauhen Welt der Platz für Nächstenliebe im Geschäftsleben begrenzt ist. Sie können es sich nicht leisten, mildtätig gegenüber Menschen zu sein, die – aus welchem Grund auch immer – dauerhaft keine akzeptablen Leistungen erbringen. Sie müssen Ihren Fehler zugeben und die Leistungsschwachen feuern, bevor sie einen irreparablen Schaden anrichten können.

Außerdem werden Ihre Mitarbeiter das Problem bereits vor Ihnen erkennen und von Ihnen erwarten, daß Sie etwas unternehmen. Sie erwarten, daß Sie den Betreffenden entlassen. Wenn Sie Leistungsschwache übersehen und ihnen nicht entsprechend begegnen, wird Ihre Glaubwürdigkeit Schaden nehmen. Ihre Mitarbeiter sollen stolz auf das sein, was sie tun und erreichen können. Sie werden niemanden wollen, der nicht dazu paßt und sie mit hinunterzieht.

Sie müssen der statistischen Wahrscheinlichkeit ins Auge sehen, daß Sie kein Leben als Chef verbringen, ohne auf jemanden zu treffen, den Sie entlassen müssen. Sie brauchen nicht zu suchen, denn es wird für Sie ganz klar sein, daß eine spezielle Person es nicht schafft – und niemals schaffen wird. Dafür besteht das Risiko, daß der Betreffende viel zu viel Ihrer Zeit (und die Ihrer anderen Mitarbeiter) dafür beanspruchen wird, sie oder ihn aus schwierigen Situationen zu befreien.

Handeln Sie also! Aber seien Sie auch vorsichtig! Die Entscheidung ist wichtig, ebenso wie der Weg, den Sie hierfür wählen. Sorgfalt ist von entscheidender Bedeutung. Sorgfalt bedeutet Anwendung von Feingefühl, Fairneß, Verständnis und Hilfe für die zu entlassende Person.

Es wird leicht vergessen, daß die Person, die Sie entlassen wollen, auch Mensch ist. Der Prozeß wird für ihn (oder sie) ebenso traumatisch sein wie für Sie selbst. Zu Hause gibt es wahrscheinlich eine Familie, der er gegenübertreten muß, Nachbarn, mit denen er spricht, und Freunde in der Stammkneipe oder im Verein. Die Gründe, die Sie für Ihre Handlungsweise anführen, sind selten die Gründe, die gegenüber der Familie, Nachbarn und Freunden genannt werden: „Die Sache hat sich nicht gut entwickelt“, „Mein Gesicht hat ihnen nicht gefallen“, „Ich kam mit meinem Chef nicht zurecht“, „Mir gefiel die Arbeit nicht“. Es geht darum, das Gesicht zu wahren, und, ganz gleich wie offen und ehrlich Sie sind: Sie werden damit bis zu einem bestimmten Maße einverstanden sein müssen. Seien Sie nicht unehrlich, aber finden Sie Worte, die helfen.

Im Idealfall (und das ist Ihr Ziel) sollten Sie die entsprechenden Personen dazu bringen, einzusehen, daß die Entlassung das Beste ist, was ihnen passieren kann. Gute Chefs schaffen das. Sie helfen dem anderen dabei, zu erkennen, daß die mangelnden Leistungen, die schlechte Qualität ihrer Arbeit insgesamt darauf zurückzuführen sind, daß die Stelle für sie nicht geeignet ist – was zwangsläufig zu mangelnder Zufriedenheit führt. Mit anderen Worten: Die Entlassung einer Person kann häufig im Interesse des anderen sein und Chancen schaffen, die bei der gegenwärtigen Tätigkeit nicht gegeben sind und die daher die wahren Talente dieser Person nicht nutzt (wir alle haben spezielle Talente).

Jemanden zu entlassen ist eine wichtige Entscheidung, und es besteht immer die Gefahr, damit einen Fehler zu machen. Um das zu verhindern und als Teil der Fürsorge müssen Sie die betreffende Person frühzeitig vor einer möglichen Kündigung warnen. In den meisten Unternehmen gibt es hierfür feste Regeln – das verlangt schon das Gesetz. Als Chef müssen Sie daher bei einer möglichen Beendigung eines Arbeitsverhältnisses uneingeschränkt gerecht und objektiv sein, um sich nicht dem Vorwurf einer unfairen Kündigung auszusetzen. Sie sollten sicherstellen, daß kleinere Vorfälle, geringere Fehler und vorübergehende Verirrungen nicht über Gebühr betont werden, um persönlichen Groll, den Sie gegen eine Person hegen, zu rechtfertigen. Mit anderen Worten: Niemals sollten persönliche Vorurteile in die Überlegungen hineinspielen. Sympathie und Antipathie sind völlig irrelevant, wenn es darum geht, Mitarbeiter zu entlassen.

Drei Entlassungsgründe

Für die Entlassung eines Mitarbeiters kann es nur drei Gründe geben:

1. Die Leistungen sind hochgradig mangelhaft (quantitativ und/oder qualitativ). Die Defizite werden trotz Warnungen und trotz aller nur denkbaren Bemühungen, dem Mitarbeiter zu helfen, sich zu verbessern, nicht behoben.
2. Das Verhalten des Mitarbeiters ist extrem inakzeptabel (Diebstahl, Belästigung, Schikane, Einschüchterung, Gewalt usw.).
3. Betriebliche Gründe (die Stelle wird gestrichen).

Zum Glück konzentriert sich der größere Teil Ihrer Bemühungen als Chef auf die 99,9 Prozent aller Mitarbeiter, die effektiv arbeiten und das Potential besitzen, sogar noch mehr zu leisten. Wenn Sie jedoch einem untragbaren Mitarbeiter begegnen, werden Sie bemerken, daß sehr viel Zeit von dieser Person in Anspruch genommen wird und daß eine Entlassung die einzige Antwort auf etwas ist, was andernfalls zu einem Dauerproblem würde.

Riskieren Sie niemals, solche Mitarbeiter weiterhin zu behalten. Der Schaden kann zu groß werden.

Grundprinzip:

Akzeptieren Sie niemals anhaltend schlechte Leistungen oder extremes Fehlverhalten. Feuern Sie beharrliche Sünder. Seien Sie fürsorglich, entlassen Sie fair.

Praxis:

Halten Sie die korrekten Verfahren zur Entlassung eines Mitarbeiters streng ein. Scheuen Sie jedoch vor einer solchen Entscheidung auch nicht zurück.

49. Lernen Sie die Sprache Ihrer Mitarbeiter!

Wenn Sie nicht wissen, worüber Ihre Leute sprechen, wird Ihre Glaubwürdigkeit darunter leiden.

Bezüglich der Rolle eines Managers und der Frage, ob er über ein Mindestmaß an Fachwissen in dem Bereich verfügen sollte, in dem die ihm unterstellten Mitarbeiter tätig sind, gibt es viele Unklarheiten.

Ein wichtiger Erfolgsfaktor für jede Führungskraft sind persönliche Beziehungen, und die haben in hohem Maße mit Kommunikation, Verständnis und Verpflichtung zu tun. Nichts von allem läßt sich erreichen, wenn Sie nicht wissen, worüber geredet wird. Das bedeutet nicht, daß Sie, genau wie Ihre Leute, Fachmann sein müssen. Die meisten Menschen können verstehen, was ein Automechaniker tut, ohne daß sie selbst in der Lage wären, ein Auto zu reparieren.

Die meisten Chefs gelangen über klassische Wege wie beispielsweise Tätigkeiten in der Finanzverwaltung, im Vertrieb oder der Technik nach oben. Die schlimmsten von ihnen gehen diesem Beruf auch als Manager weiter nach, spielen auch weiterhin mit Zahlen, verkaufen oder brüten über technischen Plänen. Dieser Beruf ist es, der ihnen den Kick gibt, nicht das Führen von Mitarbeitern. Es gibt andere ineffektive Chefs, die nicht den blassesten Schimmer davon haben, was los ist, die Zahlen nicht verstehen, keine Idee haben, wie verkauft wird, oder die vor allem, was technisch ist, zurückschrecken.

Der Mittelweg ist der beste Weg. Sie sollten etwas vom Handwerk erlernen, doch als Chef nie versuchen, es selbst anzuwenden. Wenn Sie die Fähigkeiten Ihrer Mitarbeiter und die Feinheiten ihrer Arbeit schätzen und verstehen können, wird Sie das in die Lage versetzen, ihre Leistungen mit den übergeordneten Zielen des Unternehmens in Einklang zu bringen.

Zu viele Fachleute erzeugen gerne eine Aura der Mystik um ihr Fachwissen herum und verbarrikadieren damit ihr heiliges Territorium gegen Außenstehende. Die Mediziner tun sich hierin besonders hervor, behandeln Patienten, als wären sie dumm und würden sich in Gefahr begeben, wenn sie es wagten, nicht nur einfache Fragen über das, was mit ihrem Körper geschieht, zu stellen. Selbst heute treffe ich noch auf Ärzte, die es vorziehen, mir zu sagen, mein Blutdruck sei „in Ordnung“, anstatt mich darüber zu informieren, daß er 130/80 bei einem Puls von 60 beträgt, und mir die Bedeutung dieser Werte zu erklären.

Schwache Chefs gestatten ihren Mitarbeitern, sie mit Fachausdrükken zu überschütten. Die guten Chefs bohren weiter und finden heraus, was dieser Jargon bedeutet. Oftmals handelt es sich nicht um schwierige Dinge. Schließlich brauchen Sie keinen Abschluß als Rechnungsprüfer, um eine Bilanz lesen zu können.

Die Herausforderung besteht für Sie darin, die Sprache der verschiedenen Fachgruppen zu erlernen, für die Sie verantwortlich sind. Versuchen Sie nie, die Arbeit der anderen zu machen, aber bemühen Sie sich, ihre Arbeit zu verstehen. Fürchten Sie sich nicht davor, scheinbar naive Fragen zu stellen. Die meisten Fachleute – nicht alle – erkennen, daß Sie die Fachsprache nicht beherrschen, und werden Ihnen nur zu gerne erklären, was sie mit bestimmten Abkürzungen und Kürzeln meinen.

In einigen Fällen werden die Experten Ihnen als Chef sogar erlauben, einige der einfachen Dinge ihres Fachs zu erledigen. Dann werden Sie merken, wie schwierig ihre Arbeit wirklich ist. Das wird Ihnen dabei helfen, ihre langjährige Erfahrung und Praxis zu schätzen, welche sie heute ihre Aufgaben so geschickt erledigen lassen.

Sprache

Lernen Sie die Bedeutung von:

- häufig verwendeten Fachausdrücken (z.B. Bytes)
- häufig verwendeten tätigkeitsbezogenen Bezeichnungen (z.B. Marge)
- Abkürzungen
- unternehmensspezifischen Redewendungen
- Begriffen aus dem Management (z.B. Führungszirkel)
- organisatorischen Begriffen (z.B. Division, Abteilung, Bereich).

Nehmen Sie Unternehmensunterlagen mit nach Hause: Berichte, Abteilungsakten. Lesen Sie sie, und markieren Sie alle Wörter und Begriffe, die Ihnen unbekannt sind. Finden Sie dann am nächsten Tag im Büro ihre Bedeutung heraus.

Je vertrauter Sie mit der Sprache werden, die Ihre Mitarbeiter sprechen, desto erfolgreicher werden Sie darin sein, effektive und gute Beziehungen zu ihnen aufzubauen. Dabei wird sich die traditionelle Lücke zwischen Arbeitern/Angestellten und Führungskräften schließen, und Sie werden besser zusammenarbeiten und die Ziele des Unternehmens erreichen können.

Grundprinzip:

Um zu anderen Menschen eine Beziehung aufzubauen, müssen Sie ihre Sprache sprechen.

Praxis:

Wenn Sie nicht verstehen, was andere sagen, sollten Sie immer versuchen, die Bedeutung von „Fremdwörtern" herauszufinden. Bemühen Sie sich ganz bewußt, die Sprache Ihrer Mitarbeiter zu erlernen.

50. Geben Sie Ihre Fehler zu!

Ehrlichkeit ist Macht, wenn Sie offen zugeben, was Sie falsch machen.

Fehler sind interessanter als etwas, das Sie richtig machen. Gestalten Sie also Ihr Leben interessanter, und sehen Sie sich Ihre eigenen Fehler genauer an.

Auch die Fehler anderer Menschen sind faszinierend und können wertvolle Lektionen erteilen. Sehen Sie sich daher erfolgreiche Menschen an, und finden Sie heraus, wie sie von ihren Fehlern profitierten. Auch Ihr Held ist nicht perfekt.

Das Problem bei Fehlern besteht darin, daß sie schwierig zu definieren und daher schwierig zuzugeben sind. Deshalb ist es nicht leicht, aus ihnen zu lernen. Es ist leicht, eine Tasse Kaffee umzuwerfen, ebenso wie den Namen des Ehemanns Ihrer Chefin oder der Ehefrau Ihres Chefs falsch auszusprechen. Es ist auch schnell passiert, daß Sie eine Besprechung oder die Anlage zu einem Brief vergessen.

Es gibt jedoch eine Menge anderer Probleme, die uns das Leben schwermachen. Wie können wir herausfinden, ob wir den Falschen eingestellt haben? Wie können wir wissen, ob wir uns in einer bestimmten Situation schlecht verhalten haben? Woher können wir wissen, daß wir jemanden unabsichtlich verletzt haben?

Es ist für uns immer klar, wenn andere Leute Fehler machen. Das Verhalten der anderen für falsch zu erklären ist ein beliebter Zeitvertreib. Darüber sprechen wir gern. Wir beklagen uns z.B. bei einem engen Freund darüber, wenn jemand uns demütigt, uns übersieht, uns anschreit, die Dinge verdreht, uns betrügt, uns im Stich läßt oder uns ganz generell nicht gut behandelt. Das Problem ist nur, daß die Übeltäter, über die wir uns beklagen, nur selten erkennen, daß sie die Fehler machen, die wir ihnen hinter ihrem Rücken vorwerfen.

Die Wahrnehmung oder mangelnde Wahrnehmung spielt deshalb bei der Akzeptanz und dem Eingeständnis von Fehlern eine wichtige Rolle. Unsere Wahrnehmung von Fehlern hängt davon ab, wie sehr ein

Verhalten unseren Normen und denen der anderen Menschen entspricht. Das Umwerfen einer Tasse Kaffee erfüllt keinerlei Norm, die angewendet und somit verletzt werden könnte. Daher werden wir den Fehler bereitwillig zugeben (wenngleich einige Leute eine andere Person dafür verantwortlich machen würden, daß er oder sie die Tasse zu nahe an die Tischkante gestellt habe).

Einen Fehler zuzugeben ist am schwierigsten, wenn die Normvorstellungen der Menschen voneinander abweichen. Das gilt auch, wenn wir uns unseres abweichenden Verhaltens nicht bewußt sind. Nur zu leicht lassen wir zu, daß unser Verhalten auf den kleinsten gemeinsamen Nenner absinkt. Schlechtes Benehmen ist die neue Norm (jeder wirft Abfall weg, jeder flucht, jeder „türkt" seine Spesenabrechnung). Wir sehen unsere eigenen Schwächen und Fehler nicht mehr und geben die akzeptierten Regeln auf. Statt dessen lassen wir uns von unseren eigenen Impulsen treiben und behaupten, was wir tun, sei richtig. Am Ende erkennen wir nicht mehr, wie wir sind. Feedback auf unser Verhalten unterbinden wir aus Angst, wir könnten uns bloßgestellt haben. Auf diese Weise verneinen wir die Wahrheit. Wir mögen es nicht, wenn man uns sagt, wir seien fett und machten einen Fehler, wenn wir all die schrecklich leckeren Sachen essen. Wir verschließen uns vor schlechten Nachrichten und täuschen uns selbst, indem wir nur den guten Neuigkeiten erlauben, den Filter zu passieren.

Wir erzeugen ein Bild von uns selbst, das mit der Realität nichts mehr zu tun hat. Das Bild verzerrt die Interpretation unseres eigenen Verhaltens. Unser Benehmen verschlechtert sich, und infolgedessen machen wir Fehler, die jeder andere sieht – nur wir selbst nicht.

Das Eingeständnis von Fehlern ist nicht nur einfach ein stückweises Bekennen der Pannen, die uns in unserem Leben unterlaufen. Es geht mehr darum, uns selbst und tiefverwurzelte Defekte – die wir alle haben – zu erkennen. Viele davon sind nicht zu beheben, doch wenn wir sie uns bewußt machen, dann sind wir dadurch in der Lage, sie so weit zu neutralisieren, daß sie keinen Schaden anrichten. Wenn Sie nicht buchstabieren können, sollten Sie nicht den Fehler machen, eine Stelle anzunehmen, die viel Schreibarbeit erfordert. Wenn Sie nicht gut präsentieren können, dann sollten Sie nicht Trainer werden. Wenn Sie gerne beliebt sind, dann sollten Sie nicht den Fehler begehen, Personalmanager zu werden.

Ein hohes Maß an Selbsterkenntnis minimiert die Wahrscheinlichkeit, daß wir Fehler machen. Solche Selbsterkenntnis macht uns stark und läßt uns an uns selbst glauben. Wenn Sie viel Selbsterkenntnis und Selbstvertrauen haben, sind Sie eher bereit, Fehler zuzugeben. Dann fällt es Ihnen leichter, aus Ihren Fehlern zu lernen. Und genau das ist es, was Sie für die Wege zu Ihren Zielen stark macht. Indem Sie aus Fehlern lernen, werden Sie mit höherer Wahrscheinlichkeit Erfolg haben.

Solche Stärke versetzt Sie in die Lage, anderen Menschen offen zu begegnen, zu Ihrem Chef und Ihren Mitarbeitern zu gehen und zuzugeben, daß Sie etwas falsch gemacht haben.

Wenn etwas vermasselt wurde, lechzen viele Leute – wie Wölfe – nach Blut. Sie jagen das Opfer. Wenn Sie es sind und sich ihnen entgegenstellen, wird das Jagen und Lechzen ein Ende haben. Plötzlich werden die Wölfe menschlich. Sie geben Ihnen sogar Schutz: „Es gibt zwar..., aber wir wollen mal gnädig sein …"

Ehrlichkeit zahlt sich aus. Fehler zuzugeben bedeutet, ehrlich zu sein. Ehrlichkeit wiederum hat etwas damit zu tun, die tieferen Wahrheiten über sich selbst offenzulegen.

Für eine solche Offenheit brauchen Sie Menschen um sich herum, die ehrlich zu Ihnen sein können. Das sind Menschen, die keine Angst davor haben, Ihnen zu sagen, wie man Sie sieht: Ihr Verhalten, Ihre Handlungen, Ihre Entscheidungen, Ihre Worte. In traditionellen hierarchischen Organisationen wird solche Ehrlichkeit unterdrückt, und aus diesem Grund scheitern so viele Mitarbeiter, wenn sie den Versuch unternehmen.

Sie können Fehler nur gegenüber Menschen zugeben, denen Sie vertrauen. Die anderen werden Ihre Fehler zu ihren eigenen Gunsten ausnutzen. Umgekehrt sollten auch Sie sich niemals den Fehler eines anderen zunutze machen. Lernen Sie lieber daraus, dann profitieren Sie beide davon.

Vertrauen Sie Ihren Mitarbeitern, und geben Sie ihnen gegenüber Ihre Fehler zu. Sie werden Sie mehr respektieren, als wenn Sie den Versuch machten, Fehler zu vertuschen und die Schuld dafür anderen zu geben.

Grundprinzip:

Eigene Unzulänglichkeiten ehrlich zugeben und sich selbst erkennen.

Praxis:

Bringen Sie Menschen dazu, es Ihnen zu sagen, wenn Sie Fehler machen.
Überprüfen Sie sich selbst immer wieder: Was machen Sie richtig und was falsch?

51. Ergreifen Sie die Initiative!

Machen Sie immer als erster einen Schritt nach vorn (besonders, wenn andere zögern).

Initiative ergreifen heißt selbständig denken. Wenn Sie wie ein Sklave Ihren Vorschriften oder anderen folgen oder wenn Sie gar auf andere warten, verlieren Sie Zeit und Schwung.

Initiative ergreifen bedeutet, als erster dazusein, sich als erster freiwillig für eine schwierige Aufgabe zu melden, als erster das Wort zu ergreifen und als erster eine Idee zu überprüfen.

Es bedeutet auch, als erster beim Kunden zu sein. Warten Sie nicht darauf, bis der Kunde Ihnen mitteilt, daß es ein Problem gibt. Die Initiative ergreifen bedeutet, den Kunden über eine verspätete Auslieferung zu unterrichten, bevor er Sie davon ärgerlich in Kenntnis setzt.

Es bedeutet, der erste zu sein, der die Mitarbeiter über etwas informiert; das gilt vor allem, wenn es um wichtige Informationen geht. Um als Chef glaubwürdig zu sein, müssen Sie Gerüchten zuvorkommen.

Zu viele Chefs stecken ihren Kopf in den Sand und warten darauf, daß ein Problem sich von allein löst: die fehlenden Parkplätze, zu wenig Firmenwagen und Büroräume. Kümmern Sie sich heute darum – oder wenigstens innerhalb der nächsten vier Wochen.

Ein Sprichwort besagt, wenn Sie zu lange über etwas nachdenken, dann tun Sie es nie. Einige Chefs packen die Dinge einfach an. Sie ergreifen die Initiative und tun etwas. Das Problem großer Organisationen und Unternehmen besteht darin, daß jeder auf das Einverständnis des anderen wartet. Es werden Arbeitsgruppen und Führungszirkel ins Leben gerufen, die das Problem untersuchen und Empfehlungen abgeben sollen. Diese sollen dann von Mitarbeitern umgesetzt werden, die bisher nicht beteiligt waren und nun eifrig versuchen, die Nachteile der vorgeschlagenen Lösung herauszufinden. Tausende Stunden werden damit verschwendet, daß Menschen in Meetings herumsitzen und über den besten Weg diskutieren. Dabei besteht die Gefahr, daß sie sich immer nur auf den kleinsten gemeinsamen Nenner einigen – und das ist schlecht für Kunden, schlecht für Mitarbeiter und schließlich am Ende auch schlecht für das Unternehmen.

Die Initiative ergreifen bedeutet, die Verantwortung zu übernehmen. Es bedeutet, Risiken einzugehen, indem Sie die Last einer Entscheidung auf Ihre Schultern nehmen. Es bedeutet, das rote Band durchzuschneiden und die Kosten zu genehmigen, wohlwissend, daß andere hiermit vielleicht nicht einverstanden sind. Es bedeutet, Resultate zu erzielen und, gelegentlich, Fehler zu machen.

Die Initiative ergreifen bedeutet, sich bietende Gelegenheiten wahrzunehmen. Gelegenheiten tauchen mit phänomenaler Geschwindigkeit auf. Wenn Sie warten, bis ein Komitee sich entschieden hat, wird die Gelegenheit aus dem Fenster entschwinden und von einem Wettbewerber ergriffen werden.

Die Initiative ergreifen bedeutet, kleine Dinge zu tun, über die sich Ihre Kunden ebenso wie Ihre Mitarbeiter freuen. Ihnen mögen solche kleinen Dinge vielleicht unwichtig erscheinen – für die Menschen aber, die davon profitieren, sind sie sehr wichtig. Initiative ergreifen bedeutet, Dankeskarten an andere zu verschicken, sie anzurufen und Interesse für sie zu zeigen, wenn sie es am wenigsten erwarten, auf Ihren Reisen einmal kurz bei jemandem vorbeizuschauen und einen Ihrer jüngeren Mitarbeiter zu veranlassen, interessante Dienstreisen an Ihrer Stelle zu unternehmen.

Die Initiative ergreifen bedeutet, wirklich interessante Ideen tatsächlich weiterzuverfolgen, mit neuen Produkten und Dienstleistungen zu experimentieren und neue Technologien auf den Markt zu bringen, bevor es andere tun. Es bedeutet, sich nach den besten Schulungsmöglichkeiten für Ihre Mitarbeiter umzusehen und sicherzustellen, daß sie die neuesten Theorien kennen, bevor sie in aller Munde sind. Es bedeutet, Zeit für einfache Höflichkeiten und die grundlegenden Dinge des Geschäftsalltags zu finden: herumzugehen, um sich mit Mitarbeitern zu unterhalten und herauszufinden, was sich tut. Es bedeutet, sich nach den Kindern zu erkundigen und sich um die Dinge zu kümmern, die bei Ihrem letzten Rundgang Ihnen gegenüber angesprochen wurden.

Nicht nur Sie als Chef sollten die Initiative ergreifen. Begrüßen Sie entsprechende Aktivitäten Ihrer Mitarbeiter. Unterstützen und ermutigen Sie dazu, initiativ zu werden. Zu viele Chefs lehnen Eigeninitiative von anderen innerlich ab und ignorieren sie, weil sie selbst nicht daran gedacht hatten. Sie ersticken alle Initiativen ihrer Mitarbeiter im Keim und betrachten Vorschläge als indirekte Kritik an ihnen. Falls Ihre Leute einen Einfall vor Ihnen haben – freuen Sie sich! Gratulieren Sie ihnen dazu, daß sie Ihnen voraus sind. Das gleiche gilt umgekehrt natürlich auch für Ihren eigenen Chef. Tun Sie nicht so, als hätte man Ihnen auf die Füße getreten, wäre in Ihr Territorium eingedrungen und hätte etwas getan, woran eigentlich Sie hätten denken müssen.

Lehnen Sie sich heute zurück, und denken Sie über Ihre und die Initiativen Ihrer Mitarbeiter der vergangenen drei Monate nach (wie klein sie auch immer waren). Bewerten Sie den positiven Einfluß dieser Initiativen auf Ihr Unternehmen.

Bemühen Sie sich darum, ein Mitarbeiterteam aufzubauen, das für seine Initiative bekannt ist – ein Team, das dem übrigen Unternehmen und, noch wichtiger, dem Wettbewerb um Längen voraus ist. Seien Sie stolz darauf, als erster am Ziel zu sein, Gelegenheiten zu ergreifen und Probleme zu knacken, die andere für unlösbar halten.

Grundprinzip:

Gelegenheiten ergreifen, um dem Wettbewerb voraus zu sein.

Praxis:

Zögern Sie, bevor Sie „nein" oder „das geht nicht" sagen.
Denken und reden Sie weniger darüber, wie die Probleme zu knakken sind, und verwenden Sie statt dessen mehr Zeit darauf, es wirklich zu tun.
Halten Sie nach Chancen Ausschau, und greifen Sie zu.
Gehen Sie Risiken ein, und haben Sie keine Angst vor ihnen.

52. Werfen Sie Ihre Tätigkeit für das Unternehmen in die Waagschale!

Es gibt Gelegenheiten im Leben, die den Mut Ihrer Überzeugungen so herausfordern, daß Sie Ihre Tätigkeit in Frage stellen müssen.

Meinungsverschiedenheiten sollten ein gesunder Teil des täglichen Arbeitslebens sein. Durch Meinungsverschiedenheiten und Diskussionen werden bessere Entscheidungen getroffen. Es gibt jedoch im Leben einige grundlegende Themen, bei denen es uns unmöglich ist, eine andere Meinung als die eigene zu vertreten. Sie haben im allgemeinen mit tiefverwurzelten Prinzipien und Überzeugungen zu tun.

Im Idealfall sollte es keine derart grundlegenden unterschiedlichen Standpunkte geben; tatsächlich treten sie in der Praxis nur selten auf. Es sollte sie deshalb nicht geben, weil wir gewöhnlich in Unternehmen arbeiten, von denen wir annehmen, daß sie die gleichen Werte und Überzeugungen vertreten wie wir selbst. Es sind Unternehmen, die bereits Gleichgesinnte beschäftigen, von denen wir instinktiv wissen, daß wir mit ihnen zusammenarbeiten können. Es sind Unternehmen, die Tätigkeiten bieten, die wir interessant finden und mit denen wir uns identifizieren. Mit anderen Worten: Ein wirksames Personalauswahlverfahren sollte schon im Vorfeld diejenigen herausfiltern, die die Ziele eines Unternehmens nicht unterstützen und die sich aller Voraussicht nach nicht harmonisch in das personelle Umfeld einfügen werden.

Zwangsläufig wird dieser ideale Zustand nicht immer erreicht. Häufig bildet sich in einem Unternehmen eine Gruppe von Dissidenten, dic Ärger machen und der Organisation damit indirekt Schaden zufügen.

Es besteht die Gefahr, daß Sie als Chef in solche Unstimmigkeiten hineingezogen werden und sogar selbst über Ihren eigenen Chef und das Unternehmen schlecht reden. Ein solches Verhalten ist ein Spiegel Ihrer eigenen Unzulänglichkeit und Ihres mangelnden Muts, schwierige Dinge in Angriff zu nehmen. Oder es zeigt, daß Sie etwas tolerieren, was Ihnen nicht gefällt. Den Menschen um Sie herum zeigt es, daß Sie keine Moral haben und kein Rückgrat. Es zeigt ihnen, daß Sie bereit sind, genauso tief zu sinken wie der Pöbel der Hetzer und Ketzer, der Zyniker und Quengler, mit denen sich viele große Unternehmen infiziert haben.

Wenn Sie mit der Art und Weise, in der das Unternehmen geführt wird, mit einer wichtigen Entscheidung oder mit dem Verhalten Ihres Chefs ernsthaft nicht einverstanden sind, müssen Sie das den Betreffenden zuerst einmal mitteilen. Normalerweise ist das Ihr eigener Chef. Suchen Sie eine Gelegenheit, ihm Ihre Ansichten und Gefühle bezüglich eines fraglichen Themas zu erklären. Sie müssen deutlich machen, daß Sie mit der Art und Weise, in der das Unternehmen (oder der Chef) die Dinge handhabt, absolut nicht einverstanden sind, weil es Ihren eigenen Prinzipien und Ansichten grundsätzlich widerspricht. Mit anderen Worten: Sie müssen versuchen, Ihrem Chef verständlich zu machen, daß bestimmte Praktiken und Entscheidungen für Sie nicht akzeptabel sind. Es ist nur fair, Ihrem Chef oder dem Unternehmen die Möglichkeit zu bieten, darauf zu reagieren und zu versuchen, Sie von der Richtigkeit der Vorgehensweise zu überzeugen. Vielleicht läßt man sich sogar von Ihren eigenen Argumenten überzeugen, und die Dinge ändern sich. Sollte es zu keiner Einigung und Lösung des Problems kommen, haben Sie die folgenden beiden Möglichkeiten.

Zwei Möglichkeiten für den Umgang mit grundlegenden Meinungsverschiedenheiten

1. Möglichkeit:
Nachdem Sie alles durchgesprochen haben, vergessen Sie, daß Sie anderer Meinung sind, beugen sich Ihrem Chef oder dem Unternehmen und kooperieren bereitwillig.

2. Möglichkeit:
Sie kündigen.

Verboten:
Entscheidungen und Vorgehensweisen weiterhin schlechtmachen.

Ihre Tätigkeit sollten Sie nur dann in die Waagschale werfen, wenn Sie wahrhaftig mit dem, was passiert, nicht mehr länger leben können. Das kann beispielsweise der Fall sein, wenn Sie gezwungen werden, unmoralische Methoden anzuwenden, oder wenn die Gesundheit bedroht wird, weil Sie Dinge wider besseren Wissens tun. Das geschieht, wenn Sie gegen Ihr Gewissen handeln müssen.

Es ist wichtig, daß Sie die Konsequenzen einer solchen Entscheidung mit Ihrem Ehemann, Ihrer Frau oder Ihrem Partner durchsprechen, bevor Sie einen so schwerwiegenden Schritt unternehmen. Es besteht das Risiko, daß Sie morgen keinen Arbeitsplatz mehr haben und dadurch der Lebensunterhalt Ihrer Familie stark gefährdet ist. Sie müssen Ihre eigenen Ansichten sorgfältig prüfen. Zeigen Sie vielleicht nur eine Überreaktion? Sehen Sie die Dinge vielleicht nicht richtig? Sind Sie absolut sicher, daß Sie in dieser Sache recht haben? Geht es wirklich um die persönliche Überzeugung? Haben Sie den Mut, die Sache vollständig durchzustehen? Was ist, wenn Ihr Chef Sie auffordert, etwas doch zu tun – werden Sie dann kündigen?

Kündigen Sie nur, wenn Sie mit dem, was geschieht, weder leben noch es ändern können. Viele Menschen, die das Trauma einer Kündigung aus Überzeugungsgründen hinter sich haben, sagen, es war das Beste, was ihnen je passierte. Sie haben in einem anderen Unternehmen Karriere gemacht, in dem sie die Talente nutzen konnten, die von ihrem früheren Arbeitgeber unterdrückt wurden.

Welchen Weg Sie auch immer wählen, Sie müssen klar denken. Es handelt sich um eine Entscheidung, die Sie nicht auf die leichte Schulter nehmen sollten. Es ist aber auch eine Entscheidung, die Sie treffen sollten, wenn Sie in grundlegenden Dingen mit Ihrem Unternehmen keine Einigkeit erzielen können.

Grundprinzip:

Mut haben, seine Überzeugungen zu vertreten.

Praxis:

Kündigen Sie, wenn das Unternehmen Ihre festen Überzeugungen nicht teilt.

53. Seien Sie menschlich!

Zu viele Chefs spielen ihre Rolle sehr überzeugend und verlieren dabei ihre Menschlichkeit.

Wir alle neigen dazu, uns ein Bild von anderen zu machen, und reagieren dann auf dieses Bild, nicht auf den Menschen. Oftmals sind solche Bilder jedoch unscharf und basieren auf Vorurteilen. Nur selten sind sie das Ergebnis einer objektiven Analyse und rationalen Denkens. Solche Bilder sind Stereotype. Wir erwarten, daß sich bestimmte Typen von Menschen auf eine bestimmte Weise verhalten – z.B. Politiker. Wir machen uns ein Bild von Politikern: „Sie hören nie zu, antworten niemals direkt auf eine Frage. Sie sind voll mit Grundsätzen und rhetorischen Phrasen. Sie unterwerfen sich der Partei. Sie haben ein flottes Mundwerk.“ Das ist unser Bild. Wenn wir dann Politiker sehen oder hören, filtern wir die Informationen, die nicht in unser Bild passen, und nehmen nur das auf, was uns in unseren Ansichten bestärkt.

Bedauerlicherweise passen sich zu viele Menschen dem Bild, das andere von ihnen haben, an und hören auf, sie selbst zu sein. Sie spielen die Rolle, die andere von ihnen erwarten. Der Rektor einer Schule hört auf, ein Mensch zu sein, und simuliert statt dessen ein Verhalten, das mit unserem Bild eines Schulrektors übereinstimmt. Was er in Wahrheit für ein Mensch ist, können wir nicht mehr erkennen. Unsere Verhaltensweisen reflektieren eher die Vorstellungen, die wir voneinander haben, als unser wahres Ich.

Im Umgang mit Mitarbeitern kann das gefährlich sein. Wir erzeugen ein „Chef-Image“ und verhalten uns dementsprechend. In die andere Richtung, unserem eigenen Chef gegenüber, sind wir es, die gefallen wollen – auch dann, wenn uns das selbst nicht gefällt. Wir beugen uns dem Status und akzeptieren Entscheidungen, ohne sie zu hinterfragen. Wir verbergen unsere wahren Gedanken und Gefühle, wir erdulden stillschweigend, wir manipulieren, wir verdrehen und präsentieren die Oberfläche: das oberflächliche Lächeln, die Illusion harter Arbeit. Wir spielen mit den Bildern, die wir voneinander haben, und unterdrücken dabei die Realität.

Ganze Industriezweige befassen sich damit, Bilder und Images zu erzeugen. Das ist zweifellos notwendig, wenn das entscheidende Merkmal (die Substanz, der Kern) eines Produkts, einer Dienstleistung (oder sogar eines Menschen) einer breiten Öffentlichkeit präsentiert werden soll. Doch selbst dann ist das beste Bild dasjenige, das mit der Realität übereinstimmt. Bilder sind nutzlos, wenn es um den Aufbau einer guten Beziehung von Mensch zu Mensch geht. Je besser Sie jemanden kennenlernen, desto besser sehen Sie hinter das Bild, das die Person anfangs in Ihrem Kopf erzeugen wollte. Manchmal versucht der andere jedoch, weiterhin ein Bild von sich aufrechtzuerhalten, das nicht mit dem übereinstimmt, wie Sie ihn wahrnehmen. In solchen Fällen kommt es zwangsläufig zu Problemen in der Beziehung zwischen dem Betreffenden und Ihnen.

Als Chef sollten Sie nicht versuchen, ein Bild zu erzeugen, das nur Ihrer Vorstellung davon entspricht, wie Chefs sein sollten. Verhalten Sie sich wie ein normaler Mensch. Vergessen Sie Ihre vorgefertigten Meinungen über bestimmte Typen von Menschen. Behandeln Sie alle Menschen gleich. Sie müssen unbedingt alle Etiketten, mit denen Sie andere Menschen kategorisieren, aus Ihrem Gedächtnis streichen: „Er ist ein typischer Personalbeauftragter“ oder „Er ist der typische Buchhalter“. Ein gutes Beispiel dafür ist, wie wir mit Ruhm umgehen. Häufig vergessen wir, daß die berühmten Leute auch Menschen sind, und behandeln sie wie Halbgötter. Umgekehrt verlieren manche von ihnen den Kontakt zur Menschheit und werden unmenschlich.

Manchmal führen sich auch Chefs wie hochgestellte Persönlichkeiten auf. Sie sind überheblich und benehmen sich entsprechend. Sie sind rechthaberisch, unbescheiden und verlieren jeden Respekt vor anderen, die selbst nicht zur „Gattung der Chefs“ gehören. Durch ihre Überheblichkeit werten sie die Leistungen anderer Mitarbeiter, die nicht mit denselben Privilegien ausgestattet sind, sehr ab.

Ich hatte seinerzeit einige ausgezeichnete Chefs. Sie folgten ihrem gesunden Menschenverstand und behandelten ihre Mitarbeiter – mich eingeschlossen – wie Menschen, wie ihresgleichen. Sie vertrauten uns, respektierten uns, hörten uns zu und machten Scherze mit uns. Sie erwarteten viel, und wir leisteten viel. Und dafür zeigten sie ihre Anerkennung.

Damit Ihre Mitarbeiter ihr Bestes geben, müssen Sie sie als Menschen behandeln.

Alle Menschen werden mit der gleichen Anzahl Beine, Arme, Augen und Ohren geboren. Erst die Gesellschaft läßt uns glauben, wir seien verschieden. Untere Klasse, obere Klasse, arm, reich, norddeutsch, süddeutsch und so weiter. Natürlich sind wir nicht alle gleich. Der Schlüssel liegt jedoch darin, unsere individuellen Unterschiede deutlich zu machen und uns nicht an die vorgegebenen, etablierten Stereotype anzupassen.

Menschlichkeit bedeutet in ihrem Kern, unsere eigene, individuelle Einzigartigkeit zu entwickeln und auszudrücken. Gleichzeitig müssen wir die Einzigartigkeit anderer erkennen und akzeptieren.

Gute Chefs sind Menschen und behandeln andere als Menschen.

Grundprinzip:

Alle als Menschen und alle gleich behandeln.

Praxis:

Widerstehen Sie der Versuchung, Menschen in Kategorien einzuteilen und auf solche Stereotype zu reagieren.
Zeigen Sie an allen gleiches Interesse.
Ziehen Sie keine voreiligen Schlüsse über Menschen aufgrund ihres gesellschaftlichen Rangs oder ihrer Position im Unternehmen.
Machen Sie sich ein eigenes Bild.

54. Engagieren Sie die Besten!

Finden Sie die Besten; halten Sie die Besten; seien Sie der Beste!

Viele Unternehmen versagen bei dieser ersten Hürde. Sie suchen nur ihren Vorteil, nehmen den Erstbesten, bezahlen so wenig wie möglich und sehen nicht zweimal hin. Ihnen geht es um kurzfristige Ziele. Sie haben Angst, Zeit zu investieren, um die Besten zu suchen.

Um als Chef wirklich erfolgreich zu sein, müssen Sie viel darin investieren, nur die Besten zu beschäftigen. Das erfordert überaus viel Zeit, Energie und Aufwand. Es zahlt sich jedoch aus. Anders ausgedrückt: Bei der Mitarbeiterauswahl kann man keine Abkürzung gehen. Sind Sie dabei zu schnell, enden Sie mit den falschen Leuten.

Seien Sie vorsichtig, wenn Sie sich mit „modernen" Techniken wie psychologischen Tests, Graphologie, Assessment-Center und anderen, scheinbar objektiven Hilfsmitteln zur Beurteilung von Menschen befassen. Der erste Eindruck trügt leicht. Sehen Sie sich die Riesenunternehmen an, die um Sie herum Konkurs anmelden, obwohl sie die neuesten wissenschaftlichen Methoden anwandten, um vermeintlich erstklassiges Personal zu finden.

Personaleinstellung ist ein riskantes Geschäft. Wen auch immer Sie einstellen, er stellt für das Unternehmen ein Risiko dar. Aber dieses Risiko müssen Sie eingehen. Sie können es sich nicht leisten, nur solide Bürger an Bord zu nehmen, die so anständig und sicher sind, daß sie keine Vorstellung von der Schärfe und dem Druck des heutigen Wettbewerbs haben und sich infolgedessen nicht trauen, etwas zu wagen.

Verbringen Sie so viel Zeit wie möglich mit den Kandidaten, damit Sie herausfinden, aus welchem Holz sie gemacht sind, worin sie sich wirklich auszeichnen und was sie motiviert. Es ist relativ leicht, Fähigkeiten zu entwickeln und Wissen zu erwerben. Viel schwieriger ist es dagegen, die Einstellung eines anderen zu verändern. Suchen Sie daher Leute mit einer positiven Grundeinstellung, aufgeweckte Persönlichkeiten, Menschen, die zu Ihnen und Ihren Kollegen eine Beziehung entwickeln können. Suchen Sie auch nach Ehrlichkeit und Mut. Erfahrung zählt, aber das Wichtigste ist der Wunsch, erfolgreich zu sein. Das sollte anhand von Zeugnissen, des Lebenslaufs und wie sich der Kandidat im Gespräch präsentiert, erkennbar sein.

Verlassen Sie sich nicht auf das erste Gespräch. Es ist eine ziemlich abgedroschene Phrase, aber sie trifft zu: Der erste Eindruck kann täuschen. Laden Sie die Kandidaten der engeren Wahl ein zweites Mal ein. Führen Sie sie herum, und beobachten Sie ihr Interesse. Stellen Sie ihnen viele Fragen. Bringen Sie sie dazu, Ihnen über ihre Leistungen zu berichten. Laden Sie sie ein, einen Vortrag zu halten. Am Ende werden Sie wissen, welcher Kandidat der beste ist, welcher die anderen um Kopfeslänge überragt.

Verlassen Sie sich jedoch nicht allein nur auf Ihr eigenes Urteil. Je mehr Leute Sie an der Beurteilung der Kandidaten Ihrer engeren Wahl beteiligen, desto besser wird Ihre Entscheidung sein. Veranlassen Sie Ihre Mitarbeiter, den Kandidaten zum Mittagessen mitzunehmen und ihn dann herumzuführen. Genauso wichtig ist es auch, Ihren eigenen Chef miteinzubeziehen. Der Bewerber muß jeden überzeugen, nicht nur Sie. Achten Sie sorgfältig darauf, was Ihnen Ihre Mitarbeiter, Ihre Kollegen und Ihr Chef raten.

Die Besten für eine Stelle

- Sorgen Sie dafür, daß Sie selbst hundertprozentig genau wissen, was Sie mit den „Besten“ meinen.
- Beauftragen Sie intern die besten Mitarbeiter Ihrer Abteilung mit der Personalsuche (Leute, die wirklich verstehen, worum es Ihnen geht).
- Beauftragen Sie andernfalls die besten externen Personalberater.
- Suchen Sie die besten Leute, die der Markt zu bieten hat (formulieren Sie Ihre Stellenanzeige so, daß sich die Besten angesprochen fühlen).
- Handeln Sie schnell.
- Bieten Sie die beste Vergütung.
- Geben Sie dem neuen Mitarbeiter das Gefühl, wirklich willkommen zu sein.

- Bieten Sie die beste Einarbeitung.
- Geben Sie Ihren neuen Mitarbeitern, sobald sie an Bord sind, die besten Gelegenheiten, ihre Talente unter Beweis zu stellen.
- Hegen und pflegen Sie die Besten.

Die progressivsten Unternehmen gestatten ihren Mitarbeitern, sich ihren Chef selbst auszusuchen. Das erscheint mir ganz vernünftig. Wenn Sie es anders machen, demonstrieren Sie damit Ihr mangelndes Vertrauen. Überlassen Sie Ihren Mitarbeitern die Auswahl, und vermerken Sie diese Entscheidung dann.

Die wichtigste Regel bei der Personalauswahl sollte jedoch lauten, daß derjenige, an den der neue Mitarbeiter berichtet, die endgültige Entscheidung fällt. Mit anderen Worten: Erlauben Sie Ihren Mitarbeitern niemals, die Entscheidung für Sie zu treffen. Sie werden für Ihre Geschäftsergebnisse verantwortlich gemacht, deshalb müssen Sie auch dafür verantwortlich sein, wer für Sie arbeitet. Sie können Ihren Mitarbeitern erlauben, Ihnen bei der Entscheidung zu helfen, doch letzten Endes ist und bleibt es Ihre Entscheidung.

Die besten Leute für Ihr Team zu finden ist vielleicht sehr schwierig. Doch wenn Sie die richtige Entscheidung treffen, haben Sie langfristig weniger Probleme. Die besten Mitarbeiter machen es Ihnen relativ leicht. Sie machen es auch Ihren Kunden leicht. Warum sollten Sie Ihre Kunden nicht nur mit den Allerbesten konfrontieren? Die Zweitbesten finden Sie überall – Menschen, die nicht lächeln, die niemals die Initiative ergreifen und die überhaupt keine Ideen haben. Das Ergebnis ist ein zweitklassiger Kundendienst.

Mit anderen Worten: Um für Ihre Kunden das Beste zu erreichen, dürfen Sie nur die Besten einstellen.

Grundprinzip:

Die besten Mitarbeiter erzielen die besten Ergebnisse.

Praxis:

Investieren Sie viel Zeit in die Auswahl der Mitarbeiter und in das Einstellungsverfahren.
Sind Sie sicher, daß Sie wirklich wissen, was für Sie die „Besten" sind?
Versuchen Sie nie, das Einstellungsverfahren zu verkürzen.
Beteiligen Sie so viele andere Personen am Auswahlverfahren wie möglich, und denken Sie über ihren Vorschlag gründlich nach.

55. Stellen Sie hohe Ansprüche!

**Ihre Mitarbeiter erwarten viel von ihrem Chef.
Erwarten auch Sie viel von ihnen.**

Als guter Chef sollten Sie sich immer darum bemühen, menschlich zu sein. Das bedeutet aber nicht, immer nett zu sein oder es anderen stets recht zu machen. Es bedeutet auch nicht, beliebt zu sein.

Außerhalb der vier Wände Ihres Büros ist die Welt feindlich. Jeden Tag bleiben Firmen auf der Strecke und gehen Arbeitsplätze verloren. Der Wettbewerb wird nicht schwächer, sondern verschärft sich immer mehr.

Das alles klingt selbstverständlich, ist es aber nicht für jeden. Viel zu viele Leute, die ich in großen Unternehmen treffe, vermitteln den Eindruck, daß sie von all dem durch ein weiches Polster geschützt sind. In den vier Wänden ihres Arbeitsplatzes fühlen sie sich sicher. Sie scheinen zu glauben, daß das Privileg, einen Arbeitsplatz zu besitzen, ihnen das Recht gibt, nur 36 Stunden pro Woche arbeiten zu müssen, jedes Jahr sechs Wochen Urlaub zu haben und im Falle von Krankheit weiterbezahlt zu werden. Leute, die das glauben, haben keine Ahnung von der harten Realität des Überlebens in einer zunehmend aggressiver werdenden Geschäftswelt. Sie können jeden Selbständigen fragen. Klempner, Steuerberater oder Anwälte, die zum vereinbarten Termin nicht erscheinen, werden schlichtweg nicht bezahlt (und erhalten auch keinen Auftrag mehr). Wie könnten sie jemandem eine Rechnung für eine nicht geleistete Arbeit schicken? Hier kann es keine Entschuldigungen geben. Ein Selbständiger, der zwei Stunden in einem Stau auf der Autobahn steckenbleibt, den plötzlich die Grippe erwischt oder dessen Mutter gerade gestorben ist, kann den Kunden nicht um Bezahlung für eine Arbeit bitten, die er nicht geleistet hat. Dennoch erwarten die Angestellten großer Unternehmen – ob sie heute gearbeitet haben oder nicht – die Überweisung ihrer Gehälter. Mitarbeiter für Arbeit zu bezahlen, die sie nicht gemacht haben, ist ein teurer Luxus, den sich immer weniger Unternehmen leisten können. Wohltätigkeit, Fürsorge und Mitleid sind außergewöhnlich edle Motive, für die ein außergewöhnlich hoher Preis gezahlt werden muß. Was kostet Wohltätigkeit, Fürsorge und Mitleid, wenn Sie am Ende Ihre Kunden nicht beliefern können und Ihre Mitarbeiter deshalb entlassen müssen?

Damit Sie in dieser feindlichen Welt überleben und sich gegenüber wirklich harten Konkurrenten durchsetzen können, müssen Sie von Ihren Mitarbeitern viel erwarten. Der Grund liegt auf der Hand: Ihre Kunden erwarten immer mehr von Ihnen. Und wenn Sie es nicht sind, der ihre Wünsche erfüllt, dann sind es andere.

Ihre hohen Erwartungen sollten jeden Arbeitsbereich durchdringen. Sie sollten von Ihren Mitarbeitern erwarten, daß sie mindestens die vertraglich vereinbarte Stundenzahl arbeiten, daß sie in dieser Zeit ihr Bestes geben und daß sie hin und wieder sogar ein bißchen mehr leisten als das. Sie sollten außerdem erwarten, daß sie in Ihrer Abwesenheit zusätzliche Pflichten und weitere Verantwortung übernehmen. Sie sollten Initiative erwarten.

Außerdem sollten Sie außergewöhnlich hohe Ansprüche an das Verhalten und an das äußere Erscheinungsbild stellen (was nicht unbedingt Anzug und Krawatte heißen muß). Sie sollten jederzeit und gegenüber jedem Anstand, Höflichkeit und gute Manieren erwarten.

Sie sollten erwarten, daß für Ihre Mitarbeiter der Kunde an der ersten Stelle steht und, mehr noch, daß sie besessen davon sind, die Wünsche des Kunden zu erfüllen. Tatsächlich sollten Sie erwarten, daß es ihnen die reinste Freude bereitet, sich für ihre Kunden einzusetzen.

Sie sollten erwarten, daß sie mit Geld des Unternehmens sorgfältig umgehen. Es bedarf wirklich keiner Worte, daß Sie von ihnen erwarten sollten, absolut ehrlich und vertrauenswürdig zu sein.

Sie sollten erwarten, daß Sie als Chef von ihnen hinterfragt werden, daß man Sie korrigiert, wenn Sie Unrecht haben, und unterstützt, wenn es nötig ist.

Das ist das, was Sie erwarten. Zweifellos gibt es noch viel mehr, das Sie erwarten sollten. Sie müssen aber auch auf das achten, was Ihre Mitarbeiter von Ihnen erwarten. Es muß ein auf Gegenseitigkeit beruhender Prozeß sein. Sie erwarten viel von Ihren Mitarbeitern, und umgekehrt erwarten diese viel von Ihnen. Sie erwarten, daß Sie möglichst viele der Tips in diesem Buch berücksichtigen und entsprechend handeln.

Gelegentlich erfüllen die Mitarbeiter Ihre Erwartungen nicht, ebenso wie Sie ihre Erwartungen nicht immer erfüllen. Machen Sie sich darüber keine Sorgen! Es ist eine alte Lebensweisheit, daß wir nicht immer Erfolg haben können. Wo gehobelt wird, da fallen eben auch Späne. Auch ein Olympiasieger gewinnt nicht jeden Wettkampf. Selbst erstklassige Fußballmannschaften verlieren gelegentlich.

Wenn Sie also viel erwarten und ein bißchen weniger erhalten, sollten Sie sich nicht beklagen. Nutzen Sie die Gelegenheit, etwas daraus zu lernen – das allerdings sollten Sie immer von sich erwarten. Paradoxerweise werden Fortschritte im allgemeinen dadurch erzielt, daß Menschen die an sie gestellten Erwartungen nicht erfüllen. Dann treibt sie das eigene Versagen zu noch größeren Anstrengungen an. Der Schlüssel liegt darin, Versagen und den daraus entstehenden Fortschritt zu akzeptieren. Reden Sie sich nicht ein, daß Sie Erfolg gehabt hätten, wenn sich doch nur ein anderer so verhalten hätte, wie Sie es von ihm erwartet hatten.

Bevor Sie und Ihre Mitarbeiter gegenseitig viel voneinander erwarten, müssen Sie jedoch an allererster Stelle viel von sich selbst verlangen. Sobald Sie in dieser Weise vorwärts streben, werden Sie feststellen, daß die Mitarbeiter mit Ihnen mitziehen.

Grundprinzip:

Hohe Erwartungen gewährleisten Überleben und Erfolg.

Praxis:

Sagen Sie klar und deutlich, was Sie erwarten. Zuerst, wieviel Sie von sich selbst erwarten (viel). Dann, was Sie von Ihren Mitarbeitern erwarten (viel). Drittens: Finden Sie heraus, was diese von Ihnen erwarten (viel). Versuchen Sie dann, diese Erwartungen zu erfüllen.

56. Seien Sie schnell, um einen Vorsprung zu haben!

Sie müssen schnell laufen, um vorn zu bleiben.

Die Welt dreht sich schneller als jemals zuvor. Das macht einigen von uns Angst. Was früher Wochen dauerte, braucht heute Sekunden. Wir haben Fax, Kabel und den Mikrochip. Der Computer, auf dem ich dieses Buch schrieb, war zwei Monate nach dem Erwerb veraltet. Ich hatte einen Chef, der von London nach Sydney und zurück flog, für eine einzige Besprechung.

Die Kunden warten nicht. Sie reihen sich in die kürzeste Schlange ein. Und wenn Sie das nicht sind, dann ist es ein anderer. Kunden erwarten sofort eine Antwort. Wenn Sie Jahre brauchen, um ein Angebot zu schicken, dann geben Sie ihnen Zeit, woanders zu kaufen. Schnelle und direkte Informationen sind gefragt – Sie sollten darauf Zugriff haben, denn Sie müssen schnell handeln, damit das Geschäft überlebt.

Zunehmend werden auch Ihre Mitarbeiter von Ihnen erwarten, daß Sie sich schnell bewegen. Sie werden nicht länger bereit sein, Wochen auf eine Entscheidung zu warten, während sie dabei zusehen müssen, wie Chancen sich in Luft auflösen, um für immer verloren zu sein. Sie werden noch am selben Tag eine Entscheidung wollen – das ist die einzige Möglichkeit, mit dem schnellen Wettbewerb Schritt zu halten.

Sie müssen in jeder Hinsicht schnell sein: um die besten Mitarbeiter zu gewinnen, sie zu behalten und um Ihren Kunden den besten Service zu bieten.

Die zunehmende Geschwindigkeit kann angst machen, aber auch aufregend sein. Viele Menschen müssen noch immer aufholen. Das sind Leute, die zaudern, die in Komitees arbeiten, die sich ihren Chefs fügen und sich in traditionellen Hierarchien wohl fühlen. Und während sie über das Problem nachdenken oder, noch schlimmer, darüber reden, können Sie sie überholen.

Alles dreht sich darum, Chancen zu nutzen. Sie kommen groß und schnell daher – die neue Idee, eine Initiative von irgend jemandem, eine neue Aussicht. Geschwindigkeit beeindruckt die Menschen. Sie mögen es, wenn Sie innerhalb von fünf Minuten zurückrufen, einen Brief innerhalb eines Tages beantworten und sie innerhalb einer Woche besuchen. Sie mögen es, wenn der dringende Auftrag schon ausgeführt ist, bevor sie den Telefonhörer niedergelegt haben. Sie mögen es, wenn ihr Problem am selben Tag gelöst wird.

Schnelligkeit ist eine Frage der Einstellung. Es bedeutet, Prioritäten hin und wieder neu zu setzen. Es bedeutet, stolz darauf zu sein, vor den anderen beim Kunden zu sein. Es bedeutet, wichtige Informationen als erster zu überbringen. Es bedeutet, eine Verkaufspräsentation für morgen anzusetzen, wenn die Anfrage heute gestellt wurde. Es bedeutet Nachtarbeit und gelegentliche Arbeitswochenenden. Es bedeutet, einen potentiellen Kunden am Freitag zu treffen und ihm das Angebot am Montag auf den Tisch zu legen.

Es bedeutet die Anwendung der neuesten Technologie, die Nutzung von noch schnelleren Prozessoren, Netzwerk- und Kommunikationssystemen.

Schnelligkeit zahlt sich aus. Sie gibt Menschen das Gefühl, wichtig zu sein. Schnelligkeit spiegelt den Wert.

Nun aber auch ein Wort zur Vorsicht. Ihr gesunder Menschenverstand sagt Ihnen, daß der Schaden groß sein kann, wenn Sie zu schnell sind. Werden Sie nicht verrückt, und versuchen Sie nicht, den Weg abzukürzen, indem Sie das Qualitätsniveau senken – das schaffen nur wenige. Außerdem ist es gefährlich, wenn man es übertreibt.

Wichtige Voraussetzungen für Schnelligkeit sind Disziplin und Fitneß. Halten Sie sich niemals mit unwichtigen Dingen auf. Halten Sie sich niemals in Besprechungen auf. Halten Sie sich niemals mit Verwaltungsarbeiten auf. Konzentrieren Sie sich auf die Dinge, die mit den Menschen zu tun haben: Verbringen Sie Zeit damit, die Probleme Ihrer Kunden zu verstehen, und dann beeilen Sie sich, sie zu lösen. Denken Sie nach, bevor Sie handeln – aber nicht zu lange. Sehen Sie sich erst um, bevor Sie gehen. Üben Sie, schnell zu denken, indem Sie klar denken. Nehmen Sie schnell alle verfügbaren Fakten auf, stellen Sie fest, um was es geht, und treffen Sie dann so schnell wie möglich eine Entscheidung.

Lernen Sie, schnell zu lesen und Dokumente zu überfliegen, um die Kernpunkte in ein oder zwei Minuten zu erfassen. Lernen Sie, in klaren und eindeutigen Worten zu sprechen, damit andere Menschen keine Zeit darauf verschwenden müssen, die Bedeutung Ihrer Worte zu interpretieren.

Behalten Sie, während Sie schnell handeln, immer das Ziel im Auge. Warum tun Sie, was Sie gerade tun? Indem Sie zuerst da sind, entwikkeln Sie den Ruf, schnell und zuverlässig zu sein. Ihre Kunden werden sich Ihnen verpflichtet fühlen und von Ihren hervorragenden Leistungen abhängig werden. Das hilft Ihrem Unternehmen.

Auch Ihre Mitarbeiter werden das so sehen. Sie werden Vertrauen in Ihre Fähigkeit entwickeln, auf ihre Bedürfnisse schnell zu reagieren und Fragen, die sie selbst schwierig finden, schnell zu beantworten.

Belasten Sie sich nicht mit unbedeutenden Problemen oder Trivialitäten. Halten Sie sich nicht an Einzelheiten fest. Konzentrieren Sie sich auf die wichtigen Dinge. Auf diese Weise sind Sie in der Lage, schnell zu handeln.

Wir leben in einer Welt des Wettbewerbs. Es ist wie ein Rennen – wer das Produkt als erster zum Kunden bringt, hat gewonnen. Das sollte Ihr einziges Ziel sein. Es geht um Service, um Qualität und um die geistige Einstellung Ihrer Mitarbeiter.

Grundprinzip:

Um im Wettbewerb zu bestehen, müssen Sie schnell sein.

Praxis:

Konzentrieren Sie sich auf Ihre beiden wichtigsten Aufgaben: jetzt etwas für den Kunden tun und jetzt etwas für die Mitarbeiter tun.

57. Kochen Sie Kaffee!

Kaffee gehört zu den grundlegenden Dingen im Leben. Unterschätzen Sie seine Bedeutung nicht.

In diesem Kapitel geht es um das, was ich „Kaffee-Test“ nenne. Für manche Leute dreht sich im Alltag alles um die nächste Tasse Kaffee. Bei einer Tasse Kaffee wird über Gott und die Welt nachgedacht und gesprochen. In Kaffeepausen entstehen Feindschaften und werden Freundschaften geschlossen.

In einigen Firmen gibt es keine Kaffeepausen mehr. Sie sind so fortschrittlich, daß die Mitarbeiter jederzeit Kaffee, Tee, Cola oder Mineralwasser trinken können. In Wirklichkeit ist das jedoch kein Fortschritt. Die Raucher treffen sich im Raucherraum und sprechen miteinander. Die Nichtraucher dagegen trinken an ihren Schreibtischen Kaffee und können nicht miteinander reden.

In anderen Firmen wurden die herkömmlichen Kaffeemaschinen verbannt. Dort sind die Mitarbeiter gezwungen, ihre Tasse Kaffee von einem zentral aufgestellten Automaten in der Teeküche zu holen (schmeckt bei weitem nicht so gut). Es geschieht im Interesse der Hygiene, Gesundheit, Sicherheit und – vermutlich – der Produktivität. Aber es liegt nicht im Interesse eines menschlichen Miteinanders.

Wenn ich etwas zu sagen hätte und Sie wäre, würde ich die gute alte gemeinsame Kaffeepause wieder einführen. Außerdem würde ich die Rollen (wenn nicht sogar die Regeln) vertauschen. Ich würde festlegen, daß es der Chef ist, der für alle den Kaffee kocht.

Wenn Sie die 15. Etage des Elfenbeinturms erklimmen, werden Sie feststellen, daß einige Leute eigens dazu auserkoren wurden, Kaffee zu bringen. Auf einem Tablett wird Spitzenkaffee in Porzellantassen zusammen mit sechs kleinen Keksen oder Schokoladenplätzchen serviert. Die Kaffeesahne befindet sich in einem Kännchen, daneben, auf einem kleinen Tellerchen, der Würfelzucker. Serviert wird der Kaffee, wenn nicht von der Sekretärin, von einem Mitarbeiter des vertraglich verpflichteten Catering-Service. Es gibt also Kaffee, aber zu welchem

Preis? Auf der 20. Etage sind die Sahnekännchen nicht einmal mehr aus Porzellan, sondern aus echtem Silber.

Kaffee hat eine wichtige Funktion: Er sorgt dafür, daß die Welt sich dreht. Die Art und Weise, in der Sie die Kaffeefrage behandeln, spiegelt Ihre Einstellung zur Welt wider. Ich persönlich würde für alle anderen Kaffee kochen. Dann würde ich ihn zusammen mit den anderen trinken. Das würde ihnen eine Menge über mich sagen. Es würde ihnen sagen, daß mich mein Status nicht interessiert, daß ich ihre Zeit ebenso schätze wie meine eigene, daß ich ihre harte Arbeit anerkenne, ebenso wie ich es akzeptiere, daß sie mehrmals am Tag eine kleine Pause brauchen. Außerdem würde es mir die wertvolle Gelegenheit zu einer kleinen Unterhaltung geben, um herauszufinden, was sich tut. Ich könnte wichtige Dinge ausführlicher besprechen und, ganz allgemein, die Mitarbeiter ein bißchen besser kennenlernen.

Jetzt kommt der Test. Kochen Sie Kaffee nicht nur, weil es in diesem Buch geschrieben steht. Bei Büchern und Seminaren besteht die Gefahr, daß bestimmte Dinge nur deshalb gemacht werden, weil es so gesagt wurde. Um den Test zu bestehen (der wichtigste Test im Personalmanagement), dürfen Sie den Kaffee nur dann kochen, wenn Sie es ehrlich wollen. Es muß Ihnen wirklich Spaß machen, und Sie müssen es regelmäßig tun (nicht nur am Tag, an dem Sie das Buch gelesen haben). Sie müssen der festen Überzeugung sein, daß Sie nicht anders sind als Ihre Mitarbeiter und ebenso wie sie in der Lage, Kaffee zu kochen.

Falls Sie so privilegiert sind, eine Sekretärin zu haben: Bitten Sie sie nicht darum, Kaffee zu kochen. Machen Sie ihn stets selbst, und bringen Sie auch ihr eine Tasse – ebenso wie Ihren Besuchern. Sie werden das verstehen und, mehr noch, beeindruckt sein.

Nutzen Sie die Kaffeepause als Gelegenheit, Ihre Mitarbeiter zwanglos über alles Wichtige zu informieren. Wenn Sie niemals Kaffee kochen, werden sie annehmen, daß Sie sich selbst als zu bedeutend dafür und in der Hierarchie weit über ihnen erachten. Kommen Sie herunter, und stellen Sie sich mit Ihren Leuten auf eine Stufe.

Wenn Sie das nächste Mal einen anderen Bereich, eine andere Abteilung oder Firma besuchen, dann sehen Sie sich an, wie dort mit der Kaffeepause verfahren wird. Es wird Ihnen hervorragend zeigen, wie Mitarbeiter dort behandelt werden.

Der „Kaffee-Test" – einmal durchgefallen, einmal bestanden

Während ihrer Semesterferien hat meine Tochter Karin aushilfsweise als Sekretärin gearbeitet. Eines Tages vermittelte sie die Agentur zu einer Firma nach Köln. Der Pförtner schickte sie auf die dritte Etage, Raum 390. Sie fand das Büro und klopfte an. Drinnen führten vier Männer ein Gespräch. Einer starrte sie an. „Sind Sie die Aushilfe?", fragte er grantig. „Wir vier hätten gerne Kaffee."

Eine Woche später wurde sie zu einer kanadischen Firma geschickt. Diesmal war der Empfang ganz anders. „Hallo, Sie müssen Karin sein", begrüßte sie ihr neuer Chef. „Kommen Sie, ich hole Ihnen einen Kaffee."

Grundprinzip:

Erwarten Sie nicht von anderen, daß sie Kaffee für Sie kochen.

Praxis:

Kochen Sie immer selbst den Kaffee für die anderen.

58. Rechnen Sie mit!

Um Rechenschaft abgeben zu können, müssen Sie rechnen.

In diesem Buch geht es nur um die Führung von Mitarbeitern. Es läßt die quantitativen Aspekte, d.h. die Zahlen, außer acht. In der Tat gibt es viele Bücher und Experten, die Ihnen in Finanzfragen zur Seite stehen. Viele Manager sind jedoch von Zahlen besessen, und das ist ein Anlaß zur Sorge. Alle ihre Entscheidungen basieren auf Zahlen. Alles, was sie vom Geschäft sehen, sind Zahlen.

Gute Chefs sehen eher die Menschen als die Zahlen. Das heißt jedoch nicht, daß Zahlen unwichtig sind. Kein Manager kann vor dem angestrebten Ergebnis unter dem Strich fliehen und eine Gegenrechnung zum ausgewiesenen Erfolg aufmachen.

Mit anderen Worten: Erfolg muß quantifiziert werden. Dabei helfen Ihnen Zahlen jedoch nicht. Was Sie wirklich brauchen, sind einige Kennzahlen, die sich aus dem gesunden Menschenverstand ergeben und die Ihnen dabei helfen, Bescheid zu wissen. Diese Kennzahlen sollten Sie im Kopf haben, und der wöchentliche oder monatliche Fortschritt sollte auf nur einer oder höchstens zwei Seiten Papier zusammengefaßt werden können.

Ich persönlich gerate in helle Aufregung, wenn ich mir die wichtigen Zahlen ansehe. Meistens geben sie mir die Gewißheit, daß ich auch im nächsten Monat genug zu essen habe. Neben anderen Dingen führe ich ein kleines Direktmarketing-Büro. Es gibt mir wirklich einen Kick, wenn nach einem Mailing die Aufträge hereinkommen. Ich möchte jedesmal wissen, ob wir das Ziel eines vierprozentigen Rücklaufs erreichen werden. Johanna, die das Büro leitet, rechnet alle Zahlen zusammen – wieviel wir für Druckkosten, Postgebühren und Versand ausgegeben haben – und präsentiert mir am Ende jeden Monats eine einseitige Zusammenfassung. Sie zeigt mir, wieviel Gewinn wir mit jeder Aussendung gemacht haben. So einfach ist das.

Kennzahlen

- Anzahl der verkauften Einheiten pro Woche (gegliedert nach Produkttyp)
- Umsatz pro Woche (gegliedert nach Produkttyp)
- Monatliche Gewinnspannen
- Kosten pro Einheit (Herstellung)
- Abweichung von Schlüsselwerten (Produktqualität usw.)
- Kundenzufriedenheit (z.B. Verhältnis von Lob zu Beschwerden)
- Antwortzeiten (z.B. bei telefonischen Anfragen, Briefen, Erledigung von Aufgaben)
- Zuverlässigkeit einer pünktlichen Auslieferung
- Krankenstand
- Mitarbeiterfluktuation
- Lagerumschlag

Mit einfachen und aussagekräftigen Zahlen können Sie viel Interesse am Unternehmen erzeugen. Leider ist in der Praxis jedoch häufig das Gegenteil der Fall. Zu viele Manager verstricken sich in große Mengen komplizierter und unwichtiger Daten.

Wenn sie nachvollziehen können, was vor sich geht, kann das für Ihre Mitarbeiter ein starker Anreiz sein. Das beste, was Sie tun können, ist, die Zahlen sichtbar zu machen. Erstellen Sie Diagramme, und hängen Sie sie am Schwarzen Brett aus. Die Charts sollen die Anzahl der Kundenbeschwerden, die Anfragen, die Antwortzeiten, die Stillstandszeiten der Maschinen, den Krankenstand oder die Verkaufszahlen anzeigen.

Damit die Zahlen aussagekräftig sind, müssen sie sich auf die Sollwerte der Gewinne Ihres Plans beziehen.

Die Lösung besteht darin, sich auf einige Schlüsselkennzahlen zu beschränken und sie regelmäßig zu überprüfen. Sorgen Sie dafür, daß diese Zahlen stets griffbereit und aktuell sind. Wenn es Abweichungen vom Plan gibt, müssen Sie in der Lage sein, hierfür schnell eine Erklärung geben zu können – Sie sollten die Antworten wissen, bevor sich das Unternehmen mit vorwurfsvollen Nachfragen an Sie wendet.

Der Zahlentest: sechs Schlüsselkennzahlen

Stellen Sie sich vor, Sie haben einen neuen Chef. Gleich am ersten Tag ruft er Sie zu sich herein und will von Ihnen die sechs Schlüsselkennzahlen für den Fortschritt in Ihrem Verantwortungsbereich wissen. Er möchte wissen, in welchem Verhältnis diese Zahlen zum Gewinn stehen. Was werden Sie antworten?

Können Sie ihm gleich montags einen Bericht (in Zahlen) über das Ergebnis der vergangenen Woche geben?

Wenn Sie das nicht können, besteht die Gefahr, daß Sie keine Kontrolle haben und für das, was vor sich geht, nicht zur Rechenschaft gezogen werden können.

Sie werden den größten Teil Ihrer Arbeitswoche damit verbringen, sich um Ihre Mitarbeiter und Kunden zu kümmern. Gelegentlich müssen Sie jedoch eine halbe Stunde darauf verwenden, sich die Zahlen anzusehen. Nur so sind Sie sicher, daß Fortschritte erzielt wurden, und können Ihren Mitarbeitern (und Ihrem Chef) das Ergebnis der gemeinsamen Bemühungen mitteilen.

Grundprinzip:

Fortschritt muß quantifiziert werden, um die Kosten zu rechtfertigen.

Praxis:

Legen Sie maximal sechs Schlüsselkennzahlen fest, um den Überblick über das zu behalten, was Sie und Ihre Mitarbeiter wöchentlich erreichen.
Stellen Sie einen Bezug zwischen diesen Schlüsselkennzahlen und Ihren Umsatzzielen her.
Sorgen Sie dafür, die aktuellen Zahlen über Ihren Fortschritt jederzeit griffbereit zu haben.

59. Verkaufen Sie sich selbst!

Wenn Sie sich selbst nicht verkaufen können, will Sie niemand haben.

In den letzten Jahren gab es eine idiomatische Erweiterung der Definition von „Verkaufen“. Manager müssen heute ihre Ideen an Mitarbeiter, an die Geschäftsführung oder an Kunden „verkaufen“. Der Grund ist klar: Verkaufen handelt davon, einen Kunden zum Kauf eines Produkts oder einer Dienstleistung zu überreden. Bis zu welchem Maße ein Kunde überredet werden kann, hängt von seinen bisherigen Erfahrungen mit diesem Produkt und dem Lieferanten ab. Es wird auch von den Überredungskünsten desjenigen abhängen, der sich um den Verkauf bemüht. Weiterhin hängt der Verkauf davon ab, wie hilfreich die Informationsunterlagen über das zu verkaufende Produkt sind. Schließlich muß der Kunde das Produkt kennen, um es besitzen zu wollen.

Zwischen dieser Art des Verkaufens und der Führung von Mitarbeitern gibt es viele Parallelen. Wenn sie mit ihren Mitarbeitern oder ihren eigenen Vorgesetzten zusammen sind, befinden sich gute Chefs ständig in einem Verkaufsgespräch. Sie könnten es vielleicht auch „Lobbying“ nennen; es ist das Überreden oder Überzeugen von anderen Menschen. Letzten Endes tun diese Chefs nichts anderes, als ihre Ideen anderen Menschen zu verkaufen. Das schließt auch den Verkauf ihrer Meinung über die Entwicklung ihres Bereichs mit ein. Sie müssen, mit anderen Worten, ihre Richtung bzw. ihr Vorgehen verkaufen. Sie müssen verkaufen, was immer sie für wichtig halten. Sie müssen ihren Mitarbeitern die Bedeutung ihrer Tätigkeit und ihrer Produkte verkaufen.

Im modernen Management geht der Trend dahin, Unternehmen in kleinere, eigenständige Geschäftseinheiten aufzuteilen, die weitgehend selbständig bestimmen können, wie sie die vorgegebenen Ziele erreichen wollen. Das setzt voraus, daß sie wie selbständige Firmen geführt werden. Außerdem muß akzeptiert werden, daß alle Einheiten Kunden haben – ganz gleich, ob innerhalb des Unternehmens oder außerhalb. In diesem Sinne befinden Sie sich immer im „Verkaufsmodus“.

Das bedeutet, daß Sie von Zeit zu Zeit die Existenz Ihrer eigenen Geschäftseinheit rechtfertigen müssen. Wenn das nicht möglich ist, sollte es die Einheit nicht geben. Warum auch, wenn Sie nicht zeigen können, daß der Wert Ihrer Einheit zum Unternehmenserfolg beiträgt?

Wenn Sie akzeptieren, daß jeder, der eine Leistung oder einen Service nutzt, ein Kunde ist, dann müssen Sie auch akzeptieren, daß jeder, der diese Leistung erbringt, sie in irgendeiner Form verkaufen muß. Wenn Sie nichts anzubieten haben, und das ist die brutale Wahrheit, sollte es Sie nicht geben!

Die Kunst des Verkaufens

- Ermitteln Sie, wer Ihre Kunden oder potentiellen Kunden sind (das umfaßt Ihre Mitarbeiter, Ihren eigenen Chef, andere Abteilungen und die Kunden, die die Produkte und Dienstleistungen Ihres Unternehmens kaufen).
- Hören Sie genau hin, wenn sie Wünsche äußern.
- Versuchen Sie, ihre künftigen Wünsche vorherzusagen.
- Stellen Sie fest, welche Produkte und Dienstleistungen die Mitarbeiter Ihrer Gruppe liefern (das umfaßt auch Ratschläge, Hilfe, Informationen).
- Überprüfen Sie sich selbst, was Sie anbieten und wem (das umfaßt auch Richtungsvorgaben, Überwachung, Motivation).
- Ermitteln und überprüfen Sie nochmals offen und ehrlich die Richtung, in die Sie Ihre Einheit führen wollen.
- Seien Sie offen und ehrlich gegenüber Ihren Kunden und Mitarbeitern.
- Prüfen Sie Ihre eigene Begeisterung über Ihre Arbeit sowie über die Produkte und Dienstleistungen, die Sie anbieten. Können andere sie nachvollziehen?
- Ermitteln Sie gemeinsam mit Ihren Mitarbeitern, durch welche Maßnahmen die Präsenz Ihres Angebots in den Köpfen der Kunden noch verbessert werden könnte.
- Konzentrieren Sie Ihre Verkaufsbemühungen auf die Menschen, denen die Nutzung Ihres Produkts oder Ihrer Dienstleistung die größten Vorteile bringt.

Fazit: Wir alle haben Kunden! Wir alle müssen verkaufen!

Bedauerlicherweise hat Verkaufen einen schlechten Ruf. Das Wort ruft Assoziationen an Gebrauchtwagenhändler wach, die nicht vertrauenswürdig sind und Sie betrügen, indem Sie Ihnen einen glänzenden Wagen verkaufen, der nach ein paar Kilometern kaputtgeht. Verkaufsexperten werden Ihnen jedoch sagen, daß es beim Verkaufen vor allem um das Zuhören geht. Sie müssen herausfinden, was Ihre Kunden wirklich wollen und wie Sie sie am besten dabei unterstützen können. Es geht sogar darum, daß Sie bestimmte Wünsche wachrufen (ich wollte beispielsweise niemals die Kreditkarte einer großen Tankstellenkette, und jetzt könnte ich auf sie nicht mehr verzichten).

Es gibt noch eine Sache, die Sie tun müssen, bevor Sie mit dem Verkauf weitermachen. Sie müssen Ihre Vorstellung von der Richtung nochmals überprüfen. An wen richten sich Ihre Verkaufsbemühungen? Was ist Ihr Markt? Es besteht immer die Gefahr, daß Sie viel Mühe auf den Versuch verschwenden, den falschen Leuten etwas zu verkaufen. Jede Verkaufsaktivität muß daher hochgradig zielorientiert sein. Sie müssen Ihre Energie den Kunden widmen, die Ihrem Unternehmen den größten Nutzen bringen.

Setzen Sie sich daher mit Ihren Mitarbeitern zusammen, und richten Sie Ihre verschiedenen Verkaufsaktivitäten, wie indirekt sie auch immer sein mögen, wieder auf das Ziel aus. Entwickeln Sie einen frischen Ansatz, um Ihren Erfolg weiter zu verbessern.

Grundprinzip:

Beim Verkaufen geht es nur darum, einen Kunden vom Wert Ihres Angebots zu überzeugen.

Praxis:

Ermitteln Sie, wer Ihre Kunden sind, was Sie ihnen verkaufen können und wie Sie das schaffen.

60. Verfolgen Sie verrückte Ideen!

„Wenn Sie nicht das Gefühl haben, verrückt zu sein, dann sind Sie kein Kind dieser Zeit. Dies ist ein wichtiger Punkt.

Die Zeiten sind verrückt. Verrückte Unternehmen und Mitarbeiter, die verrückt genug sind, um mit dem schnell dahineilenden Wankelmut Schritt zu halten, sind notwendig, um zu überleben."

(Tom Peters, *Liberation Management*, Macmillan, 1992)

Sie brauchen sich nur umzusehen, um das Produkt einer verrückten Idee zu erspähen – sei es der Laptop auf Ihrem Schreibtisch oder der tragbare CD-Player.

Sehen Sie sich die interessantesten Leute um Sie herum an. Meistens sind das genau die ein „bißchen Verrückten", die mit den ausgefallenen Krawatten, mit den unglaublichen Geschichten. Sie tun unerlaubte Dinge, überschreiten die Grenzen der Normalität. Doch ob etwas normal ist oder verrückt, hängt von der eigenen Wahrnehmung und vom Standpunkt ab. Sind beispielsweise Männer mit Ohrringen, Frauen, die Hosen tragen oder oben ohne am Strand liegen, verrückt?

Fortschritt wird erzielt, indem wir die Grenzen der Normalität verschieben. In der ersten Hälfte dieses Jahrhunderts war es nicht normal, Fernsehen zu schauen. Dann wurde es normal, nur einen Kanal zu sehen, dann zwei, dann drei und vier. Heute können viele von uns zwischen 30 verschiedenen Kanälen wählen, und das wird zur Selbstverständlichkeit, ebenso wie das interaktive Fernsehen. Die Vorstellung, 30 Fernsehkanäle zur Verfügung zu haben, wäre den Menschen in den 50er Jahren verrückt erschienen (für viele ist es das noch heute).

Ein guter Chef nutzt die verrücktesten Ideen, um die Grenzen der Normalität zu überwinden. Es scheint paradox, doch gerade das Festhalten an der Normalität zerstört. Es vermittelt den Menschen ein fälschliches Gefühl der Sicherheit, und, mehr noch, es erzeugt Langeweile. Verrückte Ideen versetzen Menschen dagegen in Aufregung und motivieren sie. Gehen Sie also los, und verbreiten Sie mal ein paar verrückte Ideen um sich herum. Sie werden erstaunt sein, wieviel Unruhe plötzlich aufkommt. Und lassen Sie sich nicht von schlechtgelaunten Miesmachern ins Bockshorn jagen, die mit ihren üblichen abgedroschenen Sprüchen daherkommen wie: „Das haben wir alles schon gehabt. Es funktioniert nicht, schafft nur riesige Probleme. Das macht keiner mit." Erinnern Sie sich noch, wie die Gewerkschaften vor etwa 20 Jahren agiert haben?

Die Zukunft liegt nicht in der Normalität. Ein guter Chef muß die Grenzen der Normalität überschreiten (wobei ich damit nicht unsoziales Verhalten, illegale Aktivitäten oder etwas in irgendeiner Form Unmoralisches meine).

Verrückte Tage

- Keine Agenda
- Verrückter Besprechungsort (z.B. Konferenzraum im örtlichen Zoo)
- Verrücktheiten (z.B. servieren Sie als Chef das Essen)
- Jeder, der interessiert ist, kann an der Besprechung teilnehmen
- Keine Tabus (alle sagen, was sie wollen)
- Wahl des verrücktesten Mitarbeiters (und Kunden)
- Blick auf die verrückten Ideen anderer Firmen (z.B. The Body Shop, Apple)
- Preisverleihung für die verrückteste Idee
- Umsetzung mindestens einer verrückten Idee

Jedes Unternehmen baut seine eigene Berliner Mauer – gute Chefs reißen sie ein. Das kann kurzfristig zu Chaos führen; langfristig werden jedoch Fortschritte erzielt.

Es wäre sicher verrückt, wenn ich als Autor Ihnen Verrücktheiten vorschlagen würde. Am besten gefällt mir diese: 95 Prozent des Papiers in Ihrem gesamten Unternehmen vernichten. Leute, die Notizen schreiben, sind *wirklich* verrückt. Pyramiden auf den Kopf zu stellen ist nicht so verrückt. Aber verrückt wäre es, wenn Sie als Chef am

Empfang arbeiteten, Kaffee kochten oder gar die Toiletten reinigten. Ist es denn verrückt, in der Realität zu leben, zu wissen, was es bedeutet, Toiletten zu reinigen?

Es ist überaus befriedigend, etwas Verrücktes für Ihre Kunden zu tun. Ist es verrückt, ihnen Geburtstagskarten zu senden? Oder tun Sie etwas Verrücktes für Ihre Mitarbeiter: Schicken Sie sie nach Hawaii, um sich dort eine ähnliche Firma anzusehen. Der aus solchen Handlungen zu erzielende Nutzen ist enorm.

Schreiben Sie ein Buch über alle verrückten Dinge, die Sie je getan haben. Es wird sich verkaufen!

Grundprinzip:

Um in einer verrückten Welt zu überleben, muß man selbst ein bißchen verrückt sein.
Fortschritte werden durch die Umsetzung verrückter Ideen in die Realität erzielt.
Normal sein ist unnormal. Unnormal zu sein sollte zur Normalität werden.
Der Vorrat an verrückten Ideen ist unerschöpflich.

Praxis:

Wenigstens alle sechs Monate einmal sollten Sie, um das Unternehmen voranzubringen, eine verrückte Idee von Ihnen oder Ihren Mitarbeitern auswählen und realisieren.

61. Zahlen Sie gut!

Um die besten Ergebnisse zu erzielen, müssen Sie die besten Leute beschäftigen. Um sie zu finden, müssen Sie die höchsten Gehälter zahlen.

Diese Feststellung ist logisch. Sie ergibt sich, wie so viele gültige Wahrheiten – wieder einmal – aus dem gesunden Menschenverstand.

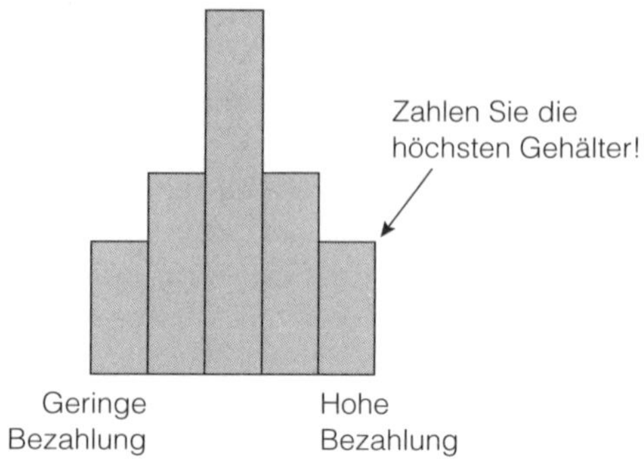

Zu viele Arbeitgeber erkennen die Bedeutung dieser Feststellung nicht. Sie sehen nur die Kosten, die minimiert werden müssen, um den Profit zu maximieren – und Mitarbeiter verursachen Kosten. Daher beschränkt sich ihre unschöne Logik darauf, die Bezahlung möglichst gering zu halten.

Ein anderes, häufig verwendetes Klischee lautet: „In unserem Unternehmen sind Mitarbeiter unser größter Vermögenswert." Um langfristig Dividenden zu erzielen, *müssen* Sie in Ihr Personal investieren. Um Vermögen muß man sich kümmern, damit es seinen Wert behält und größer wird.

Die Menschen müssen an ihrem Arbeitsplatz Anerkennung erfahren. Es spielt keine Rolle, welche schönen Worte Sie hierfür finden, zu welchen guten Schulungen Sie sie schicken: Letzten Endes werden sie ihren Wert nach der Höhe des von Ihnen gezahlten Gehalts bemessen. Dieser Wert ist relativ. Sie werden ihr Gehalt mit der auf dem Markt üblichen Bezahlung vergleichen und bisweilen die Befriedigung, die sie durch die Arbeit erfahren, gegen mehr Geld eintauschen. Wie großzügig sie auch die Bezahlung ihren beruflichen Ambitionen opfern – auch sie müssen ihre Wohnungsmiete bezahlen. Wohltätigkeit, Loyalität und der gute Wille eines Arbeitnehmers sollten niemals auf Kosten der Bezahlung ausgenutzt werden.

Das Geheimnis: Sorgen Sie dafür, daß Ihre Mitarbeiter ihre kostbare Energie nicht damit verschwenden, sich über ihr Gehalt Gedanken zu machen. Es sollte Ihnen daran gelegen sein, daß sie die Bezahlung vergessen und sich ganz darauf konzentrieren, hervorragende Leistungen zu bringen. Die besten Chefs sind immer einen Schritt voraus, d.h., sie erhöhen das Gehalt, bevor sie danach gefragt werden. Sie sind es, die den Markt beobachten und gewährleisten, daß ihre Mitarbeiter (unabhängig von der Beurteilung im Einzelfall) die höchsten Gehälter verdienen.

Sobald Mitarbeiter mit ihrem Gehalt nicht mehr zufrieden sind, besteht das Risiko, daß die besten von ihnen das Unternehmen verlassen, um woanders mehr Geld zu verdienen. Seien Sie jedoch vorsichtig. Sie können eine gute Bezahlung bieten und dennoch etwas falsch machen. Bei einem individuellen, leistungsbezogenen Vergütungssystem sind die Chancen dafür nicht schlecht. Es ist keine gute Vergütungspraxis, ständig Zuckerbrote zu versprechen. Sie sollten davon ausgehen, daß die Leute ihr Bestes geben werden und nicht in der Lage sind, ihre Leistungen noch weiter zu verbessern – auch nicht, wenn Sie ihnen mehr dafür bezahlen. Es gibt Belege genug dafür, daß die Zukkerbrot-und-Peitsche-Methode der Motivation nicht funktioniert. Warum sollte man also versuchen, sie anzuwenden?

Wieviel Sie bezahlen, muß sich nach den Verhältnissen auf dem Markt richten. Wir leben und arbeiten in einer feindlichen Welt, und das Spiel heißt „Wettbewerb". Der wahre Wettbewerb dreht sich um die seltenen, wertvollen Ressourcen. Nur mit ihrer Hilfe können erstklassige Ergebnisse erzielt werden. Es geht darum, die besten Leute an Bord zu haben und sie mit einem angemessenen Anteil am finanziellen Erfolg des Unternehmens, zu dem sie beitragen, zu belohnen. Wenn Sie also die Bezahlung mit der Leistung verknüpfen wollen, dann verknüpfen Sie die Bezahlung der einzelnen mit dem Erfolg des Bereichs, für den sie gemeinsam verantwortlich sind. Als Bewertungskriterium hierfür können Sie den geplanten Umsatz benutzen.

Wenn es um gute Bezahlung geht, sollten Sie sich nicht mit komplizierten Entschädigungen, individuellen Bonussystemen oder Sachbezügen aufhalten. Lassen Sie die Dinge einfach – zahlen Sie einfach ein hohes Gehalt. Je komplizierter Sie es machen, desto häufiger werden Sie Diskussionen und Meinungsverschiedenheiten erzeugen.

Im Idealfall sollten die Mitarbeiter Anteile am Unternehmen besitzen. Auf diese Weise erhalten sie eine angemessene und vergleichbare Dividende, die sich direkt an ihren eigenen Bemühungen ausrichtet.

Lassen Sie sich niemals von Buchhaltern beeinflussen, die Ihnen sagen, daß Sie es sich nicht leisten könnten, gut zu bezahlen. Das Gegenteil ist wahr: Sie können es sich nicht leisten, es nicht zu tun.

Grundprinzip:

An der Bezahlung zeigt sich, wie hoch Sie den Wert Ihrer Mitarbeiter einschätzen.
Eine individuelle, leistungsbezogene Vergütung trennt die Menschen und ist unfair.

Praxis:

Beobachten Sie den Markt, und stellen Sie sicher, daß die Bezahlung Ihrer Mitarbeiter im oberen Viertel des üblichen Bereichs liegt.
Verknüpfen Sie die Bezahlung des einzelnen mit den Ergebnissen der Geschäftseinheit, in der er tätig ist.
Ergreifen Sie stets selbst die Initiative, wenn es um die Bezahlung geht. Warten Sie nicht darauf, daß Ihre Mitarbeiter Gehaltserhöhungen fordern.

62. Stehen Sie zu Ihrer „Mannschaft"!

Wenn Chefs ihre Mitarbeiter enttäuschen, schwinden Loyalität und gegenseitiges Vertrauen.

Ich habe von Führungskräften gehört, die vor versammeltem Publikum ausgerechnet die Mitarbeiter kritisierten, für die sie verantwortlich waren. Ich habe auch Manager getroffen, die versprachen, etwas für ihre Mitarbeiter zu tun, und ihre Versprechen dann nicht einhielten.

Loyalität ist ein wertvolles Gut. Es kann leicht verlorengehen, wenn Sie Ihre Mitarbeiter enttäuschen. Niemals sollten Menschen „dem Unternehmen" gegenüber loyal sein. Schließlich sind solche Organisationen unpersönliche Einheiten, die, je nachdem, wie die Umstände gerade sind, Mitarbeiter einstellen oder entlassen. Loyalität betrifft nur die Beziehung zwischen Menschen. Gute Chefs sind besonders loyal gegenüber ihren Mitarbeitern, und diese sind es gegenüber ihrem Chef.

Loyalität läßt sich nur durch erstklassiges Personalmanagement erzielen. Es bedeutet zu geben, ohne an das Nehmen zu denken. Es bedeutet auch, daß Sie Ihren Mitarbeitern stets Rückendeckung geben, wenn es um das Erreichen der gesteckten Arbeitsziele geht. Vor allem bedeutet es, daß Sie sie niemals im Stich lassen und sie in der Öffentlichkeit nur loben. Alles andere gehört nicht nach außen. Offenheit und Ehrlichkeit sind schön; doch gerade diese beiden wichtigen Prinzipien sind an der richtigen Stelle anzuwenden. Mit Mitarbeitern, die Ihnen Sorge bereiten, sollten Sie stets direkt sprechen. Enttäuschen Sie sie nicht, indem Sie Probleme indirekt in der Öffentlichkeit ansprechen.

Ihre Mitarbeiter reagieren sehr empfindlich darauf, in welchem Maße sie von Ihnen unterstützt werden. Sie erwarten von Ihnen, daß Sie gegenüber Ihrem eigenen Chef auf ihrer Seite kämpfen. Sie fühlen sich im Stich gelassen, wenn Sie ihnen nicht so weit, wie sie es für notwendig halten, den Rücken stärken. Sie erwarten, daß Ihr Verhalten als Chef sich mit ihren Vorstellungen davon deckt, wie vornehm oder anständig sich ein Chef zu verhalten hat. Sie werden beispielsweise erwarten, daß Sie auf Ihre Ausdrucksweise achtgeben und nicht zu häufig fluchen. Wenn Sie sich selbst erniedrigen, sind sie enttäuscht. Als Chef wird man Sie auf ein Podest stellen. Ihre Mitarbeiter sind enttäuscht, wenn Sie von diesem Podest selbst heruntersteigen und sich an launig erzählten schmutzigen Witzen erfreuen.

Ein anderes Beispiel bieten Interviews im Fernsehen, Radio oder gegenüber der Zeitung. Ihre Mitarbeiter werden stolz auf Ihren Auftritt sein. Sie sind enttäuscht, wenn Sie keinen besonders guten Eindruck machen.

Das gleiche passiert, wenn Sie im Werk oder in Ihrem Büro wichtige Besucher empfangen. Ihre Mitarbeiter erwarten von Ihnen, daß Sie sich in bestimmter Weise verhalten: daß Sie es übernehmen, die Besucher herzlich willkommen zu heißen und mit den anderen bekannt zu machen. Sie sind enttäuscht, wenn Sie den Besuchern nicht die gebotene Aufmerksamkeit zukommen lassen.

Die Wahrheit ist, daß Ihre Mitarbeiter Ihren Erfolg wollen. Sie sind ihr Aushängeschild und übernehmen in ihren Augen die drückenden Pflichten, die ihnen selbst unangenehm wären. Sie fühlen sich im Stich gelassen, wenn Sie bei diesen wichtigen Pflichten versagen.

Als Chef müssen Sie diesen Erwartungen Ihrer Mitarbeiter gerecht werden, sonst fühlen sie sich im Stich gelassen. In Stellenbeschreibungen kommen solche Erwartungen nur selten zum Ausdruck; sie sind in den meisten Fällen ohnehin sinnlos. Eine wichtige Aufgabe für Sie als Chef besteht somit darin, solche Erwartungen festzustellen und zu gewährleisten, daß Ihre Vorstellungen mit denen Ihrer Mitarbeiter übereinstimmen.

Was immer auch die Lehrbücher sagen und welche Philosophie Ihr Unternehmen vertreten mag: In der heutigen Zeit können Sie Ihre Vorstellung davon, wie Sie als Chef handeln sollten, Ihren Mitarbeitern nicht aufzwingen. Sie muß sich allmählich entwickeln – gemeinsam mit ihnen –, damit ein hohes Maß an gegenseitigem Verständnis erzielt werden kann.

Vielleicht glauben Sie, daß Sie sich von Ihren Mitarbeitern entfernen, wenn Sie ihnen erlauben, Sie auf ein Podest zu stellen. In der Tat müssen Sie ihnen sehr nahe sein, um zu verstehen, wie dieses Podest aussieht. Sie müssen mit ihnen ein tiefgehendes Verständnis für die gegenseitigen Erwartungen entwickeln und dafür, wie jeder von ihnen an seine Aufgaben herangeht. Durch ein solches Verständnis wird die Wahrscheinlichkeit, daß Sie Ihre Mannschaft enttäuschen, minimiert. Selbst wenn Sie dann gelegentlich etwas falsch machen, wird sie nicht enttäuscht sein, sondern einen Fehler nur als Fehler interpretieren, den jeder bekanntlich von Zeit zu Zeit macht.

Je näher Sie Ihren Mitarbeitern stehen, je mehr Sie alle ihre unterschiedlichen gegenseitigen Erwartungen verstehen und akzeptieren können, desto größer wird die Loyalität auf beiden Seiten sein.

Grundprinzip:

Loyalität auf beiden Seiten und gegenseitiges Verständnis.

Praxis:

Versuchen Sie, Ihren Mitarbeitern nahe zu sein, damit Sie merken, wann sie sich im Stich gelassen fühlen.

63. Liefern Sie Energie!

Laden Sie die Batterien Ihres Teams regelmäßig auf.

Die schlechtesten Chefs entziehen ihren Mitarbeitern alle Energie. Sie erschöpfen sie, saugen sie aus und nutzen ihre Gutmütigkeit aus. Das ist Personalmanagement durch Ausbeutung.

Sie müssen die Energie Ihrer Mitarbeiter erneuern. Nur wenige von uns sind so unabhängig, daß sie dauerhauft auf ihre eigenen Ressourcen zurückgreifen können, um sich Tag für Tag neu zu motivieren.

Gute Chefs sind Altmeister darin, Energie zu injizieren und Mitarbeiter dadurch neu zu beleben.

Die wichtigste Energiequelle ist eine positive Einstellung gegenüber Ihren Mitarbeitern. Das fühlen und schätzen sie. Zusätzlich greift ein guter Chef auf andere Quellen zur Revitalisierung seiner Mitarbeiter zurück. Er wird sie beispielsweise dadurch beleben, daß er wichtige neue Geräte für sein Team beschafft. Belebend ist ein Chef auch dann, wenn er bemüht ist, neue und wirkungsvolle Möglichkeiten zur Belohnung außergewöhnlicher Leistungen zu finden, Mitarbeiter durch seine eigene Kreativität, Scharfsinnigkeit und Unterstützung zu inspirieren. Auch Schulungen können eine wichtige Quelle sein. Der Mitarbeiter hat Tapetenwechsel und erhält neue Energien, weil er etwas Neues lernt, das für seine Arbeit unmittelbar relevant ist. Schließlich können auch Humor und Spaß im Alltag wichtige Hilfsmittel sein. Gute Chefs haben eine angeborene Fähigkeit, das lustige Wort zu finden, das ein kapitulierendes Team neu zum Leben erweckt.

Auch der Wettbewerb stellt eine Energiequelle dar. Ein guter Chef wird seine Mitarbeiter häufig an den Wettbewerb und die Notwendigkeit erinnern, besser sein zu müssen, um zu überleben. Es gibt nichts, was Menschen mehr auftankt, als die Aussicht, von den Konkurrenten aus dem Feld geschlagen zu werden.

Schon ein gemeinsames, zwangloses Mittagessen des gesamten Teams kann eine belebende Wirkung haben, ebenso wie die Feier eines erreichten Ziels. Auch Angst ist ein Faktor. Kein Chef wird heutzutage

Energiequellen

- Eine positive Einstellung gegenüber Ihren Mitarbeitern
- Materielle Dinge (z.B. Bezahlung, Ausstattung)
- Auszeichnungen
- Inspiration
- Schulungen
- Humor
- Wettbewerb
- Mahlzeiten (gemeinsame Mittagessen mit dem Team)
- Feiern
- Angst
- Veränderungen
- Reisen
- Herausforderungen
- Anerkennung
- Stolz
- Klatsch und Gerüchte
- Vertrauen (auch: von anderen ins Vertrauen gezogen zu werden)
- Freiheit (anderen erlauben, mitzudenken)

unnötigerweise Angst erzeugen. Die Realität sieht jedoch so aus, daß wir alle fürchten müssen, durch Mittelmäßigkeit und durchschnittliche Leistungen unseren Arbeitsplatz zu verlieren. Ein guter Chef wird auch diesen Aspekt ins Gedächtnis zurückrufen.

Andere stimulierende Energiequellen können entstehen, wenn Sie Ihren Mitarbeitern gestatten, der Routine zu entgehen: zu reisen, neue Arbeitserfahrungen zu sammeln und andere Menschen (z.B. Kunden) zu treffen. All das kann enorm aufbauend wirken.

Auch Stolz und Anerkennung gehen in die Energiegleichung ein – ebenso wie ein Chef, der sie ins Vertrauen zieht und sie mit den kleinen, faszinierenden Häppchen an Gerüchten füttert, bevor es andere tun.

Am meisten spornt es jedoch an, wenn ein Chef ihnen eine große Herausforderung bietet und ihnen den Freiraum läßt, sie zu bewältigen.

Das Stärkungsmittel

„Ich hatte früher Chefs, denen ich versuchte, aus dem Weg zu gehen, als hätten sie eine ansteckende Krankheit. Unser neuer Chef ist anders. Es klingt vielleicht merkwürdig, aber ich freue mich auf jede Begegnung mit ihm. Nach jedem Treffen mit ihm gehe ich wieder weg und fühle mich richtig gut. Ich habe dann das Gefühl, daß ich nun alles geben will, um ihm eine Freude zu machen. Er scheint immer alles zu verstehen, findet stets Worte zur Ermutigung. Außerdem hat er immer etwas Interessantes zu berichten. Ich lerne wirklich eine Menge von ihm und finde seine Begeisterung ansteckend. Wenn man deprimiert ist, braucht man ihm das nicht zu sagen. Er hat einfach ein Gespür dafür und gibt einem neue Bestätigung. Er ist wirklich ein Stärkungsmittel."

Grundprinzip:

Menschen können nur erfolgreich sein, wenn ihre Batterien aufgeladen werden.

Praxis:

Geben Sie Ihren Mitarbeitern immer wieder neue Kraft.
Bestärken Sie sie in ihrem Willen, erfolgreich zu sein.
Stärken Sie Ihren eigenen Willen, Erfolg zu haben.

64. Sagen Sie „Danke"!

Das Bedürfnis nach Anerkennung ist bei weitem größer, als die meisten Menschen ahnen.

Anerkennung ist ein seltenes Gut. Wann hat Ihr eigener Chef das letzte Mal seine ehrliche Anerkennung Ihrer Bemühungen wirklich zum Ausdruck gebracht? Wann haben Sie zuletzt die Bemühungen Ihrer Mitarbeiter aufrichtig anerkannt?

Anerkennung ausdrücken zu können ist eine kostbare Gabe. Wenn Sie herumlaufen und alle zwei Minuten „Danke“ sagen, fällt der Kurs. Die Mitarbeiter glauben Ihnen nicht mehr und meinen, Sie wollten etwas von ihnen. Wenn Sie sich jedoch niemals bedanken, dann sinkt ihr Mut, und sie haben das Gefühl, daß all ihre Bemühungen nutzlos sind, nicht anerkannt und nicht geschätzt werden. Viel zu oft beklagen sich Mitarbeiter darüber, daß sie ihren Chef nur dann sehen, wenn etwas schiefläuft und sie von ihm kritisiert werden.

Die große Mehrheit der Belegschaft arbeitet außergewöhnlich hart, bewältigt schwierige Situationen, geht mit anspruchsvollen Kunden um und löst vertrackte Probleme. Doch ihre Arbeit bleibt unbemerkt von ihren Chefs, die im Elfenbeinturm viele Stunden mit Besprechungen zubringen, die zu nichts führen. Nur wenige von uns mögen es, vor ihren Chefs die Fahne zu schwenken und zu fragen: „Habe ich das nicht gut gemacht?“ – dafür sind wir zu stolz. Einige Menschen suchen Ruhm und Ehre, doch beides wird durch den bloßen Akt des Einforderns geschmälert. Anerkennung, Lob, Wertschätzung – sie alle sind mehr wert, wenn sie unaufgefordert und unerwartet ausgedrückt werden.

Als guter Chef müssen Sie nach den guten Dingen suchen und Ihren Mitarbeitern dafür Ihre Anerkennung aussprechen. Gutes braucht nicht groß zu sein. Es könnte die großartige Weise sein, in der ein Vertriebsmitarbeiter einen Kunden behandelt, der ihn beleidigt. Es könnte auch die Initiative sein, die Ihre Empfangsdame ergriff, als einer Ihrer Kunden eine Autopanne hatte. Es könnten die Überstunden sein, die Ihre Mitarbeiter geleistet haben, um eine dringende Lieferung fertigzustellen. Es könnte die Art und Weise sein, in der Ihre Mitarbeiter gemeinsam die Arbeit eines Kollegen erledigt haben, der krank wurde. Es könnte für die hervorragende Präsentation sein, die Ihre Mitarbeiter für den Rundgang des Vorstandsvorsitzenden auf die Beine gestellt haben. Es könnte dafür sein, daß ein anderer in letzter Minute für Sie bei einem Vortrag eingesprungen ist und dabei eine außerwöhnlich gute Leistung gezeigt hat. Es könnte dafür sein, daß Sie in den letzten drei Monaten jede Woche Ihr wöchentliches Umsatzziel erreicht haben.

Tausend Möglichkeiten, „Danke" zu sagen

- Schicken Sie eine Dankeskarte.
- Schreiben Sie eine „Dankesnotiz".
- Heften Sie einen „Dankzettel" an das Schwarze Brett.
- Fügen Sie Ihrer Weihnachtskarte einige Dankeszeilen hinzu.
- Schicken Sie allen Ihren Mitarbeitern Weihnachtskarten, und fügen Sie ein „Dankeschön" hinzu.
- Laden Sie Ihr Team zum Mittagessen ein, und halten Sie eine 30minütige Dankesrede.
- Klopfen Sie einem Mitarbeiter zum Dank auf die Schulter.
- Gehen Sie herum, um jemanden zu treffen, ihm die Hand zu schütteln und ihm in angemessener Weise „Danke für Ihren Einsatz" zu sagen.
- Schicken Sie einen „Dankesbrief" an die Privatadresse (die Familie wird beeindruckt sein).
- Spendieren Sie zum Dank Kuchen.
- Verschenken Sie aus Dankbarkeit etwas (Whisky, Parfüm usw.).
- Schicken Sie Blumen.
- Erstellen Sie offizielle „Dank-Zertifikate", und lassen Sie sie rahmen.
- Überreichen Sie allen eine Uhr, in die Dankesworte eingraviert sind.
- Geben Sie ein Abendessen, zu dem Sie auch die Partner einladen, und halten Sie eine Rede, in der Sie jeden einzelnen erwähnen und ihm für seinen Beitrag danken.

- Erwähnen Sie z.B. die Mitarbeiter aus der Postabteilung, wenn Sie an Ihren eigenen Chef schreiben, und weisen Sie ihn auf die hervorragenden Leistungen dieses Teams hin. Fertigen Sie von diesem Brief eine Kopie für Ihre Mitarbeiter an.
- Rufen Sie jemanden an, und sagen Sie „Danke".
- Bedanken Sie sich in Anwesenheit des Geschäftsführers oder anderer wichtiger Leute.

Ich könnte fortfahren – es gibt tausend Gelegenheiten, um Anerkennung zum Ausdruck zu bringen. Denken Sie daran: Ihre Mitarbeiter sind keine Maschinen. Tag für Tag leisten sie Ungewöhnliches und lösen unerwartete Probleme, um das Unternehmen am Leben zu erhalten. Es ist von entscheidender Bedeutung, daß Sie das erkennen und anerkennen.

Und so lautet die einfache Botschaft des hervorragenden Buchs von Kenneth Blanchard und Spencer Johnson, *The One Minute Manager* (Collins Willow, 1983): „Menschen, die sich gut fühlen, erzielen gute Ergebnisse" und, an anderer Stelle, „Helfen Sie Ihren Mitarbeitern dabei, ihr volles Potential zu entfalten, ‚ertappen' Sie sie, wenn sie etwas richtig machen."

Menschenführung ist eine Kunst. Sie müssen daher Ihre gesamte Kreativität einsetzen, um herauszufinden, wie Sie am besten „Danke" sagen. Was bei einer Gruppe von Menschen ankommt, kann für eine andere falsch sein. Es kostet nicht viel Aufwand, sich zu bedanken. Alles, was benötigt wird, ist eine ehrliche, herzliche Anerkennung der Bemühungen und der aufrichtige Wunsch, diese deutlich zu machen.

Grundprinzip:

Anerkennung ausdrücken!

Praxis:

Greifen Sie die guten Dinge, die Ihre Mitarbeiter tun, heraus, und finden Sie neue Wege, sich hierfür zu bedanken.
Vermeiden Sie es, aus reiner Routine „Danke" zu sagen; suchen Sie immer eine neue Form.

65. Erkennen Sie die Fakten!

Fakten sind schwer faßbar – sie kommen in verschiedensten Formen verkleidet daher.

Sie bewegen sich auf einem schmalen Grad zwischen Naivität und Verdacht. Wenn Sie ein Klima der Offenheit, Ehrlichkeit und des Vertrauens geschaffen haben, dann ist es das einfachste auf der Welt, die Fakten so zu glauben, wie sie dargestellt werden. Umgekehrt: Wenn Sie sich einer Person nicht sicher sind, dann ist es nur natürlich, an ihrem Wort zu zweifeln und andere Motive in Betracht zu ziehen.

Die Wahrheit ist manchmal schwer zu erkennen. Nur selten besteht sie aus einfachen Fakten, die auf einer Seite Papier präsentiert werden. Sie versteckt sich in verschiedenen Verkleidungen und nimmt unterschiedliche Formen an. Manchmal verbirgt sie sich hinter Durcheinander und Übertreibung.

Fakten sind nur selten so, wie sie erscheinen. Sie müssen in unterschiedlichem Licht betrachtet werden. Tatsächlich besteht die Gefahr, sie nur von einer Warte aus zu sehen. Zudem ist bekannt, daß unsere Sinne jeden Tag von einer Flut von Daten überschwemmt werden. Nur bestimmte Informationen dringen zu uns durch – solche, die wir hören oder lesen wollen –, alle anderen lehnen wir ab.

Angesichts dessen dürfte es kaum überraschen, daß wir Fakten häufig durcheinanderbringen und Dinge mißverstehen. Wir stützen unsere Urteile auf unvollständige Informationen, nehmen das, was uns jemand erzählt, für bare Münze, und lehnen wichtige Neuigkeiten ab, weil sie von jemandem überbracht wurden, dem wir nicht trauen oder den wir nicht leiden können.

Der richtige Umgang mit Informationen gehört zu den wichtigsten Fähigkeiten für einen guten Chef. Um alles erfolgreich zu bewältigen, ist es absolut notwendig, daß wir Fakten richtig bewerten. Wer andere bewußt täuscht, verwirrt oder manipuliert, muß damit rechnen, am Ende durchschaut zu werden. Das gilt auch dann, wenn wir unschuldig sind und einen anderen Menschen unabsichtlich täuschen, verwirren oder manipulieren. Unsere Glaubwürdigkeit leidet darunter.

Es gibt Menschen, die niemals die Fakten erkennen oder die Wahrheit, so wie sie ist. Sie sind irrational, tragen eine rosarote Brille und sehen genau das, was man ihnen zeigt. Der Umgang mit ihnen ist überaus schwierig, weil sie niemals das, was Sie oder andere ihnen sagen, glauben. Ganz gleich, wie klar und offenkundig etwas ist: Sie halten stets an ihrer persönlichen, gefärbten, begrenzten Version der Fakten fest. Schalten Sie den Fernseher ein, und studieren Sie einfach einen oder zwei Politiker näher, um ein Beispiel zu sehen.

Anzunehmen, Fakten lägen stets auf der Hand, wäre zu einfach. Ein Teil der Fähigkeit besteht im Erkennen, daß wir nur selten ein vollständiges Bild haben und daher Urteile auf der Basis unvollständiger Informationen fällen. Zu viele Menschen ziehen die vorschnelle Schlußfolgerung, daß etwas in der Vergangenheit Gegebenes auch für die Zukunft gilt. Geschäftsleben hat mit Risiko zu tun, und obgleich wir aus unseren Erfahrungen viel lernen, gibt es keine Garantie dafür, daß sich Fehler und Verhaltensmuster unter gleichen Umständen nicht wiederholen. Die Zukunft ist unbestimmt.

Zu den Fähigkeiten im Umgang mit Fakten gehört es, zwischen *Tatsache* und *Meinung* unterscheiden zu können. Zu viele Menschen bringen diese beiden Begriffe durcheinander und nehmen z.B. die Behauptungen „Richard ist faul" oder „Norma ist inkompetent" als eine Tatsache. Die Tatsache, daß „Richard selten freiwillig seine Hilfe anbietet" bedeutet nicht zwangsläufig, daß er tatsächlich faul ist. Der Schlüssel besteht darin, zu den „Kernfakten" vorzudringen, die einer genaueren Überprüfung und Hinterfragung standhalten.

Wenn wir zu den Kernfakten vordringen, sind wir in einer deutlich besseren Position, um richtige Entscheidungen zu treffen. Kernfakten sind greifbare Einheiten, Dinge, die wirklich geschehen sind. Sie sind unverrückbar. Diese Kernfakten können entweder mittels präziser Sprachverwendung beschrieben oder quantitativ gemessen werden. Es ist eine Tatsache, daß Juliane in den letzten 14 Tagen dreimal zu spät kam. Es ist keine Tatsache, daß sie *immer* unpünktlich ist. Es ist eine Tatsache, daß der neue Lkw bei seiner allerersten Fahrt auf der Autobahn eine Panne hatte. Es ist keine Tatsache, daß der neue Lkw nutzlos ist und die Firma längst einen anderen Wagen hätte kaufen sollen. Es ist eine Tatsache, daß Norma häufig Dinge vergißt. Es ist nicht Tatsache, daß sie inkompetent ist.

Fakten erkennen

- Subjektivität vermeiden (Informationen, die Sie erhalten, ohne persönlichen Bezug betrachten)
- Zwischen Tatsache und Interpretation unterscheiden
- Zwischen Meinung und Tatsache trennen
- Keine Werturteile abgeben (keine vorschnellen Schlüsse ziehen)
- Zuverlässige Quellen ermitteln
- Informationen doppelt überprüfen
- Die Bedeutung und Relevanz einer Information verstehen
- Das Bild vervollständigen (alle verfügbaren Informationen einholen)
- Hinterfragen und überprüfen (Informationsquelle)
- Das Sieb reinigen (sich geistig öffnen)
- Bereit sein, unangenehme und unerfreuliche Informationen zu akzeptieren (was uns wehtut)
- Risiken wissentlich eingehen, wenn nicht alle Fakten vorliegen

Fakten erkennen hat mit Beziehungen und Vertrauen zu tun. Es geht um die Bewertung der Zuverlässigkeit von Informationsquellen: Wer ist glaubwürdig und wer nicht? Wir lernen häufig aus bitterer Erfahrung.

Es hat auch etwas damit zu tun, die erhaltenen Informationen nicht zu verdrehen oder zu verdunkeln. Einige Fakten schmerzen. Wir verstecken uns vor den unangenehmen Wahrheiten im Leben. Es sind die Wahrheiten, bei denen die Gefahr besteht, daß sie unser Selbstvertrauen und das geschönte Bild zerstören, das wir von uns selbst haben. Anders ausgedrückt: Wir neigen dazu, uns vor Informationen zu schützen, die uns schaden. Das ist eine gefährliche Tendenz, denn wenn wir den unerfreulichen Dingen des Lebens ins Auge sehen, sind wir eher in der Lage, sie zu bewältigen, und weniger anfällig dafür, durch sie geschädigt zu werden.

Der Schlüssel liegt daher darin, Informationen, die wir erhalten, nicht persönlich zu nehmen. Denn wenn wir das tun, fühlt sich der Überbringer angegriffen (aufgrund unserer Verteidigungshaltung) und wird uns zukünftig wahrscheinlich nicht mehr mit hilfreichen Informationen versorgen. Wann immer Sie also Fakten erhalten: Widerstehen Sie jeder Versuchung einer persönlichen oder subjektiven Interpretation.

Grundprinzip:

Fakten bilden die Basis für richtige Entscheidungen.

Praxis:

Entwickeln Sie Ihre Fähigkeit, zu den Kernfakten vorzudringen – ganz gleich, welche Auswirkungen diese für Sie persönlich haben könnten.

66. Streiten Sie!

Streiten Sie ruhig mit Ihrem Chef, mit Ihren Mitarbeitern, mit Ihren Kollegen – aber streiten Sie konstruktiv.

Es liegt ein hoher Wert im Streiten, und es ist nachteilig, es nicht zu tun.

Auseinandersetzungen, sofern sie positiv, vernünftig und nicht persönlich geführt werden, sind wirkungsvoll, weil sie die Wahrheit ans Tageslicht bringen. Zudem bieten sie den Streitenden die Möglichkeit, gemeinsam eine Lösung zu finden, die auf dem gesunden Menschenverstand basiert. Im Disput zeigt sich, wie Menschen wirklich sind.

Auseinandersetzungen sind verbale Überprüfungen. Nur wenige von uns sind so perfekt, daß sie keiner Überprüfung bedürfen. Durch Auseinandersetzungen verbessern wir uns. Sie helfen uns dabei, mehr über uns und über die Menschen, mit denen wir zusammenarbeiten, zu erfahren. Sie helfen uns dabei, unsere eigenen Überzeugungen und Werte, unsere Ansichten und Vorurteile zu hinterfragen.

Die Vermeidung von Auseinandersetzungen führt zum Dogma. Menschen beharren auf ihren Ansichten und glauben, sie hätten immer recht. Es endet mit Rhetorik und Entfremdung. Man vermeidet es, bestimmte Themen anzusprechen, weil man Angst vor einem emotionalen Rückschlag hat. Menschen, die sich nicht auseinandersetzen, verschließen sich gegenüber einer potentiell umfassenderen Erkenntnis.

Besonders in traditionellen, hierarchischen Organisationen, in denen man die Rücksichtnahme auf den Status einer offenen Diskussion vorzieht, werden Auseinandersetzungen häufig vermieden.

Die besten Chefs sind bereit, ihren Standpunkt gegenüber jedem zu vertreten – ganz gleich, welche Position der andere bekleidet. Sie akzeptieren es, hinterfragt zu werden, und hinterfragen umgekehrt selbst gern. Der Schlüssel besteht jedoch darin, niemals persönlich zu werden und andere – weil sie eine andere Meinung vertreten – niemals anzugreifen.

Wenn Sie sich nicht mehr mit den Menschen um Sie herum auseinandersetzen, verlieren Sie den Bezug zur Realität. Sie verschließen sich und interpretieren das Leben auf Ihre eigene, schöne Weise. Sie verstehen nicht mehr, warum sich Menschen in einer Weise verhalten, die Ihren persönlichen Überzeugungen und Werten ganz und gar zuwiderläuft.

Wenngleich Auseinandersetzungen immer willkommen sein sollten, ist Vorsicht geboten, wenn es darum geht, wie sie durchgeführt werden. Wie schon gesagt, werden Sie niemals persönlich. Mit anderen Worten: Verbinden Sie nicht zu viele negative Gefühle mit Ihren Argumenten. Positive Gefühle wie Leidenschaft und Begeisterung sind gut und reichen manchmal schon aus, um die Kollegen von Ihrer Sache zu überzeugen. Durch negative Gefühle, wie beispielsweise Ärger und Irritation, werden Argumente nur verwässert. Sie führen insgesamt zur Entfremdung. Auseinandersetzungen können am besten auf intellektueller Ebene geführt werden. Scheinbar gegensätzliche Ansichten werden untersucht und erklärt, um gemeinsam einen Weg zu finden, den alle gerne gehen.

Die guten Chefs begrüßen daher Auseinandersetzungen – ja, sie lieben sie geradezu. Das gilt auch für ihre Mitarbeiter, die hierdurch genau wissen, woran sie sind.

Für Sie als Chef besteht die Aufgabe darin, die Argumente für und gegen eine bestimmte Sache zusammenzutragen, wenn eine Entscheidung bevorsteht. „Mischen" Sie sich unter Ihre Mitarbeiter, und lassen Sie sie selbst darüber streiten, ob sie neue Uniformen benötigen, Namensschilder tragen sollten oder das kostbare Geld aus dem Etat zur Umgestaltung des Büros verwenden sollten. Lassen Sie es Ihre Mitarbeiter ausdiskutieren, ob die Firma in ein neues Kopiergerät investieren sollte. Legen Sie auch Ihre eigenen Ideen dar, und diskutieren Sie gemeinsam darüber. Lassen Sie sich sagen, daß es unklug ist, das Rotationsverfahren zu ändern, noch ein neues Ausbildungsprogramm ins Leben zu rufen oder was auch immer.

Wenn Sie sich mit Ihren Mitarbeitern auseinandersetzen, so bedeutet das jedoch nicht, daß Sie ihnen erlauben, selbst die Entscheidung zu fällen. Manchmal werden Sie sich – ganz richtig – schon entschieden haben, was zu tun ist. Dann müssen Sie Ihrem Team Ihre Gründe darlegen. Ihm bleibt nur die Möglichkeit, Sie davon zu überzeugen, daß es eine bessere Alternative gibt, als das Werk „Süd“ zu schließen und jedes Jahr dreieinhalb Millionen Mark zu sparen.

Durch den Prozeß des Auseinandersetzens sind Sie gezwungen, die Fakten klar zu sehen. Sie müssen wissen, worüber Sie reden. Er macht Ihnen auch bewußt, was Ihre Leute denken, und versetzt Sie in die Lage, sensibel darauf zu reagieren. Er zwingt Sie außerdem dazu, die Basis Ihrer Entscheidung mit klaren, unmißverständlichen Worten zu rechtfertigen.

Zu den wertvollen Ergebnissen einer Auseinandersetzung gehört, daß einige Menschen ihre Meinung ändern. Fürchten Sie sich nicht davor, das auch selbst zu tun. Sie sind nicht nur Chef, sondern auch Mensch, und Sie dürfen wirklich Ihre Ansicht ändern, wenn Sie durch ein besseres Argument davon überzeugt werden. Wenn Sie das jedoch zu häufig tun, werden Ihre Mitarbeiter daraus schließen, daß Sie keine eigene Meinung haben. Wie bei vielen Dingen im Leben gibt es einen schmalen Mittelweg, den es zu finden gilt.

Sie sollten Spaß an (konstruktiven) Auseinandersetzungen haben. Lächeln Sie stets, wenn Sie mit einem anderen nicht einer Meinung sind. Wenn Gefahr besteht, daß die Auseinandersetzung zu hitzig wird: Machen Sie einen Scherz, zeigen Sie ein Lächeln. Das kann die Situation wirklich entschärfen und zeigen, daß die Dinge nicht persönlich gemeint sind.

Fürchten Sie sich nicht vor Meinungsverschiedenheiten – ermuntern Sie dazu. Der beste Weg zur Übereinstimmung führt über Unstimmigkeit und Auseinandersetzung.

Grundprinzip:

Eine Auseinandersetzung ist ein wertvolles Instrument zur Auffindung der besten Alternative.

Praxis:

Wann immer ein schwieriges Thema eine Entscheidung verlangt, setzen Sie sich mit Ihren Mitarbeitern zusammen und diskutieren Sie mit ihnen darüber.

67. Verzichten Sie auf Papier!

Papier ist das Werkzeug des faulen Managers, des Feiglings und des Bürokraten.

Tatsächlich ist Papier für einige Dinge sinnvoll. Auf eines davon schauen Sie gerade. Gehen Sie nun zu Ihrem Posteingangskorb, und ermitteln Sie einige Beispiele schlechter Papierverwendung. Dies ist der leichte Teil der Aufgabe. Gehen Sie nun weiter zu Ihrem Postausgangskorb, und untersuchen Sie den Inhalt kritisch. Entfernen Sie mindestens die Hälfte daraus. Das ist der schwierige Teil.

Benutzen Sie niemals Papier, wenn ein mündliches Wort genügen würde. Benutzen Sie das Telefon, suchen Sie die Person auf. Schreiben Sie keine Nachrichten. Beschweren Sie sich nicht schriftlich.

Benutzen Sie Papier dort, wo es sinnvoll ist: zum Ausdruck von Anerkennung, für die Zusammenfassung komplexer Argumente und dazu, etwas mit exakten Daten zu untermauern.

Benutzen Sie Papier als Hilfe, Dinge zu durchdenken – der Prozeß des Niederschreibens kann dabei helfen, Ihre Gedanken zu ordnen. Aber verwenden Sie Papier nicht dazu, Ihre Gedanken anderen aufzuzwingen. Benutzen Sie es statt dessen, um Alternativen, Argumente und Empfehlungen darzulegen. Benutzen Sie Papier, um anderen Informationen zu präsentieren.

Schreiben Sie keine dummen Notizen. Tappen Sie nicht in die Falle, Bagatellen aufzuschreiben. Benutzen Sie Papier nicht als „Ich habe es Ihnen mitgeteilt"-Versicherungspolicen, nur für den Fall, daß etwas schiefgeht, wenn jemand Ihren Rat nicht befolgt.

Nun folgt etwas, das ich predige, aber nicht allzusehr selbst beherzige. Prüfen und säubern Sie Ihre Akten regelmäßig. Sie wissen, welche Sie regelmäßig brauchen; die übrigen sollten Sie loswerden.

Tun Sie nicht so, als wäre mit E-Mail und Datenspeicherung alles besser. Tatsächlich akzentuiert die Substitution von Papier durch den Monitor das Problem nur. Es erfordert mehr Disziplin zur Kürzung des Wortschwalls und unnötig festgehaltener Informationen.

Denken Sie genau darüber nach, wen Sie auf den Verteiler eines Schreibens setzen. Viele beklagen sich über ineffiziente Kommunikation und überfluten als Reaktion darauf andere mit noch mehr langweiligem Papier. Oftmals sind Mitarbeiter zu beschäftigt, um das Geschriebene sorgfältig zu lesen. Die Menge an schriftlichen Informationen, die das menschliche Gehirn während einer bestimmten Zeit aufnehmen kann, ist begrenzt.

Sie können die Effizienz einer Person nach der Papiermenge und dem Durcheinander in ihrem Büro beurteilen. Betreten Sie das Büro eines wirklich guten Chefs: Sie werden relativ wenig Papier auf seinem Schreibtisch entdecken. Der Punkt ist der, daß Sie Personal nicht durch das Anhäufen von Papier führen können. Im schriftlichen Erlaß von Anweisungen manifestiert sich Mißtrauen. Das gleiche gilt für umfangreiche Strategiepapiere.

Oft wird Papier nur deshalb benutzt, weil Chefs ihren Mitarbeitern keinen gesunden Menschenverstand zutrauen. Denn wenn Sie darauf vertrauten, brauchten Sie keine dummen Anweisungen zu schreiben.

Behandeln Sie Papier als kostbares Gut. Verwenden Sie es selten. Überlegen Sie gründlich, was Sie aufschreiben. Benutzen Sie es nur für sinnvolle Zwecke. Versuchen Sie, jedes Schriftstück in ein Kunstwerk zu verwandeln. Halten Sie die Anzahl der Seiten so gering wie möglich. Doch selbst dann: Fassen Sie das, was Sie sagen wollen, nochmals zusammen, und sagen Sie es erst dann. Verwenden Sie Anhänge, damit der langweilige Teil nach hinten gestellt werden kann und den Gedankenfluß nicht unterbricht.

Verbotene Schreibarbeiten

- Notizen
- Schriftliche Anweisungen
- Schriftliche Absichtserklärungen
- Rechtfertigungen
- Schriftstücke, die der persönlichen Absicherung dienen
- Beschwerden
- Strategiepapiere

Sinnvolle Schreibarbeiten

- Briefe zum Ausdruck von Anerkennung (z.B. Komplimente, Lob)
- Zusammenfassung von Daten
- Persönliche Notizen
- Skizze der verschiedenen Möglichkeiten für den nächsten Schritt
- Tagesordnungen
- Ergebnisprotokolle offizieller Besprechungen
- Pläne (z.B. Geschäftspläne, Strategien)
- Offizielle Ankündigungen (z.B. neue Regelungen)
- Einladungen (z.B. zu Weiterbildungsseminaren)
- Schulungsunterlagen
- Verträge

Der Schlüssel liegt in der persönlichen Disziplin. Wählen Sie nicht den einfachen Weg, indem Sie sich auf das gedruckte Wort stürzen. Versuchen Sie der Versuchung zu widerstehen, nur deshalb etwas zu Papier zu bringen, weil ein anderer es auch tat. Antworten Sie immer, aber nicht immer schriftlich. Wenn es um ein schwieriges und kompliziertes Thema geht, müssen Sie jeden Beteiligten aufsuchen und es mit ihm durchsprechen, statt einen endlosen Austausch von Notizen mit ihm zu beginnen. Vermeiden Sie es, Ihrem Ärger schriftlich Luft zu machen und andere anzugreifen. Einfach ausgedrückt: Gehen Sie mit Papier sinnvoll um.

Grundprinzip:

Verwenden Sie Papier mit der nötigen Sorgfalt und Überlegung.

Praxis:

Benutzen Sie Papier nur im Notfall. Rufen Sie die betreffende Person zuerst an, oder suchen Sie sie persönlich auf.

68. Gehen Sie weg!

Ihre Mitarbeiter können nur beweisen, daß sie so gut sind, wie Sie glauben, wenn Sie für eine Weile abwesend sind und sie mit ihrer Arbeit allein lassen.

Aus eigener Erfahrung weiß ich, daß ich einen Stoßseufzer der Erleichterung tat, als mein Chef wegfuhr. Es war ein Gefühl der Freiheit, ein Gefühl, daß ich nun weitermachen und meine Arbeit ohne Angst vor Unterbrechung erledigen könnte. Irgendwie riefen meine Chefs immer Schuldgefühle in mir wach – obgleich nicht beabsichtigt –, wenn ich aus der Reihe tanzte und etwas anderes tat. Ich machte beispielsweise an den meisten Tagen Überstunden, doch gelegentlich verließ ich das Haus eher. Das war dann immer genau der Tag, an dem mein Chef, der den ganzen Tag nicht verfügbar war, mir eine Nachricht der Art „Ich wollte Sie um 16.55 Uhr sprechen" hinterließ. Das war fünf Minuten, nachdem ich gegangen war.

Wenn mein Chef (ich hatte nie eine Chefin) anwesend war, hatte ich außerdem das Gefühl, Dinge tun zu müssen, die ihm gefielen. Wenn er weg war, konnte ich mich daran freuen, wie ich meine Arbeit tat. Ich konnte experimentieren, konnte Entscheidungen treffen, ohne jeden Schritt vor ihm rechtfertigen zu müssen. Ich durfte sogar seine Arbeit machen. Tatsächlich wurde eine Reise nach Amerika durch eine solche Gelegenheit ausgelöst. Mein Chef war für drei Wochen in Urlaub. In dieser Zeit übernahm die Firma, für die ich arbeitete, ein kleines Unternehmen in San Francisco. Das war bis zu diesem Zeitpunkt ein gutgehütetes Geheimnis. Wäre mein Chef dagewesen, dann hätte er die Übernahme als wichtig genug erachtet, nach Kalifornien zu fahren, um die Personalfrage zu klären. Aber er war nicht da, daher entschied ich, statt seiner zu fahren. Ich teilte meinen Kollegen nur mit, daß ich fahren würde – und arrangierte dann alles. Niemand hielt mich zurück. Ich hinterließ eine Nachricht für meinen Chef und erstattete ihm bei seiner Rückkehr Bericht. Er hatte keine Einwände, und ich glaube nicht, daß ich etwas vermasselt hatte.

Fahren Sie also einfach weg. Das gibt Ihren Mitarbeitern vielfältige Gelegenheiten, ihre eigenen Fähigkeiten zu entwickeln und für ihre Entscheidungen Verantwortung zu übernehmen.

Weg – wohin und warum?

- Brechen Sie zu einer dreiwöchigen Urlaubsreise auf.
- Besuchen Sie ein dreiwöchiges Seminar für Führungskräfte.
- Steigen Sie für sechs Monate ganz aus.
- Nehmen Sie ein größeres Projekt in Angriff, das für die Firma von strategischer Bedeutung ist (z.B. Marktforschung).
- Schlagen Sie Ihrem eigenem Chef vor, drei Wochen freizunehmen, und machen Sie seine Arbeit.
- Leiten Sie für drei Monate die Aktivitäten der Firma auf den Niederländischen Antillen.
- Bereisen Sie das Land (oder die Welt), und überprüfen Sie überall die Aktivitäten des Unternehmens.
- Lassen Sie sich als interner Berater in einer anderen Abteilung anstellen.
- Bleiben Sie zu Hause, und schreiben Sie ein Buch über das Unternehmen (oder einen Teilbereich).
- Verbringen Sie vier Wochen damit, eine größere Tagung für das Unternehmen zu organisieren.

Wenn Sie zurückkehren, werden Sie erstaunt sein, wie sehr Ihre Mitarbeiter aufgeblüht sind und was sie in Ihrer Abwesenheit erreicht haben.

Sie werden sich unweigerlich ein bißchen verletzt fühlen und sich fragen, ob Sie wirklich hier gebraucht werden und was Ihre wahre Rolle ist.

Die Antwort lautet: Ihre Abwesenheit ist der größte Test für Ihren Erfolg als Chef. Wenn Sie Ihre Mitarbeiter so gefördert haben, wie Sie glauben, daß Sie es getan haben sollten, wenn Sie Ihnen die Verantwortung übertragen haben, wenn Sie ihnen ihren eigenen Kopf zugestanden haben – was Sie, wie Sie wissen, auch getan haben sollten – dann wird das alles in Ihrer Abwesenheit auf die Probe gestellt. Das ist hin und wieder notwendig. Falls Sie krank werden oder ein Kind bekommen, erhält das Thema besonderen Nachdruck.

Sie können entscheiden, wer Ihre Stellvertretung (falls überhaupt) übernehmen soll. Einige Chefs übertragen diese Aufgabe verschiedenen Mitarbeitern, um einen gerechten Anteil an höherer Verantwortung zu gewährleisten.

Ihre Aufgabe als Chef besteht darin, eine Gruppe von Mitarbeitern um Sie herum aufzubauen, die unabhängig ist und sich bei Entscheidungen nur wenig auf Sie verlassen muß. Sie müssen den Rahmen bieten, innerhalb dessen sie arbeiten können. Doch denken Sie daran: Nicht Sie selbst sind der Rahmen. Daher entfernen Sie den Rahmen eigentlich nicht, wenn Sie weggehen. Als Chef geben Sie die Richtung vor, doch diese sollte sich innerhalb von drei Wochen oder Monaten nicht ändern. Selbst wenn es zu einer Krise kommt: Ihre Mitarbeiter werden Sie ebenso gut bewältigen wie Sie – und wenn es eine größere Krise ist, wird man Sie zurückrufen. Letztlich sind viele Krisen vorhersagbar, und Sie würden ohnehin nicht weggehen, wenn Sie dächten, es könnte zu einer Krise kommen.

Wenn Sie weggehen, stellen Sie Ihr Vertrauen zu sich selbst und zu den Mitarbeitern auf die Probe. Es ist ein Test, ob Sie Ihre Arbeit gut gemacht haben und ob Sie sich selbst sagen können: „Ich habe um mich herum ein Team aufgebaut – was wirklich eine Leistung ist. Doch jetzt will ich, daß es mir zeigt, wie gut es ist.“

Ihr Team wird Sie vermissen. Wenn Sie zurückkommen, können Sie sich auf die während Ihrer Abwesenheit erbrachten Leistungen konzentrieren. So wird Ihre Rückkehr ein Grund zum Feiern.

Grundprinzip:

Durch Ihre Abwesenheit versetzen Sie Mitarbeiter in die Lage, sich selbst zu beweisen.

Praxis:

Schaffen Sie eine Gelegenheit, regelmäßig für mindestens drei Wochen aus Ihrem Büro zu verschwinden.

69. Machen Sie Ihre Überzeugungen deutlich!

Ihre Mitarbeiter müssen wissen, aus welchem Holz Sie geschnitzt sind.

Es gehört zu den zentralen Erkenntnissen des gesunden Menschenverstands: Als Chef müssen Sie Sie selbst sein. Zu viele Manager gestatten ihrem Unternehmen, zu definieren, wie sie sein sollen, für was sie eintreten und an was sie glauben sollen.

Niemand sollte Ihnen sagen können, was Sie zu denken haben. Als Chef (gemeinsam mit Ihren Mitarbeitern) sollten Sie in der Lage sein, für sich selbst zu denken. Bedauerlicherweise basieren zu viele der modernen Managementmethoden auf der Annahme, daß wir (diejenigen in den Führungspositionen) ihnen (weiter unten in der Hierarchie) sagen müssen, was sie denken und welche Ansichten sie übernehmen sollen. Es gibt in der Tat eine riesige Beratungsindustrie, die den Unternehmen dabei behilflich ist, Kulturen und Anschauungen zu verändern. Es ist fast so, als ob eine „Gott-gleiche" Figur irgendwo in den oberen Sphären des Unternehmens die perfekte Meinung definiert hat, die perfekte Kultur, und nun einen Veränderungsprozeß durchführt, damit jeder mit der vorgeschriebenen Perfektion übereinstimmt.

Ich habe es an früherer Stelle in diesem Buch bereits erwähnt: Moderne Manager sollten sich nur damit befassen, *was* die Mitarbeiter erreichen sollen, und ihnen ein hohes Maß an Freiheit für die Entscheidung gewähren, *wie* sie es am besten erreichen. Weiterhin sollten moderne Manager ihre Mitarbeiter dabei auch unterstützen. Das ist jedoch eine Auffassung, die ich – der Autor – vertrete. Ich glaube, daß Manager ihre Mitarbeiter dabei auch unterstützen sollten, sorgfältig definierte Ziele für ihr Unternehmen zu erreichen. Welche Auffassung vertreten Sie?

Unser ganzes Leben lang entwickeln wir ein Meinungs- und Wertesystem, das uns auf den gewundenen Pfaden, die wir gehen wollen (oder die wir gezwungenermaßen gehen), führt. Probleme treten dann auf, wenn diese Überzeugungen und Werte mit denen anderer Leute in Konflikt geraten. Um ein extremes Beispiel anzuführen: Die Überzeugungen und Werte eines Diebes oder anderer Krimineller werden zwangsläufig nicht mit unseren übereinstimmen.

Werte und Meinungen können jedoch häufig nicht eindeutig als „richtig" oder „falsch" klassifiziert werden. Es gibt ein weites Spektrum an Werten und Ansichten, das sich über eine Reihe von feinen Variationen erstreckt. Sie glauben vielleicht, daß es wichtig ist, sich um Ihre Mitarbeiter zu kümmern. Was Sie jedoch unter „kümmern" verstehen, kann von dem, was Ihr Chef darunter versteht, grundlegend abweichen. Vielleicht glauben Sie, daß „kümmern" bedeutet, Mitarbeiter, die lange Zeit wegen Krankheit abwesend sind, auf Dauer weiterhin auf der Gehaltsliste zu führen. Ihr Chef ist möglicherweise vom Gegenteil überzeugt und der Meinung, daß die hieraus entstehenden, beträchtlichen Kosten den gesamten Betrieb gefährden, so daß die fürsorglichste Lösung darin besteht, die Mehrzahl der Arbeitsplätze zu erhalten und den Langzeitkranken zu entlassen.

Ein anderes Beispiel wäre, daß Sie möglicherweise glauben, daß es am wichtigsten für Sie ist, eine beträchtliche Menge Ihrer Zeit Ihren Kunden zu widmen. Ihre Mitarbeiter sind jedoch vielleicht der Ansicht, daß Sie nicht genügend Zeit mit ihnen verbringen. Diese Meinungen und Werte stehen miteinander in Konflikt.

Werte und Ansichten spiegeln das wider, was Sie bei Ihrer täglichen Arbeit als wichtig ansehen. Leider sind sich viele Chefs ihrer Werte und Ansichten nicht bewußt und wären nicht in der Lage, sie deutlich zu formulieren.

Unmerklich werden wir durch die Menschen um uns herum beeinflußt: durch unsere Eltern, unsere Chefs und Freunde, die Firma und durch die Gesellschaft überhaupt. Sie alle bringen uns dazu, bestimmte Werte zu vertreten und an bestimmte Dinge zu glauben. Daß die Welt geistlos ist und Leistungsbewertungen gut für uns sind, sind nur zwei Beispiele. Diese Ansichten geraten in unsere Blutbahn, oftmals ohne daß wir es bemerken, und werden dann zur Grundlage für unser Verhalten bei der Arbeit und zu Hause. In den 90er Jahren glauben viele Menschen, daß das Zusammenleben zweier Menschen, die nicht verheiratet sind, akzeptabel ist; es ist sogar akzeptabel, außereheliche

Kinder zu haben. 50 Jahre vorher haben die meisten Menschen nicht so gedacht.

In einer Welt, in der sich Ansichten und Werte rasend schnell verändern und vielen Irrungen unterliegen, ist es wichtig, unsere eigenen Überzeugungen zu entwickeln und danach zu handeln.

Als Chef stehen Sie immer unter Beobachtung. Ihre Mitarbeiter überwachen alles, was Sie tun, um herauszufinden, aus welchem Holz Sie wirklich geschnitzt sind. Sie wollen wissen, ob Sie eine eigenständige Persönlichkeit sind oder eine Marionette, die die Gedanken des Unternehmens wiedergibt.

Meiner Meinung nach ist es von entscheidender Bedeutung, daß Sie deutlich machen, was Sie daran, wie Sie Ihre Arbeit tun, für wichtig erachten. Und das müssen Sie Ihren Mitarbeitern immer wieder zeigen – nicht nur durch Worte, sondern auch durch Ihre Taten.

Die besten Führungspersönlichkeiten glauben nicht nur fest an ihr Ziel, sondern sind auch davon überzeugt, daß sie den richtigen Weg dorthin eingeschlagen haben. Diese Überzeugung bringt sie oftmals mit der Autorität in Konflikt. Das ist dann der Zeitpunkt, zu dem es sogar um Ihren Arbeitsplatz gehen kann (vgl. Kapitel 52). Obgleich man uns lehrte, Autorität zu respektieren, gibt es Zeiten im Leben, in denen man sie in Frage stellen muß. Dann gilt: Ihre feste Überzeugung gegen die andere.

Eine solche Demonstration von Überzeugungen zielt jedoch nicht auf Konflikt, sondern auf Gemeinsamkeit ab. Sie werden feststellen, daß Sie als Chef am erfolgreichsten sind, wenn die Menschen, mit denen Sie zusammenarbeiten, Ihre Ansichten und Wertvorstellungen teilen. Ihre Überzeugungen deutlich zu machen bedeutet nicht, sie niederzuschreiben, um Ihre Mitarbeiter dazu zu bringen, sie zu teilen. Es ist weitaus besser, wenn sie die Überzeugungen und Wertvorstellungen des anderen durch Worte und Taten in einem langsamen Entwicklungsprozeß erst kennenlernen, um sich dann auf einen gemeinsamen Nenner zu einigen.

Grundprinzip:

Ihre Überzeugungen spiegeln wider, was für Sie von Bedeutung ist.

Praxis:

Achten Sie darauf, daß jedes von Ihnen geäußerte Wort und jede Handlung mit Ihren Überzeugungen übereinstimmen.
Hören Sie anderen sorgfältig zu, und lassen Sie zu, daß sich Ihre Überzeugungen durch die Diskussion entwickeln (werden sie starr, werden sie zum Dogma).
Lassen Sie niemals zu, daß andere Menschen (oder Ihr Unternehmen) Ihnen ihre Überzeugungen aufzwingen.
Versuchen Sie nie, Ihre Überzeugungen anderen aufzudrängen.

70. Fragen Sie stets Ihre Mitarbeiter!

Es ist weniger wahrscheinlich, daß Ihre Mitarbeiter Ihre Entscheidungen in Frage stellen, wenn Sie sie vorher um ihre Meinung gebeten haben.

Ihre Entscheidung? Nein, es sollte *unsere* Entscheidung sein! Es besteht die Wahrscheinlichkeit, daß Sie die falsche Entscheidung treffen, wenn Sie Ihre Mitarbeiter nicht dazu befragen. Wenngleich Sie vielleicht letzten Endes für die Entscheidung und ihre Umsetzung verantwortlich sind, gibt es keinen Grund, den Prozeß der Entscheidungsfindung nicht zu teilen.

Zu viele Manager haben diese Macho-Idee, eine schnelle Entscheidung fällen zu müssen, um erfolgreich zu sein. Sie rauschen herein, entscheiden sich sehr schnell, teilen diese Entscheidung dann ihren Mitarbeitern mit, die ihre Köpfe in Unglauben schütteln. Nur tapfere Mitarbeiter treten einem Chef, der von sich glaubt, es am besten zu wissen, entgegen und versuchen, ihn zu einer Meinungsänderung zu überreden.

Fragen Sie stets zuerst Ihre Mitarbeiter. Das bedeutet keine endlose Anzahl von Besprechungen, Arbeitsgruppen oder Führungszirkeln – nur ein bißchen gesunden Menschenverstand. Wenn also Ihre Entscheidung Ihre Mitarbeiter betrifft, fragen Sie sie. Rufen Sie keine Besprechung zusammen, sondern gehen Sie einfach hin und fragen Sie sie nach ihrer Meinung.

Als Chef können Sie nur einen relativ begrenzten Einblick in das haben, was vor sich geht, bestenfalls eine Übersicht. Sie werden nicht in der Lage sein, alle Pros und Kontras zu sehen. Häufig wissen Ihre Mitarbeiter viele Dinge am besten. Sie sind näher an den betrieblichen Abläufen als Sie, kennen die Probleme und die Lösungen.

Täuschen Sie sich niemals selbst, indem Sie glauben, Sie wüßten alles am besten. Ihre Aufgabe besteht darin, eine sinnvolle Entscheidung zu erzielen. Sie müssen sie nicht notwendigerweise selbst treffen. Sie müssen die Entscheidungen Ihrer Mitarbeiter unterstützen und dafür die Verantwortung übernehmen.

Unnötigen Ärger

„Das Problem mit unserem Chef – er ist der Produktionsleiter – ist, daß er ständig seine Entscheidungen rückgängig machen muß. Letzte Woche beispielsweise, da rief ihn der Betriebsleiter an und teilte ihm mit, daß es eine Anfrage aus dem Vertrieb gegeben habe, einen dringenden Auftrag für einen unserer größeren Kunden auszuführen. Er bräuchte fünf Tonnen unserer Spezialmischung Typ A bis Ende der Woche.

Unser Chef sagte dem Betriebsleiter, daß es erledigt würde. Er kam zurück und meinte, wir sollten unseren Zeitplan entsprechend korrigieren und den Auftrag erfüllen. Wir wiesen ihn auf die Konsequenzen hin. Es wäre eine größere Umstellung der Anlagen notwendig gewesen, und wir hätten drei Stunden Produktionszeit verloren, abgesehen davon, daß wir andere Kunden hängengelassen hätten.

Er warf uns vor, schwierig und negativ zu sein, den Kunden nicht mit oberster Priorität zu behandeln und nur Probleme zu bereiten. Er war wirklich weit von uns allen entfernt, als er sagte, er würde darüber nachdenken. In der Zwischenzeit rief ein Kollege aus der Produktionsüberwachung bei diesem Kunden an. Er kannte ihn recht gut, weil er schon einmal dort gewesen war, um technische Probleme zu beheben. Er fand heraus, daß der wahre Stichtag erst vier Tage nach dem von ihm angegebenen Termin war. Er hatte einen Puffer eingebaut, um auf der sicheren Seite zu sein. Schließlich wußte er, daß wir bezüglich des Auslieferungstermins nicht 100 Prozent zuverlässig waren.

So wurden die Umrüstung für das Wochenende und das Mischen des Spezialtyps A für Montag geplant, ohne daß es mit der Herstellung der zusätzlichen fünf Tonnen nun Probleme gegeben hätte. Das Material könnte nachts zum Kunden transportiert werden, der es dann am Dienstag morgen als erstes erhalten würde – deutlich innerhalb seines Zeitplans.

Am Ende ging unser Chef zurück zu den Kollegen aus dem Vertrieb, die mit dem Kunden gesprochen hatten. Sie bestätigten, daß Dienstag in Ordnung wäre, da sie das Material nicht vor Donnerstag einsetzen würden.

Hätte er uns doch zuerst gefragt, dann wäre uns allen eine Menge Ärger erspart geblieben."

Überstürzen Sie also niemals etwas. Sie sollten Entscheidungen, die Ihre Mitarbeiter betreffen, immer so lange zurückstellen, bis Sie mit ihnen gesprochen haben. Wenn Sie ein gutes Verhältnis zu ihnen haben, sollte das nicht allzu lange dauern. Durch einen Weg über den Gang, eine zweiminütige Unterhaltung lassen sich bessere Entscheidungen erzielen, als wenn Sie sich in Ihr Büro zurückziehen und die Entscheidung allein treffen.

Natürlich gibt es auch Ausnahmen: eine brandeilige Sache, eine echte Krise, oder wenn Sie mit einem Kunden zusammen sind und sofort eine Entscheidung treffen müssen, um den Auftrag zu erhalten. Im letzten Fall haben Sie sich schon vorher von Ihren Mitarbeitern eine „Vollmacht" geben lassen. Mit anderen Worten: Sie haben Ihre Leute gefragt, bevor es zur Entscheidung kam.

Haben Sie keine Angst davor, andere nach ihrer Meinung zu fragen. Je mehr Sie fragen, desto mehr werden diese sich geschätzt fühlen und das Gefühl haben, daß Sie sie respektieren. Das verbessert ihre Leistungen – und damit die Effizienz des Geschäfts.

Sobald Sie jedoch ein hohes Maß an gegenseitigem Vertrauen zu Ihren Mitarbeitern aufgebaut haben, und das ist das Paradoxe, werden Sie sie bezüglich bestimmter Arten von Entscheidungen nicht mehr fragen brauchen. Ihre Mitarbeiter werden darauf vertrauen, daß Sie die richtigen Entscheidungen treffen. Umgekehrt werden Sie ihnen vertrauen, wenn sie Entscheidungen treffen. Außerdem werden sie wissen, daß Sie sie ansprechen werden, wenn es irgendwelche Unsicherheiten bezüglich einer Entscheidung gibt, von der sie betroffen sind.

Grundprinzip:

Die besten Entscheidungen kommen zustande, wenn Sie die jeweils von der Entscheidung betroffenen Personen miteinbeziehen.
Mitarbeiter fühlen sich verantwortlich für Entscheidungen, an deren Findungsprozeß sie beteiligt waren.

Praxis:

Machen Sie immer eine Pause, bevor Sie eine Entscheidung fällen (es sei denn, es handelt sich um eine echte Krise). Gehen Sie im Geiste durch, wen Sie befragen sollten, um sicherzustellen, daß Sie eine sinnvolle Entscheidung treffen.

71. Seien Sie nachsichtig!

Von Zeit zu Zeit müssen Sie Unzulänglichkeiten hinnehmen.

Es ist eine Binsenwahrheit: Niemand ist perfekt. Das ist die Realität. Leider erwarten viele Chefs von ihren Mitarbeitern, perfekt zu sein, und tadeln sie für ihre Schwächen.

Die Schwierigkeit liegt in der Frage, bis zu welchem Maße Sie Schwächen tolerieren sollten. Sollten Sie bei geringfügigeren Unzulänglichkeiten beide Augen zudrücken? Sollten Sie jedesmal einschreiten, wenn jemand die von Ihnen so hochgehaltenen Standards nicht einhält? Sollten Sie die Aufmerksamkeit Ihrer Mitarbeiter auf alle ihnen versehentlich unterlaufenen Fehler lenken?

Das Dilemma ist groß. Wenn Sie beide Augen zudrücken, ist zu befürchten, daß daraus Vorteile gezogen und die Fehler wiederholt werden. Wenn Sie ständig auf jemandem herumhacken, dann besteht die Gefahr, daß Ihre Mitarbeiter Sie als Wichtigtuer ansehen, als Pedant, der nie zufrieden ist, ganz gleich, wieviel Mühe sie sich auch geben.

Meiner Meinung nach müssen Sie Ihre Mitarbeiter mit Vorsicht behandeln. Toleranz und Verständnis sind Schlüsseleigenschaften, über die jeder Chef verfügen sollte. Strafen Sie nicht, und erzeugen Sie kein Klima der Einschüchterung und Angst. Menschen arbeiten am besten, wenn sie keine Sanktionen seitens ihres Chefs befürchten müssen, falls mal etwas schiefgeht. Wenn ein Chef nachsichtig ist, so wird das weitaus eher akzeptiert, als wenn er intolerant ist. Noch immer finden in den Unternehmen, wenn Fehler gemacht wurden, Treibjagden und Untersuchungen unter dem Motto „den Schuldigen finden“ statt. Es ist weitaus besser, aus Fehlern zu lernen, als den Missetäter zu exekutieren.

Nachsicht hat jedoch ihre Grenzen: Wenn eine Person die gestellten Anforderungen auf Dauer nicht erfüllt, so daß hierdurch das Unternehmen Schaden erleidet, dann hat der Chef die Pflicht, einzuschreiten und Abhilfe zu schaffen.

Üben Sie Nachsicht

wenn hin und wieder eines der folgenden Dinge geschieht:

- Mitarbeiter kommen zu spät.
- Mitarbeiter haben Sie nicht informiert, obwohl Sie es für nötig hielten.
- Ein wichtiges Schriftstück ging verloren.
- Ein Kunde erhielt falsche Informationen.
- Ein Mitarbeiter versäumte es, die Initiative zu ergreifen, um ein Problem zu lösen.
- Es wurde etwas vergessen.
- Eine Regel wurde mißachtet.
- Die Firmenpolitik wurde ignoriert, und Mitarbeiter machten „ihr eigenes Ding".
- Fakten wurden mißverstanden.
- Andere Personen wurden falsch zitiert.
- Ein wichtiger Bericht wurde zu spät abgeliefert.
- Jemand hat etwas total vermasselt.
- Jemand hat Sie unabsichtlich gekränkt.
- Ein Mitarbeiter trifft eine (in Ihren Augen) schlechte Entscheidung.

Seien Sie keinesfalls nachsichtig, wenn irgend etwas aus dieser Aufzählung dauernd passiert.

Eine Intervention des Chefs wird dann überflüssig, wenn Mitarbeiter selbst die Verantwortung für ihre Handlungsweise übernehmen und ihre eigenen Maßnahmen für das Erreichen der vereinbarten Unternehmensziele ergreifen. Sie brauchen sich keine Sorgen darüber zu machen, ob Sie nachsichtig und tolerant sind oder nicht, wenn Ihre Leute diese Bewertung für Sie treffen. Das Modewort aus dem Englischen heißt „Peer Group Pressure". [Anmerkung d. Übers.: Es bedeutet etwa „Druck aus dem gleichrangigen Umfeld".] Das funktioniert. Wenn Mitarbeiter das erreichen dürfen, was sie für das Beste für das Unternehmen halten (und womit Sie einverstanden sind), dann werden sie überaus stolz darauf sein, erstklassige Produkte und Dienstleistungen zu liefern. In diesem Streben nach Vorzüglichkeit werden sie selbst bei allen Überschreitungen und Abweichungen in jeder Form zum Schiedsrichter. Sie werden Rückschläge und Defizite abschätzen und über Maßnahmen zur Abhilfe entscheiden.

Sie als Chef müssen dafür sorgen, daß am Anfang Standards festgelegt werden und daß es eine akzeptierte Methode für den Umgang mit Abweichungen davon gibt. Wenn Sie sich selbst zum Richter über das Verhalten anderer erheben, dann zwingen Sie sich dazu, Urteile zu fällen, die Menschen potentiell einander entfremden können. Es ist weitaus besser, sich selbst als Berater zu sehen, der Mitarbeitern dabei hilft, ihre eigenen Urteile über das, was akzeptabel ist oder nicht, zu fällen.

Nachsicht und Toleranz haben mit Werten zu tun. Wir bewerten bestimmte Verhaltensweisen und müssen nachsichtig gegenüber denen sein, die sie anders bewerten als wir. Bei der Arbeit mit Menschen liegt der Schlüssel darin, ein Maximum an allseitiger Übereinstimmung bezüglich dieser Werte zu erzielen. Zwang funktioniert nie. Sie können heutzutage Menschen nicht dazu zwingen, Verhaltensweisen zu ändern, die Sie selbst als unakzeptabel erachten. Alles, was Sie als Chef tun können, ist, einen Prozeß zu erleichtern und anderen dabei helfen, ihre eigenen Wertvorstellungen und Verhaltensweisen mit denen zu vergleichen, die Sie akzeptieren und die das Unternehmen verlangt. In der Zwischenzeit müssen Sie nachsichtig sein.

Beißen Sie sich auf die Zunge, wenn Sie am Arbeitsplatz etwas beobachten, was Ihnen nicht gefällt. Denken Sie sorgfältig darüber nach, bevor Sie losstürmen und jemanden für seine Fehler kritisieren. Vergessen Sie Strafen – sie sind ein Hilfsmittel, dessen Sie sich nur im Notfall bedienen und das Sie nur selten anwenden sollten. Und wenn dieser außergewöhnliche Fall doch eintritt, und Sie jemanden bestrafen müssen, dann seien Sie nachsichtig. Geben Sie dem anderen immer noch eine zweite Chance. Gestalten Sie die Strafe niemals so, daß sie schwerer wiegt als die Gelegenheit, aus einem Fehler zu lernen. Exzessive Strafen führen zu Entfremdung, während Nachsicht Kooperation und Verbesserung bewirkt.

Grundprinzip:

Die Unzulänglichkeiten und Fehler anderer Menschen akzeptieren.

Praxis:

Strafen Sie Mitarbeiter nicht.
Behandeln Sie Fehler als Gelegenheiten zum Lernen.
Fällen Sie keine vorschnellen Urteile.
Ermutigen Sie Ihre Mitarbeiter, selbst zu urteilen.

72. Seien Sie fair!

Fairneß gehört zu den Schlüsselkriterien, anhand derer Ihre Mitarbeiter Sie bewerten.

Im Jahre 1911 hat Frederick Winslow Taylor der Personalmanagement-Welt mit seinem Buch *The Principles of Scientific Management* (Harper, 1911) einen schlechten Dienst erwiesen. Er ließ uns glauben, daß alle Arbeitsaktivitäten objektiv meßbar wären und daß es keinen Raum für subjektive Urteile in der Bewertung von Leistung gäbe.

Als Ergebnis kennen wir heute die pseudowissenschaftliche Methode der Leistungsbewertung, durch deren Anwendung wir versuchen, den Beitrag eines einzelnen objektiv zu beurteilen. Und schlimmer noch: Manchmal versuchen wir, diese Bewertung mit der Höhe des Gehalts zu verknüpfen.

Alles weist darauf hin, daß eine solche Vorgehensweise himmelschreiend ungerecht ist. Auf den ersten Blick ist es ein Paradoxon. Sie versuchen bei der Bewertung von Mitarbeitern objektiv zu sein, und dafür wirft man Ihnen vor, „unfair" zu sein. Es gibt keinen Zweifel, daß die meisten Formen einer individuellen, leistungsbezogenen Vergütung tatsächlich unfair sind. Solche Systeme sind tendenziell trennend, demotivierend und erreichen nur selten, was sie erreichen sollen: bessere Leistungen.

Darin liegt die Lüge. Um als Chef effektiv zu sein, müssen Sie subjektive Urteile über Mitarbeiter fällen. Versuche, ausschließlich objektiv zu sein, führen normalerweise zu Ungerechtigkeit. Der Grund dafür ist trivial. Jede Beurteilung einer Person erfordert Gefühl *und* Verstand. Das Gefühl ist die Quelle der Subjektivität, der Verstand die der Objektivität. Ein Chef mit einem großen Herzen ist wahrscheinlich fairer als ein Chef, der gar kein Herz besitzt (wenn Sie verstehen, was ich meine).

Zwangsläufig existieren Gefahren. Begründete Interessen, persönliche Anziehung und unbestimmte Abneigungen können das Herz lenken und den Entscheidungsprozeß negativ beeinflussen. Sich umgekehrt nur auf objektive Meßmethoden und Analysen zu stützen vernachlässigt emotionale Aspekte, die für die Entscheidung von Bedeutung sind.

Fairneß ist daher eine Eigenschaft, die beides betrifft: Herz und Verstand. Damit sind wir wieder bei der jahrhundertealten Tugend der Ausgewogenheit. Extreme Positionen sind gefährlich und führen zu Einseitigkeit. Das Herz sollte den Verstand ausgleichen und umgekehrt. Eine solche Ausgewogenheit führt höchstwahrscheinlich eher zu Fairneß als eine Überbetonung von Intellekt oder Gefühl.

Fairneß ist ein großer Test für einen Chef. Mitarbeiter wissen instinktiv, ob ein Chef fair ist, ob jeder ein gleichgroßes Stück des Kuchens bekommt, ob jeder Einblick erhält, ob jeder gleichviel Anteil an dem hat, was vor sich geht, ob jeder gleich behandelt wird, ob sich jeder auf dem gleichen Spielfeld mißt, ob für alle die gleichen Regeln gelten und ob keiner bevorzugt wird.

Gehen Sie in ein beliebiges Unternehmen, und sprechen Sie mit beliebigen Mitarbeitern. Sie werden herausfinden, daß das, was für sie am schlimmsten ist, die Ungerechtigkeit ist (was sie als solche empfinden), z.B., wenn sie bei der Beförderung übersehen werden, wenn sie eine geringere Gehaltserhöhung bekommen, als sie für angebracht hielten, wenn sie von bestimmten Aktivitäten ausgeschlossen sind, wenn nur die anderen Kollegen scheinbar von all den aufregenden Gelegenheiten profitieren, wenn eine bestimmte Gruppe von Mitarbeitern beim Chef „in" ist, während andere „out" sind, wenn sie im Rahmen einer Leistungsbewertung als mittelmäßig eingestuft werden, obgleich sie glauben, sie leisteten Außergewöhnliches, wenn der Chef nicht merkt, wie hart sie arbeiten, oder er dauernd Fehler findet, wenn schließlich der Chef zu beschäftigt ist, um sie überhaupt zu bemerken.

Überall beschäftigen sich Menschen mit Gerechtigkeit und Ungerechtigkeit. Oftmals sprechen sie von nichts anderem. Sie reden über die unvernünftigen Anforderungen, die an sie gestellt werden, die unvernünftigen Zwänge, unter denen sie arbeiten müssen, die unvernünftigen Aussagen, die von den „hohen Tieren" da oben gemacht werden, und die unvernünftigen Entscheidungen, die aus dem Elfenbeinturm über sie hereinbrechen. Sie sprechen von unverständlicher Personalpolitik, die Sie davon abhalten, leistungsschwache Mitarbeiter zu feuern oder erstklassige Leute einzustellen.

Sie können jede objektive Entscheidung fällen, die Sie wollen. Dennoch wird man Ihnen stets Subjektivität unterstellen. Solange Sie nicht subjektive Kriterien in Ihre Entscheidungsfindung einfließen lassen, werden Ihre Mitarbeiter Sie immer als unfair beurteilen.

Fairneß hat mit dem Verschmelzen von Wahrnehmungen zu tun, mit der Annäherung von persönlichen Werten, mit dem Teilen von geäußerten Überzeugungen, mit der Entwicklung von gegenseitigem Respekt und mit der Interpretation dessen, was für alle von uns wichtig ist.

Mitarbeiter werden sich immer für solche Chefs einsetzen, die sie als fair empfinden. Diese werden sie respektieren.

Manchmal erfordert Fairneß nicht mehr als eine einfache Erklärung, vielleicht die Erläuterung der Ansichten und Gründe, die zu einer schwierigen Entscheidung geführt haben. Fairneß bedeutet, Verständnis erzeugen. Sie können die beste Entscheidung der Welt treffen, doch wenn Sie sie nicht glaubhaft vermitteln, dann besteht das Risiko, daß sie als unfair angesehen wird. Es geht nicht nur darum, was Sie entscheiden, sondern ebenso auch darum, wie Sie Ihre Entscheidung anderen nahebringen.

Wir neigen dazu, ein und dieselben Dinge verschieden zu sehen. Wieder einmal geht es um das halbvolle gegenüber dem halbleeren Glas. Ein guter Chef zu sein bedeutet, daß Sie versuchen, eine Gruppe von Mitarbeitern dazu zu bringen, eine Sache auf die gleiche Weise zu sehen. Wenn Sie das erreichen, wird man Sie als einen fairen Chef ansehen. Wenn Sie hierin nicht erfolgreich sind, werden Sie als unfair beurteilt. Es ist nicht falsch, daß es verschiedene Wahrnehmungen gibt, doch sie müssen sorgfältig erforscht werden mit dem Ziel, ein bestimmtes Maß an Übereinstimmung zu erreichen.

Die größten Meinungsverschiedenheiten entstehen häufig darüber, wie hart jemand arbeitet, worin sein wahrer Beitrag besteht oder über welche Fähigkeiten oder welches Potential jemand verfügt. Hier sind objektive Testmethoden nur begrenzt anwendbar. Um gerechte Ergebnisse zu erzielen, müssen sie durch eine bestimmte Menge an Subjektivität ergänzt werden.

Wenn es um schwierige Themen geht, sollten Sie Ihre Mitarbeiter fragen, was sie als eine gerechte Lösung ansehen würden. Unterstellen Sie ihnen nicht, unfair zu sein.

Grundprinzip:

Fairneß

Praxis:

Arbeiten Sie mit Ihren Mitarbeitern eng zusammen, um fair sein zu können.
Haben Sie keine Angst, Ihrem Gefühl ein Mitspracherecht einzuräumen, und sorgen Sie für Ausgewogenheit, wenn es um schwierige Entscheidungen über Mitarbeiter geht.

73. Praktizieren Sie, was Sie predigen!

**Es ist nur selten notwendig, zu predigen.
Alles wird an Ihren Taten erkennbar.**

Dieses Buch enthält vielleicht keine Modebegriffe, doch ich garantiere Ihnen, daß ich Ihnen einige wohlbekannte, abgedroschene Phrasen präsentiere, die Sie sich ansehen sollten.

Abgedroschene Phrasen

- Viel Reden, wenig Handeln
- Management durch Lippenbekenntnisse
- A sagen, B tun
- Gleichzeitig auf zwei Hochzeiten tanzen
- Es mit beiden Seiten halten
- Die Meinung des letzten Gesprächspartners vertreten
- Die Fahne nach dem Wind drehen
- Das „Ja, Chef"-Syndrom
- Jemandem in den Rücken fallen
- Ein abgekartetes Spiel
- Das Primadonna-Syndrom
- Fleißkärtchen sammeln
- Das Spiel mitspielen
- Das System für den eigenen Vorteil nutzen
- Wer am lautesten schreit, schafft am wenigsten
- Ein falscher Fünfziger
- Viel heiße Luft
- Wie man in den Wald hineinruft, so schallt es heraus
- Schöne Worte, nichts dahinter
- Widersprüchliche Signale aussenden

- Ein Mann der Tat
- Praktiziere, was Du predigst
- Übung macht den Meister
- Ein gutes Beispiel geben
- Taten überzeugen mehr als Worte
- Meine, was Du sagst, und sage, was Du meinst
- Du könntest ihm Dein Leben anvertrauen (oder ihm ans Ende der Welt folgen)
- Etwas anschieben

Gute Ideen kommen in Massen. Sie werden am Wegesrand von Predigern fallengelassen, die nicht wissen, wohin sie gehen, und niemals etwas geleistet haben. Neue Ideen in die Praxis umzusetzen (und dafür den Sündenbock zu spielen) ist tausendmal schwieriger, als sie sich nur auszudenken.

Am besten ist es, wenn Sie zuerst einmal einige Erfahrungen sammeln, bevor Sie anfangen zu predigen. Es ist sinnlos, die Tugenden des „sich um Mitarbeiter kümmern" zu preisen, wenn Sie nicht tagein und tagaus dabei gesehen werden, wie Sie es auch tun. In den Unternehmen tönt es heute von tugendhaften Aussagen wohlmeinender Manager, die vollständig darin versagen, diese kostbaren Worte auch in die Realität umzusetzen.

Wenn Sie sich also „um die Kunden kümmern", dann gehen Sie los und kümmern Sie sich jetzt! Sprechen Sie später darüber. Glaubwürdigkeit entsteht, indem schöne Worte in die Tat umgesetzt werden, nicht durch schöne Worte allein. Vergessen Sie die missionierenden Aussagen und Glanzprospekte, vergessen Sie die klingenden Phrasen, die sich Texter ausdenken – alles, was Sie tun müssen, ist herausgehen und etwas tun. Vergessen Sie das „Ermächtigen Ihrer Mitarbeiter", setzen Sie sich einfach mit ihnen zusammen, sprechen Sie mit Ihnen, und hören Sie Ihnen zu. Versuchen Sie, Ihnen dabei zu helfen, ihre aufregenden Ideen zur Umsatzverbesserung in die Praxis umzusetzen. Wirklich: Lassen Sie sie einfach weitermachen und es tatsächlich tun.

Ermutigen Sie sie, offen mit Ihnen zu sprechen und Ihnen zu sagen, was sie wirklich denken. Vielleicht wollen sie dann, daß auch Sie ehrlich zu ihnen sind. Vergessen Sie die von Predigern erdachten Leistungsbewertungen.

Lächeln Sie am Telefon, erledigen Sie die Arbeit für Ihre Mitarbeiter, heben Sie Abfall auf, seien Sie der erste, der eine Runde bezahlt, wenn die Zeiten hart sind, setzen Sie sich an den Empfang, überlassen Sie Ihren Etat den Mitarbeitern an der Front, lassen Sie Ihre Mitarbeiter Entscheidungen treffen, zerreißen Sie das Organigramm, verzichten Sie auf alle Privilegien, bleiben Sie zu Hause, während Ihre Mitarbeiter für Sie reisen, seien Sie der erste, der das Seminar „Den Dienst am Kunden verbessern" besucht, bringen Sie Kuchen mit, verfolgen Sie mindestens eine verrückte Idee pro Woche, bringen Sie Ihre Mitarbeiter dazu, verrückte Ideen zu haben, schicken Sie ihnen Postkarten, wenn Sie auf Dienstreisen sind, halten Sie sie stets auf dem aktuellen Stand der Dinge, bezahlen Sie ihnen das Mittagessen, und sehen Sie sich gemeinsam einen Schulungsfilm an, gießen Sie die Büropflanzen, laden Sie Ihre Kunden zu einer Büroparty ein, schaffen Sie Notizen ab, verbannen Sie Krawatten, vergeben Sie einen Preis für den besten Vorschlag für die Auslobung von Preisen, verändern Sie die Bürobeleuchtung (bringen Sie Farbe herein), benutzen Sie die kleinen, gelben, selbstklebenden Notizzettel, kaufen Sie jedem einen Laptop, machen Sie das Zehnfingersystem-Schreiben zur Pflicht, geben Sie das Geld nicht mehr selbst aus – lassen Sie das Ihre Mitarbeiter tun. Mit einem Satz: Praktizieren Sie, was Sie predigen.

Was predigen Sie? Gehen Sie nochmals den letzten Abschnitt durch, und versuchen Sie, die zugrundeliegenden Prinzipien zu ermitteln. Was wird durch jede der angeführten Verfahrensweisen gepredigt? Wie bringen Sie das in Einklang mit Ihrem Ansatz?

Predigen ist in Ordnung, vorausgesetzt, daß Sie folgendes beherzigen: Tun Sie es nicht zu oft. Wenn überhaupt: Predigen Sie nur das, was Sie selbst glauben, und nicht das, was auf den Überzeugungen anderer Menschen basiert.

Die Überzeugungen, die Sie predigen, können Sie durch Ihre Taten deutlich machen.

Grundprinzip:

Sie müssen Prinzipien haben, aber Sie müssen nicht herumlaufen und sie predigen.

Praxis:

Was immer Sie auch tun: Es muß auf Ihren eigenen Prinzipien beruhen – nicht auf denen von anderen Menschen.
Was immer Ihre Prinzipien sind, Sie müssen sie praktizieren.

74. Seien Sie verfügbar!

Der Chef ist eine Ressource, die den Mitarbeitern immer zur Verfügung stehen sollte.

Einige Mitarbeiter sind wirklich in der Lage, wochen-, wenn nicht monatelang selbständig zu arbeiten. Sie bringen die Ergebnisse, die von ihnen erwartet werden, ohne sich allzuhäufig an ihren Chef wenden zu müssen. Sie nehmen ihre Arbeit allein in Angriff, lösen Probleme und nutzen Freiheiten im allgemeinen dazu, große Erfolge zu erzielen.

Es gibt jedoch nicht viele solcher Menschen. Die meisten wollen Zeit mit ihrem Chef verbringen. Sie verlangen Richtungsvorgaben, Klärung, Unterstützung, Feedback und Lob.

Und genau darin liegt für einen guten Chef das Dilemma. Ist er zu sehr verfügbar, indem er zuviel Zeit aufwendet, fangen die Mitarbeiter an, sich in allem auf ihren Chef zu verlassen. Mit den einfachsten Entscheidungen wenden sie sich an ihn, sie zeigen keine Initiative mehr und ziehen es vor, seine Ansätze zu verfolgen. Sie werden davon abhängig, daß der Chef anwesend ist. Der Chef wird zu ihrer Krücke.

Umgekehrt bergen lange und häufige Abwesenheiten des Chefs die Gefahr einer mangelnden Kontrolle; die Dinge können ihm aus der Hand gleiten, Entscheidungen werden zurückgestellt und die Lösung wichtiger Probleme verschoben.

Der gesunde Menschenverstand hat keine Antwort auf diese Zwickmühle. Ein Chef sollte verfügbar sein, doch wie sehr, das hängt von den jeweiligen Mitarbeitern ab. Die Komplexität des Problems, die Art der Aufgabe, der ausgeübte Druck ebenso wie die Fähigkeiten des einzelnen: das alles sind Variablen, die in die Abschätzung einer angemessenen Verfügbarkeit eingehen.

Es ist, wie so oft, eine Frage des Mittelwegs. Ihn zu finden erfordert empfindliche Antennen und eine besonders gute Beziehung zwischen Ihnen als Chef und Ihren Mitarbeitern.

Richard Branson

„Richard Branson will, daß jeder Mitarbeiter bei Virgin Atlantic seine private Telefonnummer besitzt und ihn, wann immer es notwendig ist, anrufen kann.“

Verfügbarkeit bedeutet nicht Anwesenheit. Verfügbarkeit ist wie ein Hafen, den Sie anlaufen können, aber nicht anlaufen brauchen. Verfügbarkeit bedeutet, da zu sein, wenn es notwendig ist. Wann es notwendig ist, verfügbar zu sein, steht allerdings in keinem allgemeingültigen Rezept. Nur Ihre Intuition (durch Verständnis füreinander entwickelt) wird Ihnen sagen, wann der Fall am wahrscheinlichsten eintritt.

Verfügbarkeit hat mit Prioritäten zu tun. Das bedeutet, die Mitarbeiter an die erste Stelle zu setzen und alles fallenzulassen, wenn sie zu Ihnen kommen. Es bedeutet aber auch, ihnen beizubringen, daß sie nicht so häufig zu Ihnen zu kommen brauchen, weil sie selbst in der Lage sind, bestimmte Situationen zu bewältigen, in denen sie sich vorher vielleicht an Sie gewandt hätten.

Verfügbarkeit bedeutet, Ihren Mitarbeitern Zuversicht zu geben, damit sie beruhigt sein können, weil sie wissen: In Zeiten der Krise, oder wann immer dringend Unterstützung notwendig ist, sind Sie erreichbar.

Außerdem hat Verfügbarkeit etwas damit zu tun, häufig Kontakt zu Ihren Mitarbeitern zu suchen, um auf diese Weise Ansprüche an Ihre Zeit, die seitens Ihrer Mitarbeiter gestellt werden, zu minimieren. Treffen Sie sie regelmäßig, damit Sie es sind, der die Anforderungen anderer an Ihre Zeit kontrolliert. Wenn Ihre Mitarbeiter wissen, daß Sie jeden Morgen um 8.30 Uhr einen Rundgang machen oder jeden Freitagnachmittag um 3.00 Uhr eine Besprechung abhalten, werden sie wahrscheinlich Routine-Themen für diese Zeiten aufheben und zusätzliche Zeit nur dann beanspruchen, wenn etwas Außergewöhnliches eintritt. Durch einen Rahmen regelmäßiger Besprechungen mit Ihnen erzeugen Sie Verfügbarkeit. Ohne einen solchen Rahmen gleiten Sie und Ihre Mitarbeiter in einen unkontrollierten, reaktiven Modus hinein.

Zusammenfassend kann man also sagen, daß es keine fertige Antwort darauf gibt, wie häufig Sie Ihre Mitarbeiter treffen sollten. Die Entscheidung sollte wirklich bei den Mitarbeitern liegen. Der Schlüs-

Verfügbar rund um die Uhr

„Einer der besten Chefs, die ich je hatte, machte jeden Morgen als erstes einen Rundgang und fragte, wie es lief. Er verbrachte vielleicht nur eine Minute mit jedem von uns, doch es war eine fabelhafte Gelegenheit, Dinge anzusprechen, die sich am Vortag ergeben hatten. Außerdem konnte man sich gegenseitig über verschiedene andere Themen auf den neuesten Stand bringen.

Für jeden von uns bestand zudem die Möglichkeit, regelmäßig einmal im Monat eine Stunde mit ihm zu verbringen, um aktuelle Themen durchzusprechen.

Er bemühte sich, auch zu anderen Zeiten verfügbar zu sein, wenn wir ihn sehen wollten. Normalerweise fand er innerhalb von 24 Stunden einen Termin für uns. Im allgemeinen rief ich ihn an und fragte: ‚Könnte ich kurz bei Ihnen vorbeikommen?', worauf er z.B. antwortete: ‚Ich bin bis 17.30 Uhr beschäftigt, würde mich aber freuen, Sie danach zu sehen.' Ganz gleich, wie beschäftigt er war, er legte Wert darauf, immer verfügbar zu sein."

sel besteht darin, bei Bedarf mit oberster Priorität einen Termin für sie zu finden. Wenn sie zuviel Zeit von Ihnen fordern, dann besprechen Sie das mit ihnen; versuchen Sie ein besseres gegenseitiges Verständnis zu entwickeln. Sie werden ihnen dabei helfen müssen, auf ihren eigenen zwei Füßen zu stehen, anstatt sich zu sehr auf Sie zu verlassen.

Grundprinzip:

Seien Sie für Ihre Mitarbeiter verfügbar, wenn sie Sie brauchen.

Praxis:

Stellen Sie einen Zeitplan für regelmäßige Besprechungen mit ihnen auf – einzeln und in Gruppen –, so daß sie Zugang zu Ihnen haben.
Ermutigen Sie sie dazu, sich nicht zu sehr auf Sie zu verlassen.
Ordnen Sie einem Treffen mit Ihren Mitarbeitern, wenn sie nach Ihnen fragen, die höchste Priorität zu.

75. Lernen Sie, Grenzen zu ziehen!

Die Grenze ist der definierte Standard.

Zu den Aufgaben eines Chefs gehört es, am Arbeitsplatz die Grenze zu ziehen zwischen dem, was akzeptabel ist und dem, was nicht akzeptabel ist. Das Thema „unakzeptables Verhalten" wurde schon in einem der früheren Kapitel behandelt. Genauso wichtig ist jedoch die Frage der Qualität der Arbeit, besonders, wenn sie schlechter ist als die Norm.

Das kann ein schwieriger Bereich sein. Ich kenne Chefs, die darauf bestehen, jeden Brief, der die Abteilung verläßt, zu sehen. Oftmals schreiben sie ihn dann neu, sorgen dafür, daß die Grammatik richtig und die Interpunktion in Ordnung ist sowie außerdem dafür, daß nichts Strittiges oder Verwirrendes gesagt wird. Andere Chefs sind solche Perfektionisten, daß man nichts getan kriegt.

Unzulänglichkeiten müssen toleriert werden, aber in welchem Maße?

Die meisten Menschen wissen, was absolut unakzeptabel und was durch und durch akzeptabel ist. Dazwischen liegt jedoch ein verwirrender Bereich von Normen, die für einige akzeptabel sind, für andere aber nicht. Handgeschriebene Berichte sind vielleicht in einem Unternehmen akzeptabel, in einer anderen Organisation aber nicht. Einige Leute mögen es, wenn ihr Empfangsbereich einen „bewohnten" Eindruck macht, während andere lieber eine Rezeption haben, die besonders sauber und ordentlich ist, ohne eine einzige Zeitschrift, die nicht an ihrem Platz auf einem glänzenden, staubfreien Glastisch liegt.

Sicher ist eines: Die Kunden erwarten zunehmend höhere Dienstleistungs- und Produktqualitätsstandards von ihren Lieferanten. Es ist nicht akzeptabel, daß beispielsweise ein Ingenieur im Kundendienst später als zur vereinbarten Zeit erscheint, daß ein Auftrag mangelhaft ausgeführt wird oder Anrufe nicht beantwortet werden. Viele solcher Fehler führen zu einem Verlust des Geschäfts. Um den notwendigen hohen Standard zu erreichen, muß ein Chef klare, für alle sichtbare

Grenzen ziehen. Er muß außerdem dafür sorgen, daß diese Grenzen von allen Mitarbeitern, die sie einhalten müssen, als gerecht und vernünftig erachtet werden.

Diese Grenze betrifft nicht nur die zentralen Themen wie pünktliche Auslieferungen, sondern auch das Detail. Viele Chefs schrecken vor letzterem zurück, da sie fürchten, als Pedant oder Nörgler angesehen zu werden. Beim Kunden sind es jedoch die Details, die den schlechten Eindruck hinterlassen und die zu einer Entscheidung gegen das Unternehmen führen können. Das sind die fettigen Fingerabdrücke an der Seite des brandneuen, gerade gelieferten Kopiergeräts. Das ist die falsche Schreibweise eines Kundennamens oder der Gebrauch eines falschen Titels. Es ist die Rechnung für eine Arbeit, die längst bezahlt wurde. Manchmal ist es auch einfach, daß vergessen wird, irgend etwas zu erledigen.

Sobald man sich auf eine Grenze geeinigt hat, liegt es am Chef und seinen Mitarbeitern, dafür zu sorgen, daß sie eingehalten wird. Es ist sinnlos, Grenzen zu ziehen, wenn es keinen Überwachungsprozeß und kein Feedback gibt, die die Grenzen deutlich machen. Um Grenzen zu erhalten, müssen Sie Maßstäbe setzen.

Richtlinien (Beispiele)

- 99,9 Prozent Pünktlichkeit
- Alle Anrufer werden innerhalb von acht Stunden zurückgerufen.
- Alle Briefe werden innerhalb von zwei Tagen beantwortet.
- In 100 Briefen ist höchstens ein Tippfehler.
- Kundennamen und -adressen sind immer korrekt.
- Alles was an Kunden geliefert wird, ist makellos.
- Alle Versprechen werden gehalten.
- Jeden Abend werden alle Schreibtische aufgeräumt.
- Alle Gäste erhalten einen unglaublich freundlichen Empfang.

Als Chef müssen Sie etwas unternehmen, wenn die Grenze überschritten wird. Sie müssen die Gründe untersuchen, herausfinden, ob es vielleicht ein Mißverständnis gab, einen Fehler, oder ob ein Mitarbeiter einfach nur nachlässig war. Wenn Sie bei Leuten ein Auge zudrücken, die die Grenze immer wieder überschreiten, werden andere das bemerken, und es kommt in Ihrem Bereich zu einem schnellen Absinken der Standards. Sie können vielleicht gelegentliche, nicht aber regelmäßige Überschreitungen tolerieren.

Um Standards zu überwachen, brauchen Sie kein ausgefeiltes, bürokratisches System. Ob Standards aufrechterhalten werden oder nicht, läßt sich am besten durch den gesunden Menschenverstand feststellen. Gelegentliche Stichproben reichen meistens aus. In den meisten Fällen müssen Sie die Ergebnisse nicht einmal aufzeichnen.

Wenn Sie auf Beispiele von Arbeiten unterhalb des festgelegten Niveaus treffen, sollten Sie immer zuerst um eine Erklärung bitten und keine vorschnellen Schlüsse ziehen. Vereinbaren Sie einen Weg, um diese Situation zu korrigieren, und stellen Sie sicher, daß die Grenzen künftig eingehalten werden. Laufen Sie nicht herum, um Mitarbeiter für schlechte Arbeiten zu tadeln oder zu bestrafen. Helfen Sie Ihnen, den Standard zu erreichen.

Grundprinzip:

Das höchstmögliche Niveau erhalten.

Praxis:

Arbeiten Sie mit Ihren Mitarbeitern daran, die Standards eindeutig zu definieren.
Entwickeln Sie eine auf dem gesunden Menschenverstand basierende Methode, um das erreichte Niveau mit dem jeweils definierten Standard abzugleichen.
Geben Sie, um Verbesserungen zu erzielen, stets in konstruktiver und hilfreicher Weise Feedback und Rat.

76. Meinen Sie, was Sie sagen, und sagen Sie, was Sie meinen!

Mitarbeiter brauchen von ihren Chefs Aufrichtigkeit.

Hier folgt eine weitere Binsenweisheit: Sie können Ihren Mitarbeitern nicht ständig Sand in die Augen streuen. Und noch einige damit verwandte Regeln: Überfluten Sie Mitarbeiter nicht mit zu vielen Informationen, halten Sie die Wahrheit nicht zurück, sagen Sie nicht A und tun dann B. Wenn Sie solche Manipulationsmethoden anwenden, werden Sie Mißtrauen und Respektlosigkeit ernten. Sie verspielen Ihre Glaubwürdigkeit, und Ihre Mitarbeiter werden Sie nicht besonders hochschätzen.

Menschen wollen Chefs, die ihnen gegenüber aufrichtig sind, die nicht irgendwelche Spielchen spielen, die nicht manipulieren, es nicht mit beiden Seiten halten, die kein abgekartetes Spiel spielen und die die Situation nicht ausnutzen, um Fleißpunkte zu sammeln.

Menschen wollen Chefs, die sagen, was sie meinen, und meinen, was sie sagen. Das altmodische Wort hierfür lautet „Integrität". Wenn Sie nicht integer sind, werden sich Ihre Mitarbeiter gegen Sie auflehnen und Sie mit Ihren eigenen Waffen schlagen. Sie haben dann keinen Zugang zu den Fakten mehr, und die Wahrheit bleibt im dunkeln.

Um zu sagen, was Sie meinen, und zu meinen, was Sie sagen, müssen Sie sich selbst kennen. Sie müssen eigene Überzeugungen haben und den Mut, für sie einzutreten. Wenn es Ihnen daran fehlt, werden Sie anderen nur das sagen, was sie hören wollen. Bei Problemen werden Sie mogeln, falsche Versprechungen abgeben und sich nicht festlegen wollen. Sie werden sich nicht verpflichtet fühlen, sondern nur unterordnen.

Wenn Sie Absichten kundtun, dann führen Sie sie stets aus. Wenn Sie also sagen, daß Sie das Gehalt eines Mitarbeiters innerhalb der nächsten sechs Monate überprüfen wollen, dann überprüfen Sie es auch – gleichgültig, wer Sie bedrängt, es nicht zu tun. Wenn Sie einem

Mitarbeiter eine Schulung versprechen, dann sorgen Sie dafür, daß er sie auch erhält. Wenn Sie sagen, daß innerhalb der nächsten Woche eine Entscheidung getroffen wird, dann stellen Sie sicher, daß es tatsächlich in der nächsten Woche eine Entscheidung gibt. Wenn Sie in einer Rede sagen, daß in Ihrem Unternehmen die Mitarbeiter der größte Vermögenswert sind, dann müssen Sie durch eine entsprechende Handlungsweise zeigen, was Sie damit meinen. Andernfalls sind Ihre Worte bedeutungslos. Wenn Sie Ihre Mitarbeiter dazu ermahnen, den Kunden an die oberste Stelle zu setzen, dann muß sowohl von Ihnen als auch von Ihrem Team jede Gelegenheit ergriffen werden, um das zu beweisen.

Viele Führungskräfte sagen das eine, tun aber das andere. Häufig gibt es nur wenig Verbindung zwischen den freundlichen Allgemeinplätzen über die Absichten eines Unternehmens (z.B. im Jahresbericht) und der Realität dessen, was die Mitarbeiter am eigenen Leib erfahren. Um etwas zu zitieren: „Unseren Kunden und unseren Mitarbeitern hören wir zu." Doch wo ist der Beweis? Die Kunden haben nicht das Gefühl, daß man ihnen zuhört – und die Mitarbeiter noch weniger. Und genauso: „Wir begrüßen Ihre Ansichten und nehmen Verbesserungsvorschläge gerne entgegen." Doch was geschieht mit diesen Ansichten und Vorschlägen? In vielen Fällen gar nichts. Und dann liest man noch: „Wir bemühen uns um höchste Qualität und bieten Service auf höchstem Niveau." Doch wie steht es um die Glaubwürdigkeit, wenn das Produkt Mängel aufweist und Kunden am Telefon nicht durchkommen? Und noch ein Beispiel: „Wir sind stolz auf die gute Kommunikation mit unseren Mitarbeitern." Häufig erfahren die Mitarbeiter jedoch Dinge erst aus der Lokalzeitung oder aus dem Fernsehen. Solche Phrasen werden dann zu „heißer Luft", „schönen Worten mit nichts dahinter".

Hier ist nun Ihre schwierige Aufgabe: Gebrauchen Sie keine losen Worte. Sorgen Sie dafür, daß Sie alles, was Sie sagen, untermauern können. Meinen Sie es stets ernst, wenn Sie eine Absichtserklärung abgeben. Wenn Sie sagen: „Wir müssen uns bald mal wieder zum Mittagessen treffen", dann müssen Sie das wirklich meinen. Wenn Sie sagen: „Ich finde, Sie machen Ihre Arbeit ganz hervorragend", dann müssen Sie davon überzeugt sein. Und beschwichtigen Sie niemals, das führt in die Irre.

Es gibt Chefs, die lassen Sie in der einen Minute durch ihren Charme dahinschmelzen und bereiten Ihnen in der nächsten Minute die Hölle. Sie geben Ihnen an einem Tag das Gefühl, ein König zu sein, um Ihnen am nächsten Tag zu vermitteln, Sie seien der geringste der Geringen. Immerhin haben Sie damit etwas, über das Sie reden können. Aller Wahrscheinlichkeit nach werden Sie solches Verhalten jedoch hassen.

Wie möchten Sie als Chef also sein? Welchen Ruf wollen Sie haben? Wollen Sie aufrichtig oder unehrlich sein? Wollen Sie, daß man Ihnen vertraut, oder wollen Sie ein Spiel spielen?

Ich weiß, was mir persönlich lieber ist. Ich mag Menschen, denen ich vertrauen kann und die aufrichtig sind. Außerdem glaube ich wirklich, daß Menschen nur dann erfolgreich zusammenarbeiten und ein hohes Leistungsniveau erreichen, wenn sie wissen, woran sie miteinander sind.

Es geht um Ehrlichkeit, Integrität, Glaubwürdigkeit, gegenseitigen Respekt und auch um Vertrauen. Um diese guten Eigenschaften zu erlangen, gibt es keinen anderen, einfacheren Weg, als sich immer wieder einer kritischen Selbstkontrolle zu unterziehen.

Sagen, was Sie meinen, und meinen, was Sie sagen, ist ein Prinzip, das Sie bei jeder einzelnen Aussage, die Sie am Arbeitsplatz machen, konsequent anwenden müssen. Alles, was Sie tun und wie Sie sich verhalten, muß mit Ihren Aussagen im Einklang stehen. Sie müssen sich wirklich darum bemühen, niemanden zu täuschen, und sicherstellen, daß Ihre Aussagen nicht falsch interpretiert werden können. Das ist harte Arbeit, doch es wird zeigen, wie sehr Sie von dem, was Sie sagen, überzeugt sind.

Grundprinzip:

Integrität und Aufrichtigkeit

Praxis:

Denken Sie darüber nach, bevor Sie etwas sagen.
Sie müssen wissen, daß Sie alles, was Sie ankündigen, auch wirklich tun werden.
Achten Sie sorgfältig darauf, daß Sie sich klar und deutlich ausdrücken, um das Risiko einer Mißdeutung zu minimieren.

77. Beugen Sie sich dem Urteil Ihrer Mitarbeiter!

Zeigen Sie Ihren Mitarbeitern, daß Sie sie respektieren, indem Sie tun, was sie Ihnen sagen.

Im traditionell geführten, hierarchischen Unternehmen werden schwierige Entscheidungen stets dem Chef überlassen. Man nimmt an, manchmal fälschlicherweise, daß jemand deshalb, weil er Chef ist, auch klug genug ist und ausreichend Wissen, Fähigkeiten und Erfahrungen gesammelt hat, um jede Situation zu bewältigen.

Daher werden Entscheidungen nach oben weitergeschoben. Traditionelle Chefs mögen das, weil es ihnen das Gefühl der Bedeutung und Macht gibt. Auch ihre Mitarbeiter mögen es, weil es sie von der Verantwortung einer schwierigen Entscheidung befreit. Wenn dann etwas schiefgeht, ist es leicht, den Chef dafür verantwortlich zu machen.

Tatsächlich sind Chefs jedoch nicht immer in der besten Position, um eine schwierige Entscheidung zu treffen. Dann benötigen sie Informationen und den Rat ihrer Mitarbeiter, so daß es in einem solchen Fall viel sinnvoller wäre, daß diese die Entscheidung gleich selbst fällen und verantworten.

Die Art und Weise, wie er mit Entscheidungen umgeht, unterscheidet einen guten Chef von einem schlechten. Letzterer wird versuchen, so viele Entscheidungen wie möglich an sich zu reißen, um damit seine Macht und seine Position zu verbessern. Der gute Chef, der immer bescheiden bleibt, respektiert die Tatsache, daß seine (oder ihre) Mitarbeiter mehr wissen und näher an der Situation sind. Daher wird er sich häufig ihrem besseren Urteil fügen.

Allerdings sind klare Grenzen zu ziehen. Ihre Mitarbeiter sollten jedoch nur solche Entscheidungen fällen dürfen, die direkt Auswirkungen auf ihren Verantwortungsbereich haben; Entscheidungen, die sich auf andere Bereiche oder Abteilungen auswirken, bleiben Ihnen oder anderen vorbehalten. Doch sie sollten z.B. entscheiden dürfen, wie sie sich ihre eigene Arbeit am besten organisieren, welche Schulung sie innerhalb eines festgelegten Etats besuchen wollen oder wann neues Arbeitsmaterial für ihren Bereich bestellt werden muß. Sie können nicht über Dinge wie etwa eine Änderung der Unternehmensstrategie entscheiden und über Ausrüstung oder Büroräume verfügen. Sie müssen Ihren Mitarbeitern darin vertrauen, daß sie es schon richtig machen werden und nicht etwa beispielsweise alle zur gleichen Zeit für eine Schulung das Haus verlassen.

Sich Ihren Mitarbeitern fügen zu können ist eine wichtige Führungseigenschaft. Es ist nur allzuleicht, in die Falle zu tappen, Entscheidungen für sie zu treffen. Es kann schmeichelhaft sein, wenn sie zu Ihnen kommen und fragen: „Wir haben hier ein Problem, was sollen wir tun?" Zu viele Chefs geben der Versuchung nach, ihnen eine schnelle Lösung ihrer Probleme zu servieren.

Wenn Sie sich ihren Mitarbeitern fügen, machen Sie ihnen dadurch das Leben schwerer. Jetzt müssen sie handeln und für Entscheidungen, die sich auf ihre Arbeit auswirken, selbst die Verantwortung tragen.

Zwischen einem Rat und einer scheinbar eigenen Entscheidung liegt nur ein schmaler Grat. Wenn Sie (wie Sie sollten) Ihre Aufgabe darin sehen, Ihren Mitarbeitern Unterstützung zu bieten, dann sollten Sie ihnen, wenn sie sich in der Klemme befinden, Vorschläge und Lösungen anbieten. Ob sie den Rat beherzigen wollen oder nicht, bleibt jedoch ihnen überlassen. Klingt Ihr Rat jedoch zu nachdrücklich, zu bestimmt, dann erscheint es so, als hätten Sie die Entscheidung getroffen. Damit entbinden Sie sie wieder von ihrer Verantwortung. Ermutigen Sie Ihre Mitarbeiter daher nicht noch ausdrücklich, mit allen ihren Problemen zu Ihnen zu kommen. Sie wären zu sehr damit belastet, zu viele Ratschläge zu geben und Entscheidungen treffen zu müssen. In diesem Fall fallen Sie zurück in die Rolle des altmodischen Bürokraten, der alle Zügel in der Hand behält und sich in Bagatellen festfährt. Wenn Ihre Mitarbeiter mit ihren Problemen zu Ihnen kommen, dann müssen Sie sich auch weigern, Entscheidungen zu treffen. Sagen Sie ihnen, daß nur sie selbst für sich entscheiden können, besonders, wenn es um etwas geht, was innerhalb ihres Entscheidungspielraums liegt.

Es ist nützlich, in diesem Zusammenhang den Vergleich mit dem Familienleben zu bemühen. Sie können niemandem sagen, wen er heiraten soll, ob er sich Kinder anschaffen soll oder nicht, ob er sich bei Schwierigkeiten nur trennen oder gleich scheiden lassen soll. Solche

Entscheidungen muß jeder selbst treffen. Bestenfalls können Sie anderen Ihren Rat anbieten.

Leider reißen zu viele Chefs Entscheidungen an sich, die eigentlich nicht ihre, sondern die ihrer Mitarbeiter sein sollten. Ein Chef sollte nur dann eine Entscheidung für sie fällen, wenn sie selbst die richtige Lösung nicht finden.

Der unangenehme Chef

„Der Ärger mit unserem Chef ist, daß er nie akzeptiert, was wir sagen. Er hört uns zwar zu, nimmt aber nichts von dem, was wir sagen, wirklich an. Es ist, als ob er uns die ganze Zeit nur zum Narren hält. Er glaubt scheinbar, er wisse alles besser und unsere Ideen funktionierten sowieso nicht. Wenn wir ihn mehr drängen, um etwas durchzusetzen, wird er defensiv. Als ob wir ihm den Vorwurf machten, nicht selbst auf die Idee gekommen zu sein. Er scheint auf alles eine Antwort zu haben. Es ist wirklich frustrierend. Die meisten von uns haben es mittlerweile aufgegeben – du kommst mit ihm einfach nicht voran."

Grundprinzip:

Es sollte stets derjenige die Entscheidung treffen, der es am besten weiß.
Nicht immer weiß es der Chef am besten.

Praxis:

Bieten Sie Ihren Rat an, ja, aber weigern Sie sich, Entscheidungen zu treffen, wenn Ihre Mitarbeiter das von Ihnen verlangen. Bringen Sie sie dazu, selbst zu entscheiden (vorausgesetzt, das hat keine Auswirkungen auf andere Ressorts oder Abteilungen).

78. Fordern Sie sich selbst!

Heutzutage wird alles, was Ihren Arbeitsplatz betrifft, in Frage gestellt. Fordern Sie sich selbst, bevor es andere tun, denn sonst können Sie nur noch reagieren und versagen vielleicht, wenn Sie gefordert werden.

Im Leben und am Arbeitsplatz sind Herausforderungen ein starkes Antriebsmoment. Wenn Sie Herausforderungen vermeiden, werden Sie zurückfallen, während Ihre Wettbewerber weiter vorwärtskommen.

Ihr Unternehmen hält vielleicht Herausforderungen für Sie bereit. Als guter Chef werden Sie sich jedoch auch Ihre eigenen Herausforderungen schaffen wollen: die Qualität, den Kundendienst oder die Motivation zu verbessern; die Herausforderung, innovativ und kreativ zu sein; die Herausforderung, Abfall zu reduzieren und bestehende Systeme zu verbessern; die Herausforderung, das Arbeitsumfeld angenehmer zu gestalten; die Herausforderung, den Wettbewerb aus dem Feld zu schlagen – intern, wenn es um Beförderungen geht, extern, wenn andere Unternehmen nach Ihrem Geschäft schnappen.

In früheren Zeiten war der jeweils aktuelle Status vielleicht eine Alternative. Die Dinge veränderten sich nur selten, die Kunden waren ebenso loyal wie die Angestellten, bewährte Verfahren wurden nicht verändert, alle taten, was man ihnen sagte – praktisch täglich das gleiche, jahrelang.

Heute hat sich alles verändert. Nichts ist mehr sicher. Auch der Arbeitsplatz ist nicht mehr sicher, nicht einmal für die Beamten. Der Wettbewerb durchdringt alle Lebensbereiche. Nichts wird mehr auf einem Silbertablett serviert. Ob es uns gefällt oder nicht: Wir werden gezwungen, für immer mehr Dinge sofort zu bezahlen, die wir vorher als selbstverständlich kostenlos ansahen. Beispiele hierfür bieten das Gesundheitswesen, der Eintritt in Museen oder eine höhere Bildung. Das gleiche gilt für die internen Serviceleistungen von den Zentralabteilungen des Unternehmens.

Wir können uns nicht mehr länger auf unseren Lorbeeren ausruhen und den Wettbewerb meiden, indem wir für große Organisationen arbeiten, die uns bis zu unserer Pensionierung beschäftigen – weil es sie nicht mehr länger gibt.

Die Herausforderung, der sich jeder von uns heute stellen muß, liegt darin, daß wir immer wieder unsere eigene Existenz rechtfertigen müssen, um zu überleben. Wenn wir nicht beweisen können, daß wir dem Unternehmen einen Wertzuwachs verschaffen, dann ist es wahrscheinlich, daß wir eines Tages gefeuert werden. Warten Sie nicht darauf, daß andere Ihnen sagen, Sie würden gebraucht. Sie selbst müssen den Beweis dafür antreten. Die Manager wechseln, der Wettbewerb wird härter, neue Technologien halten Einzug, und plötzlich ändern sich die Werte. Der Beitrag, den Sie vor fünf Jahren geleistet haben, war damals vielleicht hochgeschätzt. Heute jedoch ist er vielleicht wertlos.

In der Welt von heute müssen Sie sich als Chef ständig beweisen. Darin liegt die Herausforderung. Sie müssen bessere Möglichkeiten finden, Dinge zu tun, innovativ zu sein und ständig Ihren Standard zu erhöhen. In der Vergangenheit war es vielleicht ausreichend, die Auslieferung für einen bestimmten Tag mit einer Zuverlässigkeit von 95 Prozent zu bestimmen. Morgen werden die Kunden jedoch eine Zuverlässigkeit von 99,95 Prozent innerhalb eines „Fensters" von zwei Stunden wollen. Sie müssen die Standards erhöhen, bevor es die Konkurrenz tut. Das gilt für interne Dienstleistungen ebenso wie für externe.

Herausforderungen anzunehmen wird deshalb für jeden Chef zu einer wichtigen Aufgabe. Es kann keine Alternative sein, den Status quo zu erhalten. Das wird der Wettbewerb nicht zulassen, selbst wenn Ihr Unternehmen heute nach diesem Prinzip verfährt.

Viele Menschen schaudern bei dem Gedanken an einen noch härteren Wettbewerb und haben Angst um ihre Arbeitsplätze. Das ist eine negative Einstellung und bedeutet, das Leben als Bedrohung zu empfinden. Die Zusammenarbeit mit Ihren Mitarbeitern, um noch größere Herausforderungen anzunehmen, kann sich als außerordentlich aufregend erweisen. Alles ist möglich. Wenn es die Konkurrenz kann, warum Sie nicht? Warum sollte die Konkurrenz auch nur ein bißchen besser sein als Sie?

Um Herausforderungen anzunehmen, müssen Sie als erstes und vor allem sich selbst hinterfragen. Sie müssen sorgfältig darüber nachdenken, worin Ihre Aufgabe als Chef liegt und was Sie erreichen wollen.

Das Ziel kann kein bequemes, sicheres und relativ schmerzfreies Leben sein. Sie haben keine andere Wahl, als sich selbst und Ihre Mitarbeiter bis an die Grenzen dessen zu treiben, was Sie fähig sind zu leisten. Erstaunlicherweise werden Sie dabei feststellen, daß Sie viel mehr erreichen können, als Sie je angenommen haben. Wenn Menschen große Herausforderungen bewältigen, überrascht sie das oftmals selbst.

Beispiele englischer Unternehmen, die die Herausforderung angenommen haben:

Oxford Automotive Components*
United Distillers*
The Virgin Group*
Control Techniques*
British Airways
Waterstones
Guinness*
Tube Investments (TI Group)*
ICL*
British Gas
The Body Shop

* Fallstudien in dem hervorragenden Buch von Jeffrey Ferry: *The Britisch Renaissance* (Heinemann, 1993)

Setzen Sie sich mit Ihren Mitarbeitern zusammen, und fordern Sie sie heraus: „Was können wir in den nächsten fünf Monaten oder Jahren wirklich tun, um unsere Wettbewerber zu disqualifizieren?“ Wenn Sie das ermitteln und umsetzen können, dann werden Sie wirklich eine Menge über sich und Ihre Mitarbeiter lernen. Sie werden lernen, wie großartig Sie alle sind. In den meisten Menschen schlummert etwas Großes. Es bedarf jedoch eines hervorragenden Chefs, um das zu wekken. Das ist die Herausforderung.

Grundprinzip:

Im Geschäftsleben wird die stärkste Antriebskraft durch die Herausforderungen eines immer härter werdenden Wettbewerbs erzeugt.

Praxis:

Arbeiten Sie eng mit Ihren Mitarbeitern zusammen, um die Herausforderungen eindeutig zu bestimmen, behalten Sie diese im Kopf, und versuchen Sie, sie zu bewältigen.

79. Geben Sie niemals auf!

Bewegen Sie sich immer weiter auf Ihr Ziel zu, und halten Sie nicht an, bevor Sie es erreicht haben.

Geben Sie niemals auf. Im Leben gibt es mehr Miesmacher als Gewinner. Wenn alles so einfach wäre, dann wären wir alle unglaublich reich, und es gäbe keine Probleme. Für die meisten von uns ist das Leben aber schwierig. Es steckt voller Fallstricke, Hindernisse und Rückschläge, die es uns schwermachen. Wer vorwärts geht, schiebt solche Barrieren beiseite.

Mit der Arbeit ist das nicht anders. Sie ist zwangsläufig schwierig – dafür sorgt der Wettbewerb. In der Tat: Fortschritt ist eine Funktion von Schwierigkeit und Wettbewerb. Ohne diese beiden würde es schnell bergab gehen, und die Dinge wären noch schlechter. Daraus folgt, daß es für keinen Manager einen leichten Aufstieg geben kann. Jeder Tag bringt eine Unmenge interner und externer Probleme. Der Wettbewerb ändert ständig die Regeln: Er senkt die Preise, gerade als Sie sie anheben, er bringt ein neues Produkt auf den Markt, das Ihrem bei weitem überlegen ist (falls Sie sich trauen, das zuzugeben), er überredet einen Ihrer wichtigsten Kunden, Sie fallenzulassen und zu ihm zu wechseln. Im Werk gibt es Schwierigkeiten; die Maschinen haben gelegentliche Ausfälle, die nicht erklärbar sind, und Sie verlieren durch die Stillstandszeiten Produktionsmengen. In das Lager wird eingebrochen, der Systembetreuer geht mit Grippe nach Hause. Und das sind nur die leichten Probleme auf dem Übungshang des Berges, den Sie erklimmen. Aber sie lassen sich lösen.

Die schwierigen Probleme entstehen durch die Menschen, mit denen Sie zusammenarbeiten – Mitarbeiter, die scheinbar nicht kooperativ sind, die nie kommunizieren, die versuchen, Ihnen in den Rücken zu fallen, die sich mit Ihren Federn schmücken, die total zynisch und negativ sind. Das sind die Probleme, für deren Lösung Sie als Chef bezahlt werden.

Ihr größtes Problem ist jedoch der Weg zum Ziel: immer weiter dorthin zu gehen, wo Sie wirklich hinwollen. Erfolgreiche Menschen haben eine außergewöhnlich klare Vorstellung von ihren zukünftigen Erfolgen, die sie vorantreibt. Es ist vielleicht die Vision vom Gewinn einer Goldmedaille bei den Olympischen Spielen oder der Aufbau einer eigenen, erfolgreichen Firma. Die meisten Menschen legen die Meßlatte jedoch ein wenig darunter an. Das bedeutet jedoch nicht, daß sie keine Visionen haben.

Sobald Sie wissen, was Sie erreichen wollen, müssen Sie beharrlich nach vorne gehen, ganz gleich, welche Probleme auftreten. Sie müssen Rückschläge bewältigen, Hindernisse überwinden und Menschen gegenübertreten, die Sie vom Kurs abbringen wollen.

Wenn Sie mehr darüber lernen wollen, wie Sie niemals aufgeben, sollten Sie das Leben erfolgreicher Menschen studieren. Sehen Sie sich Carl Lewis, Tina Turner und einige andere Sport- und Popgrößen von heute an. Wie haben sie es geschafft?

Letztlich ist es ein tiefverwurzelter Glaube an sich selbst, der diese Menschen vorantreibt. Wenn sie es schaffen, warum nicht auch Sie? Was ist so besonders an erfolgreichen Menschen? Nichts. Abgesehen davon, daß sie niemals aufgeben. Sie treiben sich selbst weiter und weiter dem Erfolg entgegen. Sie sind nie besiegt, und niemals erlauben sie der Welt, sie davon zu überzeugen, sie seien „normal", verfügten nicht über die Eigenschaften der Superstars und könnten keine außergewöhnlichen Ergebnisse erzielen.

Sehen Sie sich Ihre Arbeit an, Ihre Verantwortlichkeiten, sehen Sie sich an, was das Unternehmen und Ihre Mitarbeiter von Ihnen erwarten. Dann denken Sie über alles nach und setzen sich ein hohes Ziel. Bringen Sie Ihre Mitarbeiter und Ihren Chef dazu, Ihnen beim Erklimmen dieses hohen Berges die notwendige Unterstützung zu geben. Die anderen werden Ihren Erfolg ebenso wollen wie Sie. Es wird auch ihr Erfolg sein. Wenn Sie selbst aufgeben wollen, werden die anderen Sie vorwärtstreiben. Das gilt auch im umgekehrten Fall.

Es wird Zeiten geben, in denen Sie besiegt werden und glauben, Ihr Ziel niemals zu erreichen. Aber geben Sie nicht auf. Versuchen Sie es noch mal. Wenn Sie beim ersten Mal keinen Erfolg haben, versuchen Sie es ein zweites Mal und dann ein drittes Mal und, wenn nötig, tausendmal. Alle Erfolgsgeschichten enthalten genügend Belege dafür, daß Sie mit immer größerer Wahrscheinlichkeit Erfolg haben werden,

Eigenschaften von Menschen, die niemals aufgeben

- Zähigkeit
- Beharrlichkeit (Ausdauer)
- Entscheidungsfreude
- Entschlußkraft
- Standhaftigkeit
- Aufrichtigkeit
- Unbarmherzigkeit
- Courage
- Vitalität
- Ausgeprägtes Selbstvertrauen
- Beweglichkeit (Flexibilität)
- Mut
- Beständigkeit
- Kraft
- Unermüdlichkeit
- Starkes Rückgrat
- Unerbittlichkeit
- Weitblick

wenn Sie nicht aufhören, es immer weiter zu versuchen. Wenn Sie selbst davon überzeugt sind, daß Sie es können, werden Sie am Ende dort sein. Sobald Sie aufhören, an sich zu glauben, werden Sie versagen.

Untersuchen Sie die oben aufgelisteten Eigenschaften. Es gibt keinen Grund auf dieser Welt, warum Sie nicht über die meisten von ihnen verfügen sollten. Um was geht es im Leben, abgesehen davon, einen bestimmten Erfolg im Beruf, zu Hause und im Spiel zu erzielen? Hören Sie nie auf, diesen Erfolg zu wollen.

Grundprinzip:

Um erfolgreich zu sein, müssen Sie es immer weiter versuchen.

Praxis:

Verbannen Sie alle Gedanken daran, daß Sie nicht so gut sein könnten wie andere, wenn es darum geht, das selbstgesteckte Ziel zu erreichen (bei der Arbeit oder wo auch immer).

Sehen Sie sich nach Möglichkeiten um, die Dinge besser zu machen. Lernen Sie aus Ihren Fehlern. Hören Sie nie auf zu versuchen, Ihr Ziel zu erreichen.

80. Ein letztes Wort: Sie müssen Ergebnisse liefern!

Der endgültige Test für einen guten Chef besteht in dem, was er abliefert.

Sie müssen irgendwelche Ergebnisse produzieren, andernfalls sollten Sie nicht sein, wo Sie sind. Als guter Chef werden Sie in Ihrem Kopf ein außergewöhnlich klares Bild davon haben, wie sie aussehen müssen.

Alle anderen Punkte in diesem Buch werden irrelevant, wenn Sie nicht darauf ausgerichtet sind, ein hervorragendes Endergebnis zu erzielen. Das ist das, wofür Sie bezahlt werden, und das ist es, was Sie erreichen müssen.

Damit es erreicht werden kann, muß es gemessen werden, und das ist genau der Punkt, an dem viele Organisationen versagen. Mit einer vagen Stellenbeschreibung und schlecht definierten Zielen ohne ein effizientes Maß für die Leistung oder das Produkt, das sie abliefern müssen, bleiben die Führungskräfte sich selbst überlassen. Niemand weiß daher, wie gut er seine Sache macht. Oftmals wissen sie nicht einmal, ob sie das Richtige tun. Daher muß das Endergebnis stets klar umrissen vor Ihrem inneren Auge stehen. Es ergibt keinen Sinn, die besten Mitarbeiter zu beschäftigen, sie zu schulen, zu loben und zu ermuntern, wenn nicht alle Bemühungen auf die Leistungen ausgerichtet sind, die von Ihrem Unternehmen (und auch von Ihnen) gefordert werden.

Es reicht jedoch nicht aus, sich nur auf das abzuliefernde Ergebnis zu konzentrieren. Viel zu häufig werden kurzfristige Erfolge angestrebt. Es wurde schon mehrfach gesagt: Kurzfristige Ziele lassen sich oft nur auf Kosten der langfristigen erreichen. Ein guter Chef muß immer beides im Auge behalten. Er muß, um glaubwürdig zu sein, sowohl kurzfristig als auch langfristig gute Ergebnisse produzieren.

Eine hervorragende Übung besteht darin, eine regelmäßige Übersicht über die Leistungen aufzustellen, für die Sie bezahlt werden. Am

Anfang reicht es aus, kurz die wichtigsten Ziele für das Endergebnis aufzuführen. Eine lange Liste würde bedeuten, daß Sie Ihre Ziele schon aus dem Blick verloren hätten. Setzen Sie sich, nachdem Sie die Liste geprüft haben, mit Ihrem Chef zusammen, und besprechen Sie sie mit ihm. Stimmt sie mit dem, was er oder sie denkt, überein? Beziehen Sie dann Ihre Mitarbeiter mit ein; sorgen Sie dafür, daß sie das Ziel genau kennen und wissen, welche Rolle sie dabei zu spielen haben.

Es hat keinen Zweck, Ziele wie etwa: „Wir werden den besten Kundendienst der ganzen Region bieten" zu definieren. Es ist weitaus besser, präzise zu sein. Sagen Sie beispielsweise: „Wir beabsichtigen, 98 Prozent der Telefonanrufe innerhalb von fünf Sekunden zu beantworten, die Zeit zwischen dem Auftragsdatum und der Empfangsbestätigung von zwei Wochen auf zwei Tage zu verringern. Wir wollen erreichen, daß unsere Mitarbeiter freundlicher und hilfsbereiter mit Kunden umgehen, als das bei allen unseren Wettbewerbern der Fall ist."

Sie streben vielleicht an, die absolut beste Qualität zu liefern. Aber auch das muß definiert werden. Soll den Besuchern der qualitativ hochwertigste Kaffee serviert werden? Sollen sie die saubersten Toiletten vorfinden? Soll der Service am Empfang am besten sein? Sollen die besten Parkplatz-Arrangements getroffen werden? Sollen die zuverlässigsten und fehlerfreiesten Produkte hergestellt werden?

Definieren und Messen ist entscheidend, wenn es darum geht, was Sie abliefern müssen. Weiterhin muß das, was Sie leisten, eine Herausforderung bedeuten. Wenn es nur Routine ist und in den letzten zehn Jahren ohne weiteres getan werden konnte, dann können Sie kaum Anerkennung dafür erwarten. Denn dann hätten Sie ebensogut gar nicht da zu sein brauchen. Ein guter Chef sorgt für ehrgeizige Ziele.

Andere Ziele beziehen sich vielleicht auf Veränderungen, wie beispielsweise die Rationalisierung des Unternehmens zur Einsparung von Kosten oder die Nutzung des riesigen Vorrats vorhandener Talente, um die Umsätze zu vergrößern. Sie beziehen sich vielleicht auf die Erschließung neuer Märkte, die Vergrößerung des Marktanteils oder die Einführung neuer, aufregender Produkte. Sie könnten sich vielleicht auf die Entwicklung neuer Dienstleistungen beziehen.

Daher lautet die letzte und vielleicht wichtigste Frage in diesem Buch: „Was müssen Sie leisten?" Wenn Sie das nicht wissen, können Sie niemals ein guter Chef sein. Wenn Sie es nicht wissen, müssen Sie es herausfinden. Sobald Sie diese grundlegende Richtung festgelegt haben, können Sie all die anderen in diesem Buch erwähnten Dinge einbringen.

Und zum Schluß: Sie müssen daran glauben, daß Sie die Leistung erbringen können. Denn wenn Sie es nicht tun, macht es ein anderer. So funktioniert die Welt heute. Man nennt es Wettbewerb, und er breitet sich überall aus. Die besten Chefs sind die, die etwas leisten, bevor es der Wettbewerb tut. Darin liegt Ihre Herausforderung. Die Herausforderung anzunehmen hat nichts mit Magie zu tun. Es hängt einfach davon ab, daß einige Prinzipien des gesunden Menschenverstands in die Praxis umgesetzt werden. Die meisten von ihnen werden in den 80 Kapiteln dieses Buchs behandelt. Setzen Sie sie in die Praxis um, seien Sie sich im klaren über das, was Sie leisten müssen, und leisten Sie es. Dann werden Sie wirklich ein guter Chef sein.

Grundprinzip:

Es ist wichtig, ein klares, meßbares Ergebnis zu erzielen.

Praxis:

Listen Sie auf, was Sie sowohl kurz- als auch langfristig erreichen müssen.
Stellen Sie sicher, daß es für jede Leistung eindeutige Maßstäbe gibt.
Stellen Sie sicher, daß Ihr Chef und Ihre Mitarbeiter die Ziele billigen und unterstützen.
Setzen Sie die in den vorangegangen Kapiteln dargestellten Prinzipien des gesunden Menschenverstands in die Praxis um. Erzielen Sie eine hervorragende Leistung!